역락 국어교육학 총서 7

현대시 교육론

역락 국어교육학 총서 7

2015 개정 국어과 교육과정에 따라 새롭게 집필한

현대시 교육론

정재찬·김정우·남민우·김남희·정정순·김미혜

역락

머리말

시는 그 언어문화의 정수이다. 현대 한국어의 한계는 한국 현대시가 넓혀 온 영역의 경계와 일치할 것이다. 효율적 소통을 목적으로 한 일상의 언어들이 놓치거나 무시해 온 작은 소리들과 미세한 감정의 결들이 시 안에서 의미 있는 일렁임을 만들고 다채로운 빛을 발하며 살아난다. 시대를 고발하는 불온함, 서로를 위로하는 따뜻함, 그리고 스스로 어떤 존재인지 늘 되묻는 치열함도 그 안에서 교차한다.

그러하기에 시를 가르친다는 것은 학습자로 하여금 시를 통해 그 언어의 높이와 깊이, 그리고 가운데와 가장자리를 모두 경험하게 하는 일이다. 또한 다른 사람의 탄식에 발걸음 문득 멈추며 귀 기울이고, 절박한 호소에 응답하며, 시대의 불의에 비겁한 거리를 두지 않는 인간으로 성장하도록 돕는 일이기도 하다. 그러나 불행하게도, 시가 품고 있는 달뜬 마음과 깊은 고민은 살피지 않은 채 딱딱한 하나의 언어로 환원하여 모든 학생들에게 똑같이 전달하는 것이 곧 시 교육이라 여겨 온 시절이 짧지 않았다. 그 결과 시 교육을 받은 많은 이들이 시를 좋아하게 되기는커녕 오히려 시를 어려워하고 시로부터 멀어지게 된 경우가 많았다.

이 책은 그동안의 시 교육에 대한 비판적 성찰을 바탕에 두고 있다. 그리고 학습자의 능동적이고 주체적인 시 향유 능력이 어떻게 교육을 통해 길러질 수 있을지 그 방향을 탐색하는 데 초점을 맞추었다. 학습자가 시를 즐겨 읽고, 스스로 필요한 지식을 구성하며 시 세계를 탐색하는 즐거움을 누리는 한편, 장르와 매체의 경계를 넘나들면서 보다 적극적이고 창의적으로 시를 읽고 쓸 수 있게 하는 교육을 지향하였다.

구체적으로는 시 교육을 구성하고 있는 세 개의 축을 바탕으로 책의 내용을 구안하였다. 첫째는 시의 안과 밖(텍스트와 콘텍스트)이라는 한 축, 둘째는 교육의 내용과 교수·학습 실천이라는 한 축, 셋째는 평가를 통한 확인과 성장이라는 또 하나의 축이다. 1부에서는 기존의 시 교육에 대한 성찰과 함께 이 책의 큰 틀을 설정하고, 그러한 방향 설정이 어떤 의미를 가지는지 구체적인 사례와 함께 보이고자 하였다. 이어 2부와 3부에서는 시 교육의 내용을 텍스트 차원과 콘텍스트 차원에서 도출하고, 그것이 현재 교육과정과 교과서에 어떻게 구현되어 있는지 비판적으로 검토한 후, 보다 나은 교육을 위한 '방향 재탐색'을 시도하였다. 이어 4부에서는 2, 3부의 내용과 연계하여 텍스트 차원, 콘텍스트 차원의 시 교육 평가를 구성함으로써 현대시 교육 분야의 '목표 ─ 내용 ─ 교수·학습 ─ 평가'의 선순환 관계를 구축해 보았다. 그리하여 시 텍스트의 안과 밖, 교육 실천의 시작과 끝이 이러한 체제를 통해 발전적 순환을 이루게 되기를 의도하였다. '공저'에 값할 만큼의 토론과 협의 시간을 많이 가지지 못한 것은 아쉬운 일이지만, 공동의 논의를 통해 마련한 우리의 틀과 내용이 기왕의 여러 '현대시교육론' 위에 일보의 진전을 더하였으리라 믿는다.

　이 책의 마무리 작업에 이화여대 국어교육과 박사과정 윤호경 선생의 검토가 함께 하였다. 검토자의 꼼꼼하고 성실한 확대경이 없었다면 이 책이 지금의 꼴을 갖추기 어려웠을 것이다. 깊은 감사와 함께, 훗날 이 책의 뒤를 이어 시 교육 연구를 한 단계 더 발전시키는 의미 있는 성과를 더해 주기를 기대한다. 아울러 경제적 이익과 상관없이 국어교육학 총서 발간에 힘을 쏟아 온 역락의 지원과 권분옥 편집장의 수고에도 깊이 감사드린다. 이 책을 펼쳐 필자들과 동행하는 모든 분들에게 시의 은총이 함께 하시기를.

2017년 한가위에 필자 일동

제3부 콘텍스트 중심의 시 교육

제4부 현대시 교육 평가론

제1부 현대시 교육의 성찰과 지향

제1장

현대시 교육 돌아보기

현대시와 현대시 교육에 대해 본격적으로 살펴보기에 앞서 그동안의 현대시 교육이 어떻게 이루어져 왔는지를 돌이켜 볼 필요가 있다. 교실이라는 공간에서 교사와 학습자는 어떠한 시를 읽어 왔으며 한 편의 시를 두고 어떻게 상호작용을 해 왔는지를 살펴보는 것은 현대시 교육의 과거를 성찰하기 위한 작업이다. 한편 그러한 상호작용이 학습자에게 교육적으로 유의미한 경험을 제공했는지를 판단하려면 우리는 현대시 교육의 지향점에 대해 먼저 답해야 한다.

이 장에서는 기존의 현대시 교육이 지식을 가르치는 데 치중한 나머지 시의 진실을 가르치지 못했다는 비판이 정당한지 검토하고, 현대시 교육이 담당해야 할 책무에 대해 알아보도록 한다.

1. 현대시 교육을 위한 변명

현대시 교육이 지식 교육으로 경사한 데 대해 일찍이 '손가락'만 가르치고 '달'은 정작 가르치지 못했다는 비판이 회자된 바 있다. '손가락'과 '달'의 비유는 고려 보조국사(普照國師) 지눌(知訥)의 비명(碑銘) 가운데 나오는 말, 곧 "손가락으로 달을 가리킴이여, 달은 손가락에 있지 않도다. 말로써 법을 설함이여, 법은 말에 있지 않도다.[指以標月兮月不在指言以說法兮法不在言]"란 말에서 비롯된 것이다. 아닌 게 아니라, 직유니, 은유니, 상징이니, 운율이니 하는 것을 죽은 지식의 형태로 가르치고 그것을 사냥하듯이 작품 속에서 찾도록 하는 것은 훈련에 가깝지 교육이라 부르기는 어려울 것이고, 그럴 경우는 정말이지 '손가락' 같은 지식만 남고, 정작 시의 진실, 곧 '달' 혹은 '법(法)'은 교실에서 증발하기 십상일 것이다.

이러한 지적은 정말 옳다. 그러나 한편으로 우리는 '손가락' 그 자체에는 죄가 없지 않느냐고 반문해 보기도 해야 할 성싶다. 물론 '달' 아닌 엉뚱한 방향을 가리키며 짐짓 '달'을 가리킨다고 우기는 그릇된 '손가락'이라면, 과감히 없애버리면 그만일 것이지만, 명백히 '달'을 가리킴에도 불구하고 '달'은 쳐다보지 않고 '손가락'만 쳐다보고 있다면 어떻게 해야 할까?

사정이 그와 같다면, 그러함에도 바로 저 '손가락' 때문에 '달'을 보지 못했노라고 항변한다면, 오히려 억울한 자는 바로 '손가락'이 되지 않겠는가? '손가락'마저 없었더라면 '달'을 볼 생각을 과연 누가 할 수 있었겠냐는 말이다. 다시 말해 우리가 검토해야 할 일은 어떻게 해야 '손가락'으로부터 '달'에 이르도록 해야 하느냐 하는 일이지, '손가락' 그 자체가 쓸모없다거나 '손가락'에 원죄를 묻는다거나 하는 일은 아닐 것이다.

또 하나의 문제가 그래도 남는다. 과연 '달'이 있기는 있는 건가, 아니 그보다도 모두가 공통적으로 도달해야 할 근본적인 그 무엇이 과연 존재하느냐 하는 것, 그것이 무엇이냐 하는 것이다. 흔히들 말할 때 지구에만 달이 있는 것이 아니라 토성에도 달이 있다고 하듯, 우리가 '달'이라고 하는 것은 분명 어느 공통된 성격을 지닌 존재, 곧 행성의 주위를 공전하는 위성을 의미하기 때문이다. 그렇다면 '달'은 말 그대로 '달'이라는 실체이자 '달'이 갖는 일정한 속성이 되기도 한다. 그리하여 오늘날 '달'은 해체되거나 복수(複數)로 존재해야 할 성싶게 되었음을 우리는 사실로 인정해야 한다. 그런 의미에서 우리는 현실로 존재하는 '달'만이 아니라 열려진 가능성으로서의 '달들'을 상정해야 할 것이다.

이제 '손가락'과 '달'이라는 화두(話頭)를 재해석해 보는 의미에서 현대시 교육을 되돌아보자. 아마도 가장 비난을 받아온 것은 시의 구조와 형식에 관한 분석들일 것이다. 혹은 시인의 생애라든가 작품의 시대적 배경에 관한 지식 등등 무수한 사항들도 포함될 것이다. 하지만 지금 그 모든 것들을 다 다룰 필요는 없다. '손가락'과 '달'에 관한 화두를 궁구하는 데 도움이 되는 또 하나의 화두만 붙잡으면 충분할 것이기 때문이다. 마침 바로 그 '손가락과 달'이라는 말 자체가 비유임에 주목해 보자. 그래서 이제부터 비유를 중심으로 우리 현대시 교육이 어떤 일을 해 왔고, 어떤 일을 했어야 했는지, 그 올바른 의의에 대해 궁구해 보기로 하겠다.

2. 소통 능력 신장을 위한 현대시 교육

시를 가르치면서 왜 비유를 가르치는 걸까? "비유를 알아야 시를 알기 때문이다." 맞는 말이다. 비유에 관한 지식은 시를 이해하는 핵심적인 지식 가운데 하나임이 분명하다. 많은 시들이 비유를 즐겨 쓰고 있으니까 말이다. 하지만 그렇다면 왜 시는 비유를 즐겨 쓰는지부터 이해하지 않으면 안 된다. 아니, 시에만 비유가 있는 것은 아니니, 도대체 사람들은 왜 비유를 쓰는 것인지부터 밝히는 게 순서에 맞다.

세월을 두고 '흐르는 물'이나 '화살'에 비유하는 이유는 무엇일까? 설마 세월이 남아 할 일이 없어서 괜히 멋 좀 부리려고 그러는 것일까? 그렇지 않다. '세월'이란 관념은 추상적인 것이다. 육체가 없는 혼이나 정신 같은 상태인 것이다. 여기에 육체를 부여하여 실감을 주게 하는 것이 바로 비유라 할 수 있다. 세월을 물에 비유해 놓고 보니 비로소 세월이 눈에 보일 듯, 손에 잡힐 듯 다가오기 시작한다는 뜻이다. 어디 그뿐인가? 물처럼 빠르게 흘러가는 속도감에 덧붙여, 붙잡을 수 없는 그 일회적 속성이 부각됨으로써 인생의 덧없음까지 드러나게 되지 않는가? 즉 비유는 관념의 구체화와 더불어 대상에 대한 새로운 인식을 가져다주는 도구인 것이다.

무슨 대단한 감정과 사상만이 비유의 대상이 되는 것이 아니다. 무슨 대단한 시어만이 비유로 성립하는 것도 아니다. 언어가 처음 만들어진 시대를 상상해 보자. 그때는 언어 그 자체가 시어 같지 않았을까? 무슨 생각과 느낌이 확실히 있긴 있는데 언어가 없어 표현 못 하고 답답해하던 시절, 그때 탄생한 언어는 곧 그 느낌을 구체화해 주는 존재이자, 그 존재로 인해 자신의 느낌과 사상이 어떤 것인지 비로소 알게 되었을 것이기 때문이다.

좀 더 쉽게 말해 보자. '배고프다'는 말을 처음 쓰게 되었을 때, 원시인들은 자신들의 복부가 허전한 상태를 표현할 줄 알게 되었고, 그 다음부터는 그 말만 들어도 곧장 배고픈 사태가 연상되었을 테니, 그보다 상징적이고 시적인 사태가 어디 있겠는가? 하지만 일상에서 자꾸 그 말을 쓰다 보면 어느덧 익숙해져서 언제부턴가는 그 실감이 사라지게 되고, 그 결과 '배고프다'란 말은 시어에서 한갓 일상어로 추락하게 된 셈이라 할 것이다.

그런데 그 원시인들 가운데 한 시인이 있었다. 그는 자신의 배고픈 상태가 그냥 "배고프다."라는 말로는 도저히 표현될 수 없는 상태란 것을 느꼈다. 그래서 어느 날 그는 이렇게 말했다. "뱃가죽이 등에 달라붙은 것 같아."라고. 다른 원시인들은 경악했다. 바로 자신이 느꼈던 그 기분을 이처럼 적확히 말해 주는 이를 본 적이 없기 때문이다. 아니, 그들은 그 말로 인해 새로운 감각의 결을 인식한 셈이라 해도 과언이 아니다. 마치 우리가 연애편지를 쓰면서 "사랑해."라는 말로는 도저히 자신의 감정이 표현될 수 없다 여겨 가슴 답답해할 때, 사랑을 노래한 시를 읽고 비로소 그에 합당한 표현을 얻어 내고, 또 자신의 감정을 섬세한 결을 발견해 내는 일과 다를 바가 없는 것이다.

이렇듯 우리가 감정과 사상의 구체적이고 섬세한 결에 주목하게 될 때, '배고프다', '사랑하다' 같은 일상 언어는 뭉툭하기 그지없다. 그것처럼 부정확한 표현도 없다. 왜냐하면 언어는 추상적인 것이기 때문이다. 추상이란, 비슷한 것은 같다는 전제에서 비롯한다. 그러기에 모양과 색이 저마다 다른 의자들을 싸잡아 의자라 부를 수 있는 것이다. 일상의 언어로 우리는 일상을 살아갈 수 있다. 하지만 구체와 개별을 중시하는 입장에 서면 추상적인 것은 폭력적인 것이 된다. 비슷할 뿐 같지는 않은 다른 것을 같다고 하는 것이니 말이다.

시인은 바로 그 추상적인 언어로 구체적이고 개별적인 사상과 감정을 표현하려는 자이다. **언어의 경제성***을 고려하자면 새로운 언어를 무한히 만들어 낼 수는 없는 터, 있는 언어를 도구 삼아 이리저리 조합하고 부려서 새로운 사상과 감정의 결을 섬세히 드러내고자 하는 자인 것이다. 그러니 비유는 필수다. 비유는 정확한 일상 언어를 괜히 애매하고 어렵게 만드는 것이 아니라 오히려 일상 언어보다 훨씬 정확히 감정과 사상의 결을 표현해 주고, 나아가 새로운 감정과 사상의 결을 인식하게 해 주는 도구인 것이다. 이 정도면, 비유가 시간이 남아서 하는 일은 아니라는 것, 그 의미와 교육적 의의가 자명해진 편 아닐까?

지금까지의 이야기를 좀 정리해 보자. 인간은 비유라는 매개를 통해서 현실을 파악하기도 하고 스스로를 규정하기도 하며 세계를 이해하기도 한다. 무릇 인간의 역사는 자연 환경과의 상호작용을 통한 변화의 과정이라고 할 수 있을 것이다. 특히 언어를 매개로 한 환경과의 부단한 교류는 세계에 대한 인식과 체험의 폭을 확대하여 사물에 대한 이해의 정도를 새롭게 신장시키고 확대시키는 데 기여해 왔다.

그 새로움에 대한 욕망이 비유를 낳는다. 사물에 대한 이해는 미지(未知)의 것을 기지(旣知)의 것으로 설명하는 언어 구조를 통해 얻어진다. 우리가 알지 못하는 A를 우리가 아는 B와 같다고 함으로써 이해의 기반을 마련하게 되는 것이다. 그리고 이렇게 비교의 대상을 늘려감으로써 사물에 대한 기존의 인식을 강화하고 혹은 쇄신하게 된다. 이처럼 비교를 통한 이해, 그리고 이것의 언어화가 바로 비유인 것이다. 따라서 "A가 B와 같다."라는 기본 형식에서 A에 대한 이해를 확대하기 위해서는 B의 내용이 새롭고 독창적이어야 한다. 그것이 새롭지 못하거나 혹은 기존의 것을 그대로 차용할 때, 사물에 대한 인식의 확장은 고사하고 새로운 경험에 결코 도달하지 못하기 때문이다. 비유가 이러하다면, 상징, 아이러니, 역설의 힘, 그것을 가르치는 교육의 가치는 어떠할까.

이처럼 현대시 교육은 표현과 체험, 표현과 발상, 표현과 인식, 표현과 이해의 교육, 곧 가장 섬세하고 정확한 의사소통 교육을 꿈꾼다. 국어교육의 고갱이로 육

알짬 언어의 경제성

'수레'를 가리키는 '차(車)'라는 말을 사용하던 한국 사람들은, 증기기관을 이용해 철로 위를 달리는 거대한 이동 수단이 갑자기 나타났을 때 그것을 가리키는 말을 온전히 새로 만들어 내는 '비용'을 지불하는 대신, 기존에 있던 증기와 수레라는 말을 합쳐 '기차(汽車)'라는 말을 만들었다.

'싱거운 녀석'이라는 말을 만든 사람은 어떤 사람의 성격이나 인품을 나타내기 위해 새 말을 만들지 않고 '인격=맛'이라는 비유를 이용하였으며, '속이 깊은 사람'이라는 말에도 마찬가지로 '마음=물'의 비유가 심층에 작용하고 있다.

비유는 말을 꾸미거나 시를 쓸 때만 사용되는 장식적인 것이 아니며, 언어의 한계를 경제적으로 극복하게 해 주는 인간의 중요한 사고 활동이다.

박해 들어가는 것이다. 진정한 소통이란 음성을 통한 메시지를 전하고 듣는 것에 그치지 않는다. 말하는 이의 맥락은 물론, 그의 어조와 분위기, 그가 말한 것과 말하지 않은 것, 그 사이의 침묵까지 경청하는 것을 뜻한다. 심지어 그가 택한 단어의 질감까지 그대로 맛보며 듣는 것이다. 더욱이 시인은 자신의 아픔은 물론 타인의 고통까지 신음하며 끙끙 앓다가 오랜 침묵을 깨고 마침내 목소리를 찾아 주는 자이다. 그러니 이런 소통이 시 외에 또 어디 있단 말인가.

3. 사고력과 창의력 신장을 위한 현대시 교육

비유의 화두는 아직 끝나지 않았다. 그것은 단순한 의사소통의 도구를 넘어 사고력 교육을 위한 힘을 지니고 있기 때문이다. 사고력이란 너무도 복합적인 성격을 안고 있어서 그에 대해 설명하기란 여간 어려운 것이 아니다. 다만 사고력을 지력과 혼동하거나 동일시해서는 안 된다. 잠정적으로 사고력을 최소한 지력과 상상력의 복합체라 전제하고 말해 보자.

먼저, 비유를 설명하는 데 가장 흔히 원용되는 시 한 편을 예로 들어본다.

> 내 마음은 호수(湖水)요
> 그대 노 저어 오오
> 나는 그대의 흰 그림자를 안고,
> 옥(玉)같이 그대의 뱃전에 부서지리라.
>
> ―김동명, 「내 마음은」 부분

만일 지력만이 발달하고 상상력 개진이 원활하지 않은 자가 있어 그에게 이 시를 들려준다면 어떤 일이 벌어질까? 그는 이 시의 첫 줄부터 당황하기 시작할 것이다. 모든 은유가 그러하듯 "내 마음은 호수요"라는 진술 역시 상상력의 산물이기 때문이다. 어쩌면 그는 이렇게 답할지도 모른다. "내 마음은 심리적인 상태를 가리키고, 호수는 H_2O로 이루어진 물리적 실체인데 어떻게 이것이 동일물일 수 있겠습니까? 고로, 이 시는 잘못된 진술입니다."라고 말이다. 물론 이 시는 잘못된 진술이다. 그래서 이를 두고 시란 의사진술(擬似陳述) 혹은 사이비진술(似而非陳述)이라 부른 것이다. 진술인 것 같지만 진술이 아닌 진술, 혹은 진술이 아닌 것 같지만 진술인 진술이니까 말이다. 그럼에도 불구하고 저 학생을 지력이 뛰어난 학생이라 부를지언정 사고력이 뛰어난 학생이라 부를 수는 없을 것이다. 그에겐 상상력이 결여되어 있기 때문이다.

그렇다면 또 상상력이란 무엇일까? 그것은 설명하기가 더 어려울지 모르겠다. 하지만 이렇게 생각해 보자. 흔히들 발명가더러 상상력이 뛰어나다고 하니 과연 그들은 어떻게 발명을 하는지 그 과정을 알면 좀 해결이 되지 않을까?

발명가 역시 상상력에만 의존해서 문제를 해결할 리는 없다. 그들도 아마 처음에는 지력을 동원해서 문제를 해결하고자 할 것이다. 그러나 거기에는 늘 한계가 있는 모양이다.

최초로 자동판매기를 발명한 사람들 예로 들어보자. 자판기 기술의 핵심 가운데 하나는 동전을 넣으면 상품이 꼭 하나씩 나오게 하는 것이다. 안 나와도 안 되고 둘 이상이 쏟아져 나와도 안 될 테니까 말이다. 그런데 이게 생각처럼 쉽지가 않았던 모양이다. 아마도 처음에는 $S=\frac{1}{2}gt^2$ 같은 공식도 적용해 보았을 것이다. 온갖 지력을 다 동원해 보았을 것이다. 하지만 매번 실패로 끝났다. 그런데 발명가 이야기에는 꼭 이런 구절이 등장하곤 한다. 그러던 어느 날!

발명가는 자신이 어린 시절, 마차를 몰던 기억을 떠올리고 있었다. 마차를 끌던 말이 용변을 보던 장면도 생각나며 그는 웃었다. 그런데 바로 그 순간 발명가는 무릎을 쳤다. 그래, 그 말이 항상 한 덩이씩을 누었었지 하고 말이다. 그래서 자판기에서 물건 나오는 곳을 괄약근 모양을 본 따서 만들었다나! 믿거나 말거나지만, 중요한 사실은 자판기와 괄약근의 관계다. 이 사이에 무슨 연관이 있는가? "자판기는 괄약근이다."라는 진술은 진술인가, 아닌가? 그 발명품은 지력의 소산인가, 상상력의 소산인가?

상상력이란 무관해 보이는 사물들 간에 유사성을 발견하는 능력과 관련이 깊다. 그렇다면 "내 마음은 호수요"도 이와 조금도 다를 바가 없다는 사실을 인정해야 하지 않을까?

이제 그 과정을 그림으로 나타내면 다음과 같다.

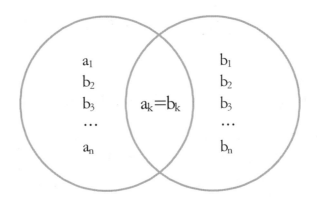

A 집합을 원관념인 '내 마음' 집합, B 집합을 보조관념인 '호수' 집합이라 생각해 보자. 그리고 A 집합 안의 'a_1 a_2 a_3…a_n'에는 '내 마음'이라 할 때 떠오르는 속성들을, B 집합 안의 'b_1 b_2 b_3…b_n'에는 '호수'가 갖는 속성들을 집어넣어 보자. 그러면 A와 B의 교집합 부분에 뭔가 들어갈 만한 것이 떠오른다. 즉 $a_k=b_k$라 할 때 바로 그 k에 해당하는 그 무엇이 있다면, 그 때 비로소 비유가 성립하는 것이다.

물론 그 k값은 사람마다 다를 수 있다. 고요함이나 잔잔함일 수도 있고, 물기어림이나 출렁거림일 수도 있다. 뿐만 아니라 자신의 독특한 체험이 연상되면서 실연(失戀)이나 죽음이 그 자리를 차지할 수도 있다. 비록 시 전체의 맥락이 결정할 것이라 하더라도, 그 맥락 또한 사람마다 다르게 받아들일 수 있기 때문에 엄밀하게 말해 어느 하나만 옳다고 말할 수는 없을 것이다. 그러나 그러한 다의성이 시를 감상하는 데 방해가 되는 것은 결코 아니다. 오히려 그런 다의성이 있기에 비유의 아름다움도 존재하는 것이다.

설령 고요함과 잔잔함이 이른바 정답에 가장 가깝다 하더라도 이 비유의 보조관념이 '호수'라고 가르치는 데에는 동의할 수 있어도 원관념이 '고요함과 잔잔함'이라 가르치는 데에는 동의할 수 없다. 원관념은 말로 표현할 수 없는 것이다. 원관념이 말로 정리될 수 있다면 그냥 내 마음이 고요하고 잔잔하다 하면 될 것이지 뭐하려고 시를 쓰고 비유를 쓴단 말인가. 동어반복 같지만 원관념은 단순한 말로는 표현할 길이 없어 보조관념을 통해 표현하고자 하는 내 마음, 고요하기도 하고 잔잔하기도 하고 기타 등등, 내 마음의 복잡다단하고 섬세한 결 그 자체라고밖에 설명할 길이 없다. 우리가 원관념을 풀어서 설명하는 것은 교육상 편의적 이유에서만 허용될 뿐이다. 그러니 앞으로 우리가 원관념이 무엇이라고 설명할 때는 그 앞에 '소위'라는 말이 생략된 것으로 이해하도록 하자.

이렇게 "내 마음은 호수요"를 이해하고 감상했다면, 이젠 B에 다른 단어를 집어넣어 보는 활동을 해 보는 것이 어떨까? '촛불'도 좋고, '구름'도 좋고, 까짓것 '핸드폰'도 좋다. '내 마음'과 유사성이 있으리라 여겨지는 사물들을 상상력을 동원해 써 보자. 그리고 그렇게 연결한 이유를 서로 발표해 보자. 어떤 것은 되고 어떤 것은 안 되는지, 왜 어떤 것은 그럴 듯하고 어떤 것은 그렇지 않은지에 대해서도 토론해 보자.

아마도 토론의 결과는 대충 이렇게 나타날 것이다. 원관념과 보조관념의 사이가 너무 가까우면 뻔해서 신선미가 없고, 너무 멀면 당사자만 그 뜻을 알 뿐 쉽사리 수용하기가 어렵다고.. 그것이 곧 긴장이다.

전문적으로 말해, 새로운 의미 체계를 형성하기 위해서 비유는 유사성에 기초한 동일성의 원리를 기본으로 하면서도 때로는 비동일성의 원리가 적용되어 긴장을 동반하게 된다고 할 수 있다. 너무 어렵다고 생각할 것 없다. 앞서 우리는 두 개의 무관한 사물 사이에 유사성을 발견하는 일이 비유적 발상의 핵심이라고 한 바 있다. 여기서 굳이 유사성을 동일성이라 이름 하지 않은 이유가 어디에 있을까? 유사성은 단순한 동일성이 아니라 차이를 동반하는 것이기 때문이다. 우리가 쌍둥이를 보고 꽤 닮았다고 느낄 수 있는 것도 실은 무의식적으로 '닮음'에 앞서

'차이'를 전제하고 있기 때문이다. 이처럼 비유는 유사성과 차이성을 통해 조화와 갈등의 미학, 곧 긴장의 미학을 창출하는 것이다.

차이를 강조하는 비유도 있을 수 있다. 이 경우는 유사성에 따른 비유보다 새롭고 신선한 이미지를 창조하고자 할 때가 많다. 아울러 이때는 원관념과 보조관념 사이의 결합이 폭력적으로 이루어지므로 긴장 관계가 팽팽하게 조성되기도 하며, 그런 만큼 비유로서 실패할 위험도 크다고 볼 수 있다. 다음의 예를 보자.

> 사랑하는 나의 하나님, 당신은
> 늙은 비애(悲哀)다.
> 푸줏간에 걸린 커다란 살점이다.
> 시인(詩人) 릴케가 만난
> 슬라브 여자(女子)의 마음속에 갈앉은
> 놋쇠 항아리다.
> 손바닥에 못을 박아 죽일 수도 없고 죽지도 않는
> 사랑하는 나의 하나님, 당신은 또
> 대낮에도 옷을 벗는 어리디 어린
> 순결(純潔)이다.
> 삼월(三月)에
> 젊은 느릅나무 잎새에서 이는
> 연두빛 바람이다.
>
> —김춘수, 「나의 하나님」

이 시에서 소위 원관념은 '하나님'이며, 이를 구체화하는 보조관념은 일차적으로 '늙은 비애', '푸줏간에 걸린 살점', '놋쇠 항아리' 같은 것들이다. 상식적으로 보아 이들 원관념과 보조관념 사이에는 유사성이 발견되기는커녕 오히려 대립적으로까지 보이는 비동일성에 의해 결합되어 있다. 이것은 분명 우리의 상식을 충격할 뿐만 아니라, 사람에 따라서는 불경스럽게까지 여겨질 수도 있다. 이것은 정녕 생경하고 낯선 비유의 세계이니까. 그런데 8행을 보자. '또'라는 한마디가 던

져진 이후, 이제 '하나님'은 다시 '어리디 어린 순결'과 '연두빛 바람'에 연결된다. 이로써 우리는 더 큰 혼돈에 빠진다. '또'를 경계로 앞뒤에 자리한 보조관념끼리도 유사성을 드러내 보이지 않기 때문이다. 이러한 사정들로 인해 이 시는 확실히 남다른 충격적 효과를 갖게 되고 우리를 작품 자체에 집중하도록 이끈다. 그렇다면 과연 이러한 이질성의 결합을 통해 의도하고 있는 바는 무엇일까.

다시 한 번 '또'라는 말에 주목해 보자. 즉 '하나님'은 '늙은 비애', '푸줏간에 걸린 살점', '놋쇠 항아리'요, '또', '어리디 어린 순결', '연두빛 바람'이라고 다시 말해 '하나님'은 늙으면서도 어리고, 비애이면서 순결인 존재, 살점이나 항아리처럼 하잘것없는 존재인 동시에 연두빛 바람처럼 소중한 존재라는 역설이 성립하는 것 아니겠는가? 즉 '나의 하나님'은 가장 세속적인 동시에 순수하며, 비애인 동시에 희망이며, 죽음인 동시에 부활이요, 순간적인 동시에 영원한 존재일 수 있는, 우리를 둘러싼 다양한 삶의 조건과 모두 연계되는 그 모든 것이 된다. 또는 그만큼 '나의 하나님'은 인간의 관점으로 규정할 수 없는 무한자요, 친근한 동시에 초월적 존재인 구원자가 되는 것이라 할 수도 있다.

이러한 해석과는 다른 각도에서 외견상 비동일성으로 나타나는 것들 사이에 숨겨진 질서나 유사성을 찾아 나서는 것도 가능하다. '하나님'이 '늙은 비애'와 결합할 때, 우리는 늙은 아비의 설움, 곧 늙은이의 오래된 지혜와 경륜이 단지 오래된 것이라는 이유로 버림받는 비애를 감지할 법하고, 그것이 다시 '살점'으로 비유될 때는, 비록 하찮아 보이지만 실상 우리의 일용할 양식이 되는 살코기처럼 인간을 위해 당신을 희생한 제의적 속성을 유추할 수도 있다. 그런가 하면 '항아리'에 비유될 때는, 비록 값은 나가지 않지만 릴케의 시적 체험을 가슴 깊이 간직한 마음의 항아리처럼, 비록 속세의 잡사에는 쓰일 수 없지만 영원한 진리와 말씀을 담은 보물단지를 떠올려 봄 직하다. 이렇게 보면 이것이야말로 최상의 순수인 '순결'이며, 젊고 푸른 나무 잎새에 이는 희망의 '바람'이 되지 않을까?

처음에는 모순되는 것처럼 들리겠지만 비유는 가장 정확한 언어이자 가장 다의적인 언어란 말이 이로써 모순처럼 들리지 않게 되었을 것이다. 그러므로 여기서 어느 쪽으로 해석하는 것이 옳은지는 그다지 중요하지 않아 보인다. 사람들을 작품 자체에 몰두하게 만들고, 그 결과로 다양한 해석이 나오도록 하는 것이야말로 이 시의 비유가 의도하는 바인지도 모른다. 실은 이것이야말로 비유의 힘이다. 사람들로 하여금 언어 자체에 주목하게 하고 상상력을 동원하도록 자극하여 시적 대상에 대한 새로운 인식과 통찰을 촉구하는 것 말이다. 그리고 이것이 바로 현대시 교육의 중요한 의의와 상통한다. 시를 통해 사고력과 창의력이, 그것도 아름다운 사고력과 창의력이 길러지는 것이다.

4. 인성과 문화 공동체를 위한 현대시 교육

앞서 인용했던 시 「내 마음은」의 비유적 상상력을 되새겨 보자. 우리 문화권 내에서 대부분의 사람들은 이 시의 비유에 이의를 달지 아니할 것이다. 호수는 우리나라 사람들에겐 평화롭고 고요하며 안온한 느낌을 불러일으키는 존재이며, 그러기에 이 시는 많은 이들에 의해 낭만적인 연가(戀歌)로 사랑을 받아 왔던 터이다.

하지만 만일 이 시를 그대로 직역해 미국의 오대호 근처에서 사는 사람들에게 들려주면 어떤 반응들이 나올까? 그 크기가 한반도의 몇 배에 달하며, 그로 인해 조수(潮水)가 일고, 일기(日氣)의 변화가 일어나는 그 광대한 호수에 자신을 비겨 표현하였은즉, 이것은 호연지기(浩然之氣)를 노래한 시로 들리지는 않을까? 혹은 그 넓고 거친 호수에 연인더러 조각배 타고 노를 저어오라 하고서는, 그러면 흰 그림자를 안고 그 거센 호수의 물결이 뱃전에 부서지리라 하였은즉, 이것은 죽음 또는 정사(情死)를 노래한 시이거나, 혹은 위협과 저주에 가까운 시가 되지는 않을까?

물론 이 같은 상상은 지나친 것일지 모른다. 시의 맥락과 정황을 참조한다면, 이 시를 이해 못할 문화권이 그리 많지는 않을 것이기 때문이다. 다만 분명한 것은 개인의 개성적인 상상력에서 출발한 언어가 보편성을 획득하게 되는 과정에서 문화의 힘이 함께 작동한다는 사실이다. 달리 말하면 시인의 개성이 보편성을 관통할 때 그것은 이미 보편성에 기초한 개성이었기 때문에 가능하다는 논리로도 설명될 수 있을 것이다. '내 마음'을 '호수'에 비긴 것은 시인의 개성과 상상력 덕택이지만 그것을 용인케 해 주는 힘은 바로 우리 문화의 보편성에 있다는 뜻이다. 그러니까 우리가 한 편의 시를 가르치는 것은 시 자체는 물론, 상상력을 가르치는 것이어야 하고, 동시에 문화를 가르치는 것이 되어야 한다.

따라서 우리 현대시 교실은 개성에서 보편으로, 보편에서 개성으로 이어지는 변증법을 필요로 한다. 집단적 사고로부터 우리 문화의 보편성을 공부하는 한편, 바로 거기에서 개인의 개성적인 사고를 발전시키는 데 현대시 교육은 기여해야만 하는 것이다. 국어교육과 시 교육의 접점, 혹은 국어교육으로서의 시 교육이 갖는 의의와 가능성이 여기에 있다. 이는 **문화적 능력(cultural literacy)***을 중시해야 하는 국어교육의 입장에서라면 개성적 언어와 언어의 보편성을 동시에 감싸 안을 수 있는 시문학을 그 중핵으로 삼지 않을 수 없다는 말이기도 하다.

비유에 관한 우리의 논의는 이제 문화의 문제로 나아가기에 이르렀다. 앞서 우리는 모든 비유가 다 공감을 획득할 수는 없다 하였는데, 반면에 김춘수 같은 시인의 경우는 섣불리 용인되지 않는 비유를 통해 새로운 성과를 획득하였다고도 했다. 모든 상상력이 다 용인되지는 않는다. 상상력은 문화의 맥락에 지배를 받는다. 그렇다고 상상력을 억제해서도 안 된다. 상상의 힘을 통해 우리가 진정으로 기대하는 바는 새로운 문화 능력의 개척에 있기 때문이다.

그러니 어떻게 수용하고 동시에 어떻게 넘어서느냐 하는 문제야말로 우리의 최대 고민이 되어야 할 것이다. 지난 시대의 상상력을 배움으로써 우리 시대, 나아가 우리 미래의 문화적 상상력을 키워가는 경지, 타인의 상상력을 따라가다 자신의 세계를 발견하고 창조하는 경지, 그 경지에 이

알짬 문화적 능력(cultural literacy)

문화적 소양, 문화적 문식성 등으로도 불리는 문화적 능력은 한 사회 및 문화에 참여하여 원활히 소통하고 자신의 삶을 영위해 나가기 위해 필요한 지식과 감성을 가리킨다.

이민자가 많았던 미국 사회에서 보수적인 문화론자 허시(E. D. Hirsch) 같은 이는 그의 저서 『문화적 문식성Cultural Literacy』에서 미국인이 되기 위한 문화목록 5,000개를 제시하기도 하였다. 그러나 문화적 능력은 허시의 생각처럼 선별된 지식을 배우는 데에 그치지 않으며, 최근에는 매스 미디어와 대중문화, 그리고 다문화 사회 등 중층적이고 복합적으로 작용하는 '문화'의 힘들 사이에서 주체적인 삶을 영위하고 공동체의 일원으로 원활한 소통을 해 나갈 수 있는 힘을 뜻하고 있다. 문화는 하나의 대상에 대해 여러 사람들이 동일한 느낌과 기억을 떠올리게 하는 체계이다. 시는 그러한 문화를 공유하는 사람들의 감각에 바탕을 두고 창작되지만, 동시에 공동체로 하여금 낡은 감각을 새롭게 하고 문화적 의미망을 확대하는 역할을 담당하기도 한다.

르기까지 다음 세대들을 진전시켜야 하는 것이다.

이른바 4차 산업혁명과 인공지능 시대의 도래를 목도하게 된 오늘날, 상상력과 창의력이 인성을 위배하지 않으면서도 인간 해방에 기여하는 길을 모색해야 하는 시점에 우리는 서 있다. 상상력과 창의력이 개인과 공동체의 삶에 이익을 창출하고 새로운 삶의 혁신을 가져오는 동시에 인문학을 비롯해 인간이 그동안 쌓아온 문화적 기억과 유물들, 아니 인간의 정서와 문화 공동체 자체를 유지 발전하게 하는 데 기여하여야 하는 것이다. 여기에 현대시 교육의 사명과 윤리가 있다.

정리 및 점검

✓ (　　)에 알맞은 말을 써 넣으면서 주요 개념을 정리합니다.

1 현대시 교육의 의의는 크게 소통 능력 신장, (　　　　　　　　　　),
(　　　　　　　　　　　　)의 세 가지로 정리할 수 있다.

2 시인은 바로 그 (　　　　)인 언어로 (　　　　)이고 (　　　　)인 사상과
감정을 표현하려는 자이다. 언어의 (　　　　)을 고려하자면 새로운 언어를
무한히 만들어낼 수는 없는 터, 있는 언어를 도구 삼아 이리저리 조합하고 부
려서 새로운 사상과 감정의 결을 섬세히 드러내고자 하는 자인 것이다.

3 우리 현대시 교실은 (　　　)에서 보편으로, 보편에서 (　　　)으로 이어지는
변증법을 필요로 한다. 집단적 사고로부터 우리 문화의 보편성을 공부하는 한
편, 바로 거기에서 개인의 (　　　)적인 사고를 발전시키는 데 현대시 교육은
기여해야만 하는 것이다. 국어교육으로서의 시 교육이 가지는 의의와 가능성
이 여기에 있다. 이는 (　　　　　　)을 중시해야 하는 국어교육의 입장에서
라면 (　　　)적 언어와 언어의 보편성을 동시에 감싸 안을 수 있는 시문학을
그 중핵으로 삼지 않을 수 없다는 말이기도 하다.

✓ 지시에 따라 서술하면서 시 교육의 목적과 의의를 탐구합니다.

1 "현대시 교육은 가장 섬세하고 정확한 의사소통 교육을 지향하며, 국어교육의
고갱이로 육박해 들어가는 것"이라는 말의 의미를 바탕으로 현대시 교육의 의
의에 대해 자신의 견해를 서술하시오.

2 상상력과 창의력을 키우는 데 현대시 교육이 어떤 역할을 할 수 있을지 설명하시오.

3 "가장 정확한 언어는 곧 가장 다의적인 언어이다."라는 명제를 현대시 교육적 관점에서 설명하시오.

✓ 지시에 따라 주요 개념을 적용하면서 실천적 능력을 기릅니다.

1 "A가 B와 같다." 또는 "A는 B이다."라는 비유의 기본 형식을 활용하여 뭉툭한 일상어 대신 자신의 감정과 사상의 결을 정확히 표현하는 비유를 만들고, 그 참신성과 효과에 대해 설명하시오.

2 "한 편의 시를 가르치는 것은 시 자체는 물론, 상상력을 가르치는 것이어야 하고, 동시에 문화를 가르치는 것이 되어야 한다."라는 말을 참고하여 이육사의 「절정」으로 무엇을 가르칠 수 있을지 설계하시오.

> 매운 季節의 채쭉에 갈겨
> 마츰내 北方으로 휩쓸려오다
>
> 하눌도 그만 지쳐 끝난 高原
> 서리빨 칼날진 그 우에 서다
>
> 어데다 무릎을 꿇어야 하나
> 한발 재겨 디딜 곳조차 없다
>
> 이러매 눈 감아 생각해 볼밖에
> 겨울은 강철로 된 무지갠가 보다
>
> ─이육사, 「절정(絶頂)」

제 2 장

현대시 교육 내다보기

지금까지 현대시의 교수·학습은 여러 작품을 두루 읽어야 하며 개개의 작품은 매우 꼼꼼하게 읽어야 한다는 원칙을 벗어나지 못했다. 자신이 읽을 시를 선택할 권리나 나름의 감상에 젖어들 여유가 주어지지 않는 현대시 교실에서 학습자는 수동적이고 수용적인 위치에 머물기 쉽다. 이러한 문제를 극복하고 시 읽기의 즐거움을 학습자들에게 돌려주기 위해서 앞으로의 현대시 교육은 어떻게 해야 할까?

한 편의 시는 텍스트로도 존재하지만 콘텍스트 속에 존재한다. 텍스트로서의 시를 교사가 해설하지 않고 학습자 스스로가 시를 읽으면서 필요한 지식을 구성하도록 할 수는 없을까? 시를 둘러싼 맥락적 지식과 정보를 활용해 다양한 의미를 탐색하는 읽기의 즐거움을 학습자가 경험하도록 할 수는 없을까? 나아가 장르와 매체의 경계를 넘어선 상호텍스트성을 적극적으로 활용한다면 현대시 수업은 어떻게 달라질까? 이 장에서는 이러한 물음들에 대한 해답을 찾아보기로 한다.

1. 현대시 교육의 현실

오늘날 현대시 교육이 제법 다양한 양상으로 전개되고 있지만, 그럼에도 불구하고 현대시 교수·학습의 가장 전형적인 모습을 꼽으라면 어떤 것일까? 그것은 곧 정전의 섭렵(coverage)과 주해(exegesis) 체제로 요약될 수 있을 것이다.

섭렵의 원칙에 따르면 학생들은 가능한 한 많은 주요 작품과 작가를 망라해야 한다. 한편 주해의 원칙은 학생들로 하여금 정전 가운데 그 어느 작품이라도 꼼꼼하게 대할 것을 요구한다. 두루두루 읽고, 또 꼼꼼히 읽는 것처럼 바람직한 것은 없어 보인다. 하지만 현실은 그와 반대다. 학생들 편에서 보자면, 그 많은 시를 두루두루 읽고, 그 각각을 꼼꼼히 읽기까지 해야 해서 시에 관한 흥미를 잃고 시로부터 멀어지기 십상이다.

　더욱이 이러한 교육 체제 안에서는 텍스트와 텍스트 사이, 해석과 해석 사이에 별다른 갈등과 논쟁이 없다. 다만 상대적으로 안정된 전통과 강요된 화해, 무원칙한 나열과 무기력한 다원주의가 터를 잡고 있을 뿐이다. 섭렵과 주해를 통해 다양하고 상충된 견해들이 갈등과 통합의 과정을 거치고 그로 인해 전망(perspective)의 확대가 이루어지기는커녕, 제한된 특정한 견해들이 그 과정을 통해 재생산될 뿐만 아니라 오히려 상승작용하고 강화되기에 이르고 마는 것이다. 애초 섭렵은 텍스트 능력의 신장을 목적으로 하는 읽기 방법 중 하나였지만 섭렵은 점차 방법의 차원을 넘어서 정전*의 섭렵 그 자체가 목적이 되어 버렸으며, 주해 역시 적극적이고 비판적인 읽기 방식이 아니라 학생들로 하여금 수동적이고 수용적인 주체가 되게 하는 경우가 대부분이다.

　그렇다면 어떻게 해야 할까? 어떻게 하면 학습 주체가 적극성을 띠고 즐거움을 누릴 수 있는 시 교육을 만들 수 있을까? 텍스트를 주해하듯 분석하고, 콘텍스트를 지식처럼 섭렵하는 것 외에 다른 방법은 없을까? 혹은 섭렵하고 주해하더라도 즐겁게 향유할 길은 없을까?

　이를 위해 먼저 우리 현대시 교실의 현재 모습을 살펴보자. 그런 다음, 좀 더 비교를 명확하게 하려는 취지에서 텍스트, 콘텍스트 중심의 수업 각각의 경우에 모두 김광균의 「설야」를 공통된 대상으로 삼아 살펴보도록 하겠다.

　　어느 머언 곳의 그리운 소식이기에
　　이 한밤 소리 없이 흩날리느뇨

　　처마 끝에 호롱불 야위어가며
　　서글픈 옛 자취인 양 흰 눈이 내려

　　하이얀 입김 절로 가슴이 메어

마음 허공에 등불을 켜고
내 홀로 밤 깊어 뜰에 내리면

머언 곳에 女人의 옷 벗는 소리

희미한 눈발
이는 어느 잃어진 추억의 조각이기에
싸늘한 추회(追悔) 이리 가쁘게 설레이느뇨.

한 줄기 빛도 향기도 없이
호올로 차단한 의상을 하고
흰 눈은 내려 내려서 쌓여
내 슬픔 그 위에 고이 서리다.

— 김광균, 「설야(雪夜)」

이제 이 시를 둘러싸고 전개되는 전통적인 교실의 모습을 보이면 아마도 다음과 같을 것이다. 먼저 선생님은 건조하게 시를 읽는다. 혹은 학생을 지명하여 읽힌다. 물론 그 역시 건조하게 읽는다. 시는 더 이상 노래가 아니다. 교실에서 시는 향유되어야 할 것이 아니라 해결해야 할 하나의 과업에 지나지 않는다. 선생님은 판서와 강해를 시작한다. 그 전에 학생들에게 느낌을 물어볼 수도 있다. 하지만 피차간에 별 신통한 답변은 기대하지 않는다. 그래서 많은 경우 선생님은 곧바로 분석에 들어가 하나하나 주해를 가하게 된다. 이해와 감상이 분석보다 중요하다고 여기는 선생님의 경우, 비평가의 견해를 빌려 시 전반에 관한 해설부터 시작할 수도 있다. 그러나 '나무'에서 '숲'을 향하든, '숲'에서 '나무'를 향하든 그것은 단지 시간의 선후만 다를 뿐, 분석과 종합의 틀은 변함이 없으며, 그 해설은 명징하고 자명한 외관을 취하게 마련이다. 아마도 그 '숲'은 다음과 같은 해설의 틀에서 벗어나지 않을 것이다.

이 작품은 눈 내리는 밤의 정경 속에 피어오르는 추억과 환상을 그린 시다. 마지막 두 줄 '흰 눈은 내려 내려서 쌓여／내 슬픔 그 위에 고이 서리다'에서 확인되는 것처럼 눈은 정화(淨化)된 슬픔을 가리킨다. 눈이 억누를 수 없는 슬픔처럼 마구 쏟아지지 않고 정화된 슬픔처럼 차분하게 내리는 것은 시인의 슬픔이 과거의 추억으로 은은하게 되살아오기 때문이지. 여기서 눈이 '그리운 소식', '서글픈 옛 자취', '잃어진 추억의 조각', '차단한 의상'으로 비유되어 있음에 유의해야 해. 눈은 과거의 추억을 환기시켜 주고, 그 추억은 현재의 나를 슬픔에 젖게 한다는 것. 그렇다면 '나'를 슬프게 하는 추억, 과거의 경험 내용은 무엇일까? 아마도 '여인'과 관계된 거겠지? '여인'은 '나'의 추억의 중요한 부분이다. 그런데 여인은 지금 내 앞에 있지 않고 '머언 곳'에 있으며, '차단한 의상'에서 암시되듯이 여인은 나에게 냉정해. 그래서 그것은 현재가 아니라 슬픈 추억이지만, 여인은 여전히 나에게 신비로운 존재인 것 같지 않니?

이 정도면 교사가 할 수 있는 최상의 해설이라 해도 지나치지 않을 것이다. 학생들은 자자(字字)이 비점(批點)이요, 구구(句句)이 관주(貫珠)인 격으로 밑줄을 그어 가며 받아 적는다. 의문이 있어도 물론 질문은 하지 않는다. 그 결과, 학생들의 교재에는 누구나 할 것 없이 갈래, 성격, 표현상 특징, 제재, 주제 같은 것들이 똑같이 적혀 있게 된다. 뿐만 아니라 행 하나하나 아래에는 각주처럼 해설이 달리고, 연 하나하나의 우측에는 내용과 구성상 특징이 적히게 되고, 무엇보다도 몇몇 시어들은 동그라미가 쳐진 채 직선과 곡선으로 연결되어 그 끝에 '눈'이라는 글자와 연접하게 될 것이다. 아울러 요즘은 조금 줄어들긴 했지만, 시인 김광균의 생애나 시적 경향의 특징 등에 관한 설명이 여기에 더해지게 될 것이다.

많은 변화와 개선이 이어지고 있지만, 적어도 고등학교에서는 이런 식의 수업이 여전히 전형적일 것으로 보인다. 그렇다고 이것이 나쁘다고만 보지는 않는다. 여기에는 이러저러한 해석에 동의하지 않거나 숙달하지 않게 되면 사회적으로 낙오자가 될지 모른다는 현실적 이해도 깔려 있을 것이기 때문이다.

그럼에도 불구하고 우리의 현대시 교실은 지나치게 종교적이고 제의적이다. 이곳에서 교사는 제사장 노릇을 맡는다. 교실은 제사를 지내는 듯한 경건함과 엄숙

함이 지배하고, 그리하여 산 자보다 죽은 자가 우위를 점하게 된다. 교사와 학생 모두 경전을 대하듯 주석을 가하고 그 정통적 주석을 받들며 암송하는 데 진력한다. 새롭거나 주관적인 해석은 이단으로 처벌되며, 이 신성함을 지키기 위해서는 부득불 개인적인 호오나 이해관계 역시 투사되어선 안 된다.

수고는 우리가 하고, 영광은 죽은 시인들에게 바쳐진다. 하지만 이 제사가 바람직하지 않은 가장 큰 이유는 이 제사에 참여하는 이들이 이 제사와 이 제사를 통해 영광 받는 이를 사모하지 않으며, 스스로도 고통스러워하면서 그 제사의 임무를 다음 세대에 그대로 떠넘긴다는 데 있다. 이렇게 되면 죽은 시인들조차 인간을 고통스럽게 만들며 군림하는 한갓 우상으로 전락하게 될 따름이다.

이처럼 현재 우리의 현대시 교실에서는 학생보다는 교사가 중심이 되고, 탐구나 대화, 혹은 토론보다는 해설이 중심이 되고 있다. 교사 중심, 해설 중심이 무조건 부정적인 것은 결코 아니다. 문제는 시에 대한 학생들의 흥미와 관심, 사랑과 향유가 부재한 가운데, 오로지 과업과 억압의 형태로 시 수업이 전개된다는 데 있다.

2. 텍스트 중심의 현대시 교육

문학관을 텍스트와 콘텍스트 중심으로 나눌 수 있다는 데 동의한다면, 다시 그 각각을 해설 중심과 활동 중심, 혹은 객관주의와 구성주의로 접근하여 교육하는 것이 가능할 터이다. 이를 도표로 표현하면 다음과 같다.

	교수자 해설 중심 (객관주의)	학습자 활동 중심 (구성주의)
텍스트 중심	A	B
콘텍스트 중심	C	D

여기서 A형이 텍스트의 형식적, 구조적 특성을 이른바 객관론적 측면에서 교수자가 해설해 주는 교수·학습 상황이라면, B형은 이를 학습자의 주체적 구성 활동을 통해 학습하도록 하는 교수·학습 상황을 가리킨다. C형은 텍스트의 내용 및 그를 둘러싼 표현론적, 반영론적, 효용론적 맥락 정보에 대해 교수자가 해설의 형태로 제공해 주는 교수·학습 상황에 해당하고, D형은 교수자가 안내자의 역할로서 제공한 관련 자료를 바탕으로 학습자가 활동을 통해 주체적으로 지식을 구성할 수 있도록 도와주는 형태의 교수·학습 상황을 의미한다. 여기에 상호 우열의 관계는 없다. 다만 문학교육의 거시적인 패러다임이나 미시적인 구체적 학습 목표에 따라 무게 중심의 이동이 있을 뿐이다.

먼저 「설야」를 대상으로 A와 B에 대해서 생각해 보자. 텍스트 분석에서 이 시의 핵심은 역시 "머언 곳에 여인의 옷 벗는 소리"에서 찾아야 할 것이다. 이 한 표현, 이 한 구절을 위해 이 시가 존재했다 해도 과언이 아닐 정도다. 그러나 안타깝게도 이 대목은 주로 기법적인 측면에서 논의와 지도가 집중된다. 그 대표적인 예가 이 대목을 두고, 바로 '시각의 청각화' 또는 '공감각적 이미지'를 가르치는 한편, '관능적 이미지' 등을 운위하고 넘어가는 것이다.

'시각의 청각화'나 '공감각적 이미지'에 대해서는 후술하도록 하겠거니와, '관능적 이미지'만 해도 그리 간단한 것이 아니다. 이미지는 그렇게 객관적이거나 자명한 것이 아니다. 가령 어떤 이는 "머언 곳에 여인의 옷 벗는 소리"를 읽고 고혹적인 의미에서 관능적 이미지를 떠올릴 수도 있지만, 또 다른 이는 관능적이면서도 어딘가 처연하고 슬픈 이미지를 가질 수도 있기 때문이다. 그럼에도 불구하고 그런 이미지 하나 학습자가 직접 구성해 볼 기회도 허용해 주지 않은 채 그저 '관능적 이미지'라며 요약되고 넘어간다면 안타까운 노릇이다. 감각적 이미지 가운데 이처럼 우리 십대에게 매혹적인 것도 드문데, 여기서조차 이미지는 생동감을 잃고 그저 무기력하고 따분한 존재로 전락하고 마는 것이다.

시에서 이미지를 아는 것은 매우 중요한 일이기 때문에 시 교육에서 이미지를 가르치는 것 역시 매우 중요한 일이다. 이는 이른바 속성 중심 문학관과 상통한다. 속성 중심의 문학관이란 문학을 설명하는 중점을 문학의 특수한 성질에 두는 관점이다. 시를 시답게 하는 요소로 율격이나 이미지를 설명하는 경우, 즉 요소 분석적인 경우가 이에 해당한다. 문학의 속성에 대한 인식은 문학의 이해 또는 표현과 관련하여 심화되고 체계적인 지식으로 작용함으로써 대상을 보다 깊이 있게 천착할 수 있게 해 주는 강점이 있고, 그렇게 함으로써 수준 높은 교양인으로서 사회생활을 영위할 수 있게 해 주는 이점을 가지기도 한다. 음악이든, 미술이든, 영화든, 각 예술의 속성과 특성에 조예가 깊은 자들이 모두 교양인의 표상이 됨을 생각해 보라. 시도 마찬가지다.

그러나 우리의 문학교육 역사가 증명하듯 이러한 문학관에 입각한 문학교육 역시 매우 무미건조한 지식 교육으로 문학교육을 몰아가거나, 문학의 속성이란 것에 지나치게 집착하여 오히려 문학을 신비화하는 데 일조할 우려가 있다. 따라서 현대시 교육은 이러한 이미지가 단순한 기교가 아니며 동시에 시만의 전유물이 아님을 강조해야 한다. 그러면서 그 가치를 스스로 발견하고 감동하며 누릴 수 있어야 한다.

과연 김광균이 그 표현으로 드러내고자 한 것은 무엇인가? '머언 곳에 여인의 옷 벗는 소리'는 과연 무엇을 형상화한 것인가? 참고서처럼 그것이 만일 사각사각 내리는 눈을 육감적으로 표현한 것이라면 사각사각하는 소리를 형상화하고자 한 것이니 청각적 이미지는 될 수 있어도 시각적 이미지는 될 수 없고, 반면에 눈 내리는 시각적 정경을 청각적 이미지로 드러낸 것이어서 공감각적 이미지라고 한다면 청각적 이미지가 전경화되어야 할 텐데 도무지 귀에 들리는 소리가 없는 듯하니 이해가 잘 닿지 않는다.

상식적으로 생각해 보자. 먼 곳에서 여인의 옷 벗는 소리가 귀에 들리겠는가? 왈가닥 처녀 아이도 아니고 여인이, 그것도 옆방에서가 아니라 먼 곳에서 옷을 벗는데 그 소리가 들릴 수 있겠는가? 김광균이 주목한 것은 바로 눈의 이러한 속성, 곧 '소리 없음', '고요함'이었던 것이다. 하지만 소리가 나는 것은 청각적 이미지로 표현할 수 있겠으나 소리가 없는 것은 과연 어찌 표현할까? 바로 이 지점에 이 표현의 묘미가 숨어 있는 것이다. 그 표현의 가치와 감동을 깨닫되, 그것을 시와 문학만의 전유물로 보지 않고 일상의 삶과 연관 지어 보는 교육이 가능할까? 다음은 필자가 그러한 교육의 일환으로 시도한 강의의 발췌에 해당한다.

'용각산' 광고를 보자. 이 광고는 우리나라 광고사(廣告史)에서 손꼽히는 명카피와 사운드 효과로 유명하다. 그 이전까지 제약회사들의 광고는 약품의 효능을 선전하는 것이 일반적이었는데 이 광고는 그런 말 하나 없이 신생 제약 회사 하나를 중견회사로 일약 성장케 했을 정도로 광고 효과가 컸던 작품으로 알려져 있다. 원래 이 광고는 우리나라 효과음향계의 대부인 김벌래가 당대 최고의 성우 최응찬의 목소리를 동원해 만든 라디오 광고였다. 이 광고는 제품을 좌우로 흔들자 뚜껑 속에 들어있는 숟가락이 흔들리는 소리(실제로는 깡통 속의 자갈 흔드는 소리)인 듯한 잡음으로 시작한다. 서걱서걱. 이어지는 성우의 멘트 "이 소리가 아닙니다." 다시 또 흔드는 소리(깡통 속에 자갈보다 작은 모래를 넣어 흔드는 소리)가 들린다. 사각사각. "이 소리도 아닙니다." (텔레비전 광고에서는 곧바로 "용각산은 소리가 나지 않습니다."라는 멘트가 이어진다.) 그리고 1초 동안 아무 소리도 들리지 않는다. 라디오에서 1초의 공백은 엄청나게 긴 시간이다. 그 순간 비로소 들리는 성우의 목소리. "네, 이 소리입니다." 이로써 소비자의 호기심과 긴장은 물론, 제품에 대해서는 아무 말 않았지만 제품의 특성과 신뢰성을 인식시켜 주는 광고가 될 수 있었다. 사실 진해거담제인 용각산은 가루약이라는 점에서 소비자에게 거부감이 있었지만 이 광고를 통해 소리가 나지 않을 정도로 미세한 분말의 생약이란 점이 어필될 수 있었던 것이다. 소리가 나지 않음을 알리기 위해 다른 잡소리를 들려주는 아이디어. 소리 없음을 소리 없다고 말하는 것이 아니라, 잡소리를 넣고 그것을 다시 뺌으로써 소리 없음을 소리 없이 전하는 것, 이 광고는 침묵조차 소리로 만들어냈던 것이다.

내친 김에 '레간자'라는 자동차 광고도 감상해 보자. 그 당시 대우자동차는 엔진 소음이 크다는 악명이 높았다. 대우는 '레간자'라는 신형 자동차를 통해 그런 이미지를 불식시키고자 했다. 하지만 이번에도 고민은 마찬가지였다. 소리가 나는 건 표현하기 쉽지만 소리가 나지 않는다는 걸 어떻게 표현한단 말인가. 이 광고 역시 텔레비전 광고로는 드물게 침묵 장치에 의존한다. 소리 없이 자동차가 아름다운 들녘 도로를 지나간다. 조용히 들려오는 개구리 울음 소리. 차창이 소리 없이 스르르 올라가며 닫힌다. 그러자 개구리 울음 소리가 사라진다. 속편 광고에서는 강아지 한 마리가 자동차 뒷좌석에서 편안히 잠을 자고 있다. 어디선가 들려오는 벌의 날갯짓 소리. 이번에는 차창이 소리 없이 열린다. 그러자 벌이 밖으로 날아가 버리고 차안은 이내 고요해진다. 강아지의 코고는 소리만이 들려올 뿐. 이어서 마지막 멘트. "소리가 차를 말한다. 쉿! 레간자." 이 광고 역시 발상은 조금도 다를 바가 없다.

그렇다면 '머언 곳에 여인의 옷 벗는 소리'야말로 '용각산'의 숟가락 소리요, '레간자'의 개구리 울음 소리가 아니고 무엇이랴. 눈 내리는 밤은 '머언 곳에 여인의 옷 벗는 소리'가 들릴 정도로 고요하거나, 눈 내릴 때 나는 소리는 '머언 곳에 여인의 옷 벗는 소리'처럼 거의 소리가 나지 않는다는 뜻이거나 둘 중의 하나가 될 것이다. 그 어느 쪽이든 설야는 고요하고 적막하다. 말은 '옷 벗는 소리'이지만 정작 말하고자 한 바는 '소리 없음'이 아니던가. 그러니 들리지도 않는 '머언 곳에 여인의 옷 벗는 소리'를 놓고 시각의 청각화니 청각의 시각화니 하는 가르침은 정곡을 벗어난 것이 아니겠는가. 그러나 여기서 그칠 일이 아니다. 어차피 넣었다가 빼야 할 잡음이라면 어떤 잡음이든 될 터인데 시인은 왜 여인의 옷 벗는 소리를 택한 것일까. 눈 내리는 밤, 숟가락 소리도, 개구리 울음 소리도 아닌, 여인의 옷 벗는 소리이기에, 그 설야가 더욱 신비해지고 야릇해지고 관능적이고 몽환적인 느낌을 던지며 아련한 그리움까지 선사해 주는 게 아니겠는가. 이것이 이 시의 매력이다.

필자는 시를 어렵고 낯설게 여기는 비인문계 학생들에게 한편으로는 쉽고 친근하게 시를 소개하고자, 다른 한편으로는 이 경험을 바탕으로 문학 및 문화 콘텐츠에 대해 개방적인 마음으로 다가서게 하고자 이러한 강의를 시도한 것이었다. 그리고 문학의 속성을 일상의 문화와 연결해 보고 상호텍스트를 통한 구성주의적 활동을 해 보라고 지도한다. 그리하여 학기 중의 포트폴리오와 기말 리포트는 이러한 자발적 주체적 구성주의 활동으로 문화와 시를 혼용한 상호텍스트적 결과물을 제출하도록 한다.

이처럼 텍스트를 중심 대상으로 하면서 한편으로는 교수자 해설 중심으로, 다른 한편으로는 학습자 활동 중심으로 만들어 본 강의였다. 한 학기 내내 교수가 일방 강의로 일관한 이 강좌를 통해 가장 강화된 핵심 역량이 무엇인지 학생들에게 설문 조사한 결과, 학생들의 반응은 놀랍게도 자기 주도 학습 능력의 신장으로 나타났다. 학생들은 저마다의 시를 골라, 저마다의 다른 문화 콘텐츠와 연결 지으면서, 자신들의 삶과 관련된 에세이를 써냈던바, 그 과정에서 가장 크게 얻은 성과를 자기 주도 학습 역량이라 여겼던 것이다. 텍스트 중심이든 콘텍스트 중심이든 시 교육을 통해 성장해야 할 것은 학생이다.

3. 콘텍스트 중심의 현대시 교육

텍스트 중심 교육이 속성 중심 문학관에 가깝다면 콘텍스트 중심 교육은 실체 중심 문학관에 가깝다고 할 수 있다. 실체 중심의 문학관이란 문학을 가시적인 어떤 대상으로 보아 그 존재와 가치를 설명함으로써 문학을 이해하고 문학에 접근하는 관점을 말한다. 이러한 문학관에 근거하여 문학교육을 하게 되면 사실 자체를 아는 지식의 교육에 중점이 놓이고, 그것도 풍부하고 체계적으로 알게 되는 장점이 있다. 이는 교양인으로서의 자질을 갖추게 된다는, 곧 인문주의 교육의 이상에 다가간다는 것을 의미한다. 음악이든, 미술이든, 영화든, 가령 개별 작가들의 삶과 작품에 관해 해박한 지식으로 무장된 사람들을 일컬어 교양인이라 부르는 것을 생각하면 된다. 그러나 이렇게 되면 문학교육은 작품이든 그 작품에 대한 해석이나 그와 연관된 여하한 지식이든 이미 역사적으로 있었던 것만이 관심사가 되어 문학 교수·학습은 과거 작품의 이해 일변도로 진행되기 쉽고, 현재의 문화적 역량과의 연결고리는 간과되기 십상이다.

작품을 가르치면서 그 작가와 시대를 비롯하여 작품을 둘러싼 맥락을 가르치는 일은 매우 중요한 일이다. 모든 의사소통은 전언을 중심으로 화자와 청자를 포함한 맥락 내에서 이루어지기 때문이다. 맥락 없는 진공 속에 텍스트가 존재하는 법은 없다. 하지만 그로 인해 모든 텍스트를 해당 콘텍스트에서만 해석하고 향유하라는 법도 없다. 그 콘텍스트에서 충실하고 깊이 이해한 다음, 콘텍스트를 넘어, 혹은 콘텍스트를 바꾸어서도 해당 텍스트가 살아 숨 쉬게 하는 것이 중요하다. 그것이 문학을 박물관의 골동품 상태에서 해방하는 길이다.

마찬가지로 작품과 관련된 실체 중심의 지식과 정보를 강조하는 콘텍스트 중심의 시 교육이라 하여 반드시 교사의 해설 중심으로 교수·학습이 이루어져야 하는 것도 아니다. 이럴 경우 교사를 비롯한 문학교육의 모든 주체는 문학계의 담론에 종속되고 만다. 그런데 문학계의 담론은 언제나 논쟁적일 수밖에 없는 고로, 문학교육계에서는 이른바 정설이라는 차원에서 상대적으로 안정된 담론을 선택하게 되고는 하지만, 그 정설이란 것도 실은 지식과 담론과 권력의 관계 속에서 파악하지 않으면 안 된다. 굳이 해체주의 이론을 들 필요도 없다. 테리 이글턴의 『문학이론입문』만 보더라도 문학의 고유한 실체성을 규정하기란 거의 불가능에 가깝다.

그러므로 중요한 것은 지식을 풍부히 갖되, 그것이 어떤 가치가 있는 지식인가, 그리고 지식을 위한 지식이 아니라 교양 있는 아마추어로서 자발적으로 지식의 획득을 즐기는가 하는 것이 관건이 된다. 그저 김광균의 프로필을 아는 것, 그래서 그가 『자오선』 동인임을 아는 것, 심지어 교과서 지식 그대로 그를 이미지즘의 대표 시인으로 아는 것이 김광균과 그의 시의 실체를 아는 길은 아니다. 한 사람을 안다는 것은 그의 스토리, 그의 히스토리를 통해 그를 구성하는 행위의 결과이다. 그런 적극적 활동만이 공감과 수용에 이르게 만든다.

맥락도 마찬가지다. 그가 살던 시대와 공간을 추체험하는 것, 그 시공 속에서 그의 숨결을 느껴 보는 것, 그래서 학습자가 구성한 실체로서의 한 시인을 사랑하게 된다면 문학교육은 족한 것이다. 강의에서 필자는 「설야」를 대상으로 김광균과 그가 살던 시대 맥락을 스토리텔링으로 다음과 같이 들려준다.

「설야」는 1938년도 조선일보 신춘문예에 김광균이 일등으로 당선된 작품이다. 이때 그의 나이 스물다섯. 학교를 졸업하고 나서 그는 가족의 생계를 위해 1931년 경성고무실업주식회사 군산 지사로 취직하여 간다. 그러다 서울 본사로 직장을 옮겨 온 것이 바로 저 「설야」가 발표된 1938년의 일이었던 것. 본격적으로 중앙 문단 활동을 하게 된 것도 이때의 일이다. 회사에서 퇴근하면 곧바로 지금의 소공동으로 달려가서 이봉구, 오장환, 이육사, 서정주, 윤곤강, 신석초 등의 문인과 만나 시를 논하고 예술을 나누었다. 그렇게 만들어진 그룹이 바로 '자오선' 동인이다. 비록 이 잡지는 57면밖에 안 되는 소책자로 창간호만 나오고 끝이 나지만, 문단의 주목을 끌기에는 충분했다. 이때 김광균을 고평한 이가 바로 당시 시단의 중진이었던 모더니스트 김기림! '금년도 내가 추천하는 신인'이란 글에서 김기림이 자신을 추천한 것을 보자 "승천을 시작하여 지붕을 뚫고 샤갈의 그림처럼 하늘로 높이 날았다."라고 김광균은 고백한다.

김기림과 김광균이 처음 만난 것은 당시 여배우 김연실이 경영하던 '낙랑' 다방에서였다고 한다. 거기서 김광균은 김기림이 전해주는 프랑스 시단의 동향과 시와 회화의 관계에 대한 이야기를 듣고 커다란 충격에 빠진다. 그 당시를 그는 이렇게 회상했다. "고흐의 '수차(水車)가 있는 가교(架橋)'를 처음 보고 두 눈알이 빠지는 것 같은 감동을 느낀 것도 그 무렵이다. 그때 느낀 유럽 회화에 대한 놀라움은 지금도 생생하다. 세계 미술 전집을 구하며, 거기 침몰하는 듯하여 나는 급속히 회화의 바다에 표류하기 시작했다. 시집보다 화집이 책상 위에 쌓이기 시작했고, 내 정신세계의 새로운 영양(營養)은 이렇게 해서 이루어진 것 같다."라고.

실제로 그는 시인만이 아니라 많은 화가들과도 교유했다. 특히 그는 이중섭을 높이 평가했다. 훗날 이중섭 생애 처음이자 마지막이라 할 수 있는 개인전의 안내 목록에 김광균 글이 실린 것은 이때의 인연 덕이다. 이중섭 작품전은 성공적이었다. 관람객이 성황을 이루었고 당시의 화단을 흔들었다. 하지만 불행히도 이중섭은 요절했다. 사망 후에도 무연고자로 취급되어 3일 간이나 방치된 연후에야 장례를 치룰 수 있었다. 장례비 9만원 중 5만원을 김광균이 지불했다고 한다.

여하튼 이렇게 회화의 세계, 특히 인상파의 화풍에 심취하였으니 그의 시를 이미지즘으로 분류하는 것도 무리가 아니다. 실제로 김광균은 김기림과 더불어 1930년대 한국 모더니즘 시운동을 대표하는 시인으로 통념화되어 있다. 그러나 남북 당한 동생의 사업을 맡아 가족의 생계에 책임을 지고자 절필을 하며 문단을 떠나 급기야 성공한 사업가가 되어 늙은 몸이지만 다시 시단으로 돌아오고자 했던 김광균은 1987년 일흔 넷에 나이에 이렇게 회고한다. "나는 모더니스트가 아니다. 굳이 모더니즘이라는 것을 의식하고 시작을 한 적은 없다. 물론 나의 시에서는 시각적인, 회화적인 이미지가 많이 나타나고 있는 것은 사실이다. 그러나 이것은 내가 오랫동안 서울에서 거주했기 때문인지도 모르겠다."

이것은 과장도 거짓도 아니다. 우리는 흔히 이미지만 나타나면 이미지즘이요, 이미지즘은 모더니즘의 일 유파로 고정관념화하고 있지만 그것이 잘못된 것이다. 아무리 시에 이미지가 넘쳐도 그 이미지가 애상적인 정조에 기여한다면 그것을 두고 이미지즘이나 모더니즘이라 할 수는 없기 때문이다. 김광균의 고백은 그런 의미에서 정직한 것이며, 실제로 그의 시를 보면 하나같이 애상적인 이미지만 발견될 따름이다.

시인의 생애에 대한 교육이 반드시 필요한 것은 아니지만, 시인의 삶에 대한 이야기를 들려주면 대개의 학습자들은 관심과 우호의 표정을 보인다. 그가 살았던 시대 맥락도 마찬가지이다. 일제 강점기에 관한 상투적인 지식과 설명은 학습자들을 오히려 공감에서 멀어지게 한다. 이럴 때 필자는 그 시대의 가요를 들려주거나 영화를 보여주기도 하는데, 김광균을 가르칠 때면 동시대의 작가 이태준의 소설 「청춘 무성」을 읽어 준다. 거기에 바로 김광균이 거닐던 소공동의 눈 내리는 밤이 나오기 때문이다.

함박눈이 펄펄 날리었다. 은심은 대문 앞까지 와서는 새삼스럽게 집에 들어가기가 싫어진다. 어디고 눈을 맞으며 끝없이 걷고 싶어진다. (중략)
은심은 종로로 나려와 남대문통을 걷는다. 벌써 상점들은 문을 닫은 데가 많다. 불빛 흐린 포도(鋪道)에는 도리어 눈송이 날리는 것이 아름답다. (중략) 학교에서 노래하고 온 찬송가 구절을 다시 부르며 어느덧 조선은행 앞까지 이르렀다. 눈은 그저 한결같이 나린다. 은심은 머리와 어깨에 눈을 털고 장곡천정(長谷川町)으로 들어섰다. 이내 조선호텔이 나온다. 불빛이 창마다 휘황하다. 자동차 한 대가 뚜우뚜 경적을 울리며 남대문 쪽에서 들어와 눈 덮인 호텔의 넓은 마당으로 들어간다. (중략)
은심은 멀거니 서서 호텔 안을 들여다보다가 미국에 가 있는 사촌오빠 생각이 났다. 그리고 가까이 동경 가 있는 중학 동창들도 생각이 났다.
'동경이나 갈까 보다!' (중략)
집에는 편지가 한 장 와 있었다. 색다른 양봉투, 영어에 서양 우표다. 사촌오빠에게서 해마다 오는 '크리스마쓰 카아드'였다. (중략) 사진이 한 장 따라 나왔다. (중략) 하나는 사촌오빠요 하나는 동양사람이긴 하나 처음 보는 얼굴이다. 모두 상반신만 찍은 것인데 양복 맵시며 머리 매끈한 것이며 미소 띠인 표정이 선명한 것이며 모두 배우들처럼 '스마트'하다. (중략) 은심은 다시 돌려 사진을 본다. 오빠보다도 그 '쬬오지 함'이라는 청년에게 눈이 날카로워진다. (중략) 조선서 보는 청년들과는 다른, 큰 바다에서 헤엄치는 물고기처럼 싱싱한 감촉을 준다. (중략)

은심은 오늘부터 방학이라 느직이 조반을 먹고 진고개로 나섰다. 눈이 아직 녹지 않은 것이 좋았다. 은심은 꽃집 앞을 지나다 발을 멈춘다. 얼음쪽 같은 유리창 안에는 희고 붉은 '카아네슌'과 새파란 '아스파라가쓰'가 무데기무데기 어울어졌다. 밖에서 꺾듯이 급하게 들어가 서너 송이를 골라 샀다. 그 길로 찻집에 들어가 진한 '커어피'를 한 잔 마시었다. 입에서는 '커어피' 향기, 품에서는 '카아네슌'의 향기, 은심은 더욱 '서양'이 '문명'이 즐거워진다. 그 길로 '마루젠' 이층으로 왔다. 서양 잡지들이 꽃집처럼 색채 현란하게 꽂혀 있다.

'장곡천정', 곧 일본어로 '하세가와마치'라 부르는 이 거리는 지금 서울 소공동 길의 일제 때 이름으로 조선 2대 총독 하세가와의 이름을 딴 것이다. 거기에는 조선은행, 곧 지금의 한국은행이 있었고, 맞은편엔 경성우편국이, 대각선 방향으로는 이상의 「날개」에 나오는 미쓰코시 백화점이 도열해 있었다. 그런가 하면 박태원의 「소설가 구보씨의 일일」에도 "조선은행 앞에서 구보는 전차를 내려, 장곡천정으로 향한다. 생각에 피로한 그는 이제 마땅히 다방에 들러 한 잔의 홍차를 즐겨야 할 것이다."라는 대목이 나오거니와, 조선은행 북쪽이 바로 당시 국내 문인들의 보금자리였던 장곡천정의 다방거리인 것이다. 김광균과 김기림이 만났던 '낙랑' 다방도 바로 그곳에 있었다. 이른바 모던보이 모던걸들이 이 거리 일대를 헤매 다녔다. 혼마치(충무로)의 찻집, 빙수집, 우동집, 카페, 댄스홀 등등에서 칼피스, 아이스 고히(커피)를 마시며 흥청거렸다. 그 일대를 그저 산책하는 풍습도 생겨났다. 그게 모던의 상징이기도 했다. 이 소설 속 주인공은 당시 '모던걸'의 전형적인 욕망과 행동을 보여 주는 존재이다. 소비 문화적 행태, 산책자의 취미, 서구에 대한 동경과 환상 등이 그러하다. 그녀는 함박눈이 내리는 '설야'에 끝없이 걷고 싶어 하고, 호텔을 부러워하며, 미국과 일본행을 꿈꾸며, 스마트한 서구적 용모를 좋아하고, 서양 꽃들과 커피와 서양 잡지를 사랑하는 것이다.

이러한 경성의 1930년대 이야기를 들으며 학습자들은 놀라기도 하고 유쾌해하기도 하면서 비로소 당대의 모더니스트들을 이해하는 듯한 표정을 짓기도 한다. 나아가 이런 시대적 배경을 머릿속에서 상상하면서 학습자들은 시대의 맥락조차 자기들 나름대로 구성하게 되고, 때때로 여기에다 유하의 「바람 부는 날이면 압구정동에 가야 한다」와 싸이의 <강남스타일>까지 더하면, 거창하게 말해 비로소 '문학사의 현재적 의미망'을 획득하고 '정전의 자기화'에 도달하는 것처럼 보이게 된다. 이처럼 콘텍스트 중심의 현대시 교육도 활동 중심의 발산적 구성주의 학습이 가능하다.

4. 상호텍스트 중심의 현대시 교육

상호텍스트성은 텍스트이면서 콘텍스트에 해당한다. 개별 텍스트들에 대한 이해를 바탕으로 텍스트 간의 관계를 발견하는 것이란 점에서 텍스트적이며, 「하여가」와 「단심가」, 「완화삼」과 「나그네」 등의 예에서 보듯 어떤 상호텍스트성은 콘텍스트의 일부를 구성하기 때문이다. 지난날 일반적으로는 넓은 의미의 콘텍스트에 상호콘텍스트를 포함시키지만, 상호텍스트성이란 그러한 수렴적인 것만 아니라 새로운 관계를 능동적으로 발견하여 연관 짓는 발산적인 것도 많기 때문에 텍스트, 콘텍스트와 더불어 별도의 독립적 범주로 다룰 수도 있다.

다시 김광균의 「설야」로 돌아가, 먼저 수렴적 상호텍스트성 활동을 해 보자. 김광균은 「설야」 이후에도 눈 오는 밤을 두 번이나 또 노래한다. 다음 두 편의 시를 보라.

서울의 어느 어두운 뒷거리에서
이 밤 내 조그만 그림자 위에 눈이 내린다
눈은 정다운 옛 이야기

남몰래 호젓한 소리를 내고
좁은 길에 흩어져
아스피린 분말이 되어 곱—게 빛나고
나타샤 같은 계집애가 우산을 쓰고
그 위를 지나간다
눈은 추억의 날개 때 묻은 꽃다발
고독한 도시의 이마를 적시고
공원의 동상 위에
동무의 하숙 지붕 위에
캬스파처럼 서러운 등불 위에
밤새 쌓인다

—김광균, 「눈 오는 밤의 시(詩)」

찻집 미모사의 지붕 위에
호텔의 풍속계 위에
눈이 내린다
물결치는 지붕지붕의 한끝에 들리던
먼— 소음의 호수 잠들은 뒤
물기 낀 기적만 이따금 들려오고
그 위에
낡은 필림 같은 눈이 내린다
이 길을 자꾸 가면 옛날로나 돌아갈 듯이
등불이 정다웁다
내리는 눈발이 속살어린다

—김광균, 「장곡천정(長谷川町)에 오는 눈」

먼저 첫 번째 시를 보라. 제목부터가 '눈 내리는 밤의 시' 곧 '설야의 시'가 된다. 「설야」와 비교해 볼 때, 애상은 변함이 없고 눈은 옛날을 떠올리게 하는 정다운 추억의 매개체란 점에서 조금도 달라진 게 없어 보인다. 무엇보다도 눈 오는 밤은 여전히 '남몰래 호젓한 소리'를 낼 정도로 고요하다.

두 번째 시를 보라. 예의 그 '장곡천정'이 제목에 등장한다. 역시 이 시에서도 '옛날로나 돌아갈 듯이' 정다운 눈은 '먼 소음의 호수 잠들은 뒤 물기 낀 기적만 이따금 들려'올 정도로 조용하기만 하다.

여기서 다시 눈여겨보아야 할 이 시들의 속성이 있으니 곧 눈을 나타내는 시각적 이미지이다. 전자는 앞서 본 용각산마냥 '아스피린 분말'에, 후자는 영사막에 비처럼 내리는 '낡은 필름'에 비유되고 있다. 즉 김광균은 세 편의 작품에서 모두 밤중에 흩날리며 내리는 눈을 시로 포착하고 있는 것이다. 대낮이나 또는 밤중이라도 펑펑 쏟아지는 함박눈이 아닌 것이다. 그러니 고요할 수밖에 없고 애상적일 수밖에 없다.

물론 이렇게 여러 작품을 엮어 읽는 것은 고급 전문가의 영역에 속할지 모른다. 하지만 영화 감상을 취미로 하는 마니아들 같으면 이 정도의 상호텍스트성은 기본 중의 기본에 속한다. 아마추어의 문명은 아마추어의 저급한 단계를 의미하는 것이 아니라 대상에 대한 애호가의 정신에서 출발해 자발적인 교양인의 단계로 상승하는 것을 의미한다 할진대, 이런 교수·학습을 통해 성장한 학습자가 훗날 그런 단계에 스스로 도달하고자 애쓴다면, 이것이야말로 우리 문학교육이 꿈꾸는 인문주의의 이상적 인간형에 가깝지 아니하겠는가? 그리고 그것이 문학론과 문화론과 교육론이 행복하게 만나는 지점이 아니겠는가 싶다.

이제 좀 더 적극적으로 발산적인 상호텍스트 활동을 해 보자. 일단 아무런 편견 없이 다음 텍스트를 읽어보라.

한밤중에 눈이 내리네 소리도 없이
가만히 눈감고 귀 기울이면
까마득히 먼 데서 눈 맞는 소리
흰 벌판 언덕에 눈 쌓이는 소리

당신은 못 듣는가 저 흐느낌 소리
흰 벌판 언덕에 내 우는 소리

잠만 들면 나는 거기엘 가네
눈송이 어지러운 거기엘 가네

눈발을 흩이고 옛 얘길 꺼내
아직 얼지 않았거든 들고 오리다
아니면 다시는 오지도 않지

한밤중에 눈이 나리네 소리도 없이
눈 내리는 밤이 이어질수록
한 발짝 두 발짝 멀리도 왔네.

이 텍스트는 시가 아니다. 물론 이때 시가 아니라는 것은 단지 매체가 다르고 장르가 다르다는 데 기인한다. 하지만 그러한 사실을 모른다면 이 텍스트는 시로 간주되는 것이 마땅하다. 그렇다면 시는 시인데 썩 좋지 않은 시라고 해야 할까? 하지만 그 평가 기준은 무엇인가?

사실을 밝히자면, 이 텍스트는 가수 송창식이 부른 「밤눈」이라는 노래의 가사이다. 송창식은 한 인터뷰를 통해 「밤눈」의 창작 배경을 이렇게 털어놓았다. "「밤눈」은 통기타 가수로 가수 인생을 끝맺겠다고 마음먹고 만든 노래다. 입대 영장을 받았는데, 군대 갔다 와서도 노래를 부를 수 있을까 싶기도 하고 심란하던 시절이었다. 마침 그때 소설가 최인호 씨가 주변의 통기타 가수들에게 노랫말을 줘서 곡을 붙이게 됐는데, 내게 배당된 노랫말이 '밤눈'이었다." 한동안 「밤눈」의 작사가는 최영호로 알려져 왔지만 최영호가 만든 모티브에다 그의 형인 최인호가 가사를 입혔던 것. 다시 말해 이래뵈도 당대의 문인이 쓴 가사라는 것.

더구나 「밤눈」과 「설야」는 동일한 제목이나 다름없다. 내용으로 들어가면, 두 텍스트 모두 저마다 '슬픔'과 '흐느낌'이 있고, '옛 자취'와 '옛 얘기'가 들어 있다. 그런가 하면 둘 다 모두 눈이 소리 없이 고요히 내리는 점에 착안하고 있다. 실제로 눈은 소리 없이 내릴 뿐만 아니라, 눈 내리는 밤은 평소보다 더 고요하기까지 하다. 거리가 한적해질 뿐만 아니라, 원래 눈의 입자가 육각형 흡음 구조라서 밤에 눈이 쌓이면 사위가 고요하게 된다는 것이다. 그렇다면 '머언 곳에 여인의 옷 벗는 소리'가 들릴 정도로 설야는 고요하거나, 눈 내릴 때 나는 소리는 그처럼 거의 소리가 나지 않는다는 뜻이거나 둘 중의 하나가 될 것이다.

이렇게 유사한 지경인데도 그 중 하나는 시고, 다른 하나는 노래인가? 노래로 불렸으니 가사인가, 문인이 썼으니 시인가? 아니, 이런 구분 자체가 큰 의미가 있는 것인가? 밥 딜런(Bob Dylon)이 노벨 문학상을 수상한 이 시대에 말이다.

오로지 예술적 갈래와 언어적 조직이란 견지에서 본다면 「설야」가 「밤눈」보다 더 '시적'이라 할 수 있다. 이런 견해는 실체 중심과 속성 중심을 대변하는 것이기도 하다. 하지만 우리가 만일 눈 내리는 밤의 정경과 거기서 빚어지는 인간의 정서에 주목한다면, 노래를 동반한다는 점에서, 특히나 그 노래의 음악적 성취가 뛰어나다면, 노래의 위력이 더해짐으로 인해 후자가 훨씬 더 '시적'일 수도 있다. 이 점은 애절하게 흐르는 위 노래를 직접 들어보면 더욱 잘 느낄 수 있을 것이다.

마찬가지로, 우리가 만일 식민지 시대 우리 민중의 애수를 이해하고자 한다면, 예컨대 유치환의 「깃발」(1936)을 통해 '노스탤지어의 손수건'을 읽어야 할 것인가, 남인수의 「애수의 소야곡」(1937)을 통해 '바람도 문풍지에 싸늘하고나' 하는 대목을 들어야 할 것인가 하는 문제를 제기해 볼 수 있다. 전자는 비록 그곳에 갈 수 없음을 알면서도 '푸른 해원'을 향해 손을 흔들어야 하고, 후자 역시 '운다고 옛 사랑이 오리요만은' 눈물로 구슬픔을 달래야 하는 아이러니에 처해 있다.

'시'와 '시적인 것'은 어떻게 다른가? 우리가 가르쳐야 하는 것은 문학(literature)인가, 문학성(literariness)인가? 이런 질문은 필경 문학이란 무엇인가, 또는 문학성이란 것이 존재한다고 말할 수 있는가 하는 아포리아와 만나게 된다. 모든 경계가 해체되어 가는 것을 서러워만 할 것은 아니다. 시와 다른 문화 콘텐츠, 다른 예술을 비롯한 삶의 다양한 국면들과 새로운 융합을 꾀할 때 창의성이 늘어나고 풍요로워질 수 있음에 유념해야 한다. 경계를 넘어 상호텍스트성이 갖는 힘을 극대화하여 학생들이 새로운 융합을 시도하고, 구성하고, 유희하고, 향유할 수 있게 하는 것, 그것이 우리 현대시 교육의 앞길에 놓인 중요한 과제 중 하나이다.

정리 및 점검

✔ ( )에 알맞은 말을 써 넣으면서 주요 개념을 정리합니다.

1 현대시 교수・학습의 가장 전형적인 모습을 꼽으라면 정전의 ( )과 ( )
체제로 요약될 수 있을 것이다. ( )의 원칙에 따르면 학생들은 가능한 한 많
은 주요 작품과 작가를 망라해야 한다. 한편 ( )의 원칙은 학생들로 하여금
정전 가운데 그 어느 작품이라도 꼼꼼하게 대할 수 있을 것을 요구한다.

2 ( ) 중심의 문학관이란 문학을 설명하는 중점을 문학의 특수한 성질에 두
는 관점이다. 시를 시답게 하는 요소로 율격이나 이미지를 설명하는 경우, 즉
요소 분석적인 경우가 이에 해당한다.

3 ( ) 중심의 문학관이란 문학을 가시적인 어떤 대상으로 보아 그 존재
와 가치를 설명함으로써 문학을 이해하고 문학에 접근하는 관점을 말한다. 이
러한 문학관에 근거하여 문학교육을 하게 되면 사실 자체를 아는 지식의 교육
에 중점이 놓이고, 그것도 풍부하고 체계적으로 알게 되는 장점이 있다. 이는
( )으로서의 자질을 갖추게 된다는, 곧 인문주의 교육의 이상에 다가간
다는 것을 의미한다.

4 중요한 것은 지식을 풍부히 갖되, 그것이 어떤 가치가 있는 지식인가, 그리고
지식을 위한 지식이 아니라 ( ) 있는 ( )로서 자발적으로 지식
의 획득을 즐기는가 하는 것이 관건이 된다.

✔ 지시에 따라 서술하면서 시 교육의 바람직한 방향을 탐구합니다.

1 '텍스트 중심, 콘텍스트 중심, 상호텍스트 중심' 현대시 교육이 각각 시 교육
에서 어떤 부분에 중점을 두는지 차이점을 중심으로 설명하시오

2 "아마추어의 문명은 아마추어의 저급한 단계를 의미하는 것이 아니라 대상에
   대한 애호가의 정신에서 출발해 자발적인 교양인의 단계로 상승하는 것을 의
   미한다."는 말의 의미를 생각하며 '애호가'와 '교양인'이 의미하는 바에 대해
   설명하시오.

3 "'시'와 '시적인 것'은 어떻게 다른가? 우리가 가르쳐야 하는 것은 문학
   (literature)인가, 문학성(literariness)인가?"라는 질문에 대해 자신의 견해를 서술
   하시오.

✓ 지시에 따라 주요 개념을 적용하면서 실천적 능력을 기릅니다.

1 "활동 중심의 발산적 구성주의 학습"을 실천하고자 하는 관점에서 기존의 작가 관련 프로필 제공 형태의 지식 교육을 비판하고, 콘텍스트에 대한 앎이 발산적인 학습자 활동으로 이어지기 위해 고려해야 할 사항에 대해 자신의 견해를 서술하시오.

2 "경계를 넘어 상호텍스트성이 갖는 힘을 극대화하여 학생들이 새로운 융합을 시도하고, 구성하고, 유희하고, 향유할 수 있게 하는 것, 그것이 우리 현대시 교육의 앞길에 놓인 중요한 과제 중 하나이다."라는 견해를 참고하여, 자신이 좋아하는 한 편의 시를 선택하고, 그 시로부터 경계를 넘어 상호텍스트성을 띤 다른 갈래의 텍스트를 연결하고 융합하는 예를 구상하여 제시하시오.

제 2 부 텍스트 중심의 시 교육

제1장

시어의 특성과 의미 교육

시의 언어와 일상의 언어가 많은 공통점을 지님에도 불구하고 우리는 시의 언어를 일상의 언어와 구별한다. 시인은 익숙하거나 새로운 의미를 표현할 언어 형식을 끊임없이 탐구하고 때로는 색다른 언어 표현을 만들어 낸다. 그래서 독자들은 시의 표면에 드러난 언어적 표현에 주목하게 된다. 시인이 의도적으로 관습적인 언어와 거리를 두려고 할수록 독자의 시 해석은 어려워진다. 그러나 시어가 사용된 전체의 맥락 안에서 찬찬히 들여다보면 낯설었던 시어의 의미와 함께 시 전체의 의미를 해석해 낼 수 있게 된다.

이 장에서는 시어의 특성과 그 의미에 대해 알아볼 것이다. 시와 언어의 관계에 대해 살펴본 다음, 구체적인 작품을 통해 시어의 함축성과 애매성을 공부해 보기로 하자. 그리고 시의 형식적 장치와 의미의 관련성, 난해어구와 무의미시의 해석 문제에 대해 생각해 본 다음, 시어 교육의 현황과 전망에 대해 비판적으로 고찰해 보기로 한다.

1. 시어의 이해

1) 시와 언어

문학은 인간의 사상이나 감정을 '언어'로 표현한다는 점에서 여타의 예술 장르와 구별된다. 그런 문학의 세부 장르 중 언어 자체를 가장 첨예하게 다루는 것은 서정 장르, 다시 말해 시일 것이다. 시는 1인칭의 발화이며, 자아와 대상 사이의 거리가 존재하지 않는 상호융화 상태의 정서를 표현하고, 일상의 시간 질서가 아니라 자아와 세계의 간격이 사라지는 순간에 주목하는 장르적 특질을 지닌다. 또한 운율이 있는 언어의 형태를 띠며 이미지와 비유, 상징 등의 표현을 통해 구체성을 획득하고 함축성을 지니게 된다.[1] 이러한 맥락에서, 시적 정서를 효과적으로 실현하기 위해 운율을 활용하고, 언어로 의미를 전달하는 두 가지 방식 중 아주 직접적으로 설명하는 방법보다 간접적으로 암시하는 방법에 더 많이 의존하는 것이 시의 언어가 지니는 특징이라고 할 수 있다. 이 중 운율은 다음 장에서 다룰 것이기 때문에, 이 장에서는 언어의 외연(denotation)에만 기대지 않고 내포(connotation)를 통해 세계의 새로운 면을 포착해 내는 시어의 특징을 시 교육의 맥락에서 살펴보도록 하자.

어떤 말이 사용될 때 그 말이 제시하는 직접적인 의미를 일반적으로 외연이라고 하고, 그것이 암시하는 의미를 내포라고 한다. 일상 언어가 언어의 외연, 다시 말해 직접적이고 지시적 의미를 중시하는 반면 시의 언어는 암시적이고 함축적 의미를 중시한다. 비어즐리(M. C. Beardsley)는 시의 함축적 의미는 그 모습이 은폐되어 있는 것이라고 했다. 그래서 우리는 시어에 내포된 의미를 제대로 파악해 내기 위해서 불가피하게 유추와 상상의 과정을 거치게 되는데, 시어의 외연은 그 의미를 해석하는 데 적극적으로 관여한다. 시어의 내포는 외연과의 관계 속에서, 그리고 시의 문맥 속에서 구조적으로 해석될 수 있는 것이다(김용직, 1988 : 53-56).

언어로 이루어진 모든 텍스트는 문면에 드러나는 것으로만 해석하기 어려운 내포를 지니기 때문에 독자로 하여금 독서 과정에서 자신의 경험과 문화적 지식을 총동원하여 텍스트의 빈자리를 채워나가도록 이끈다. 그러나 독자들은 때로 외연을 파악하는 데 그쳐 버리거나 텍스트를 읽는 행위를 완결하지 못하고 중도에 포기하고 만다. 그런데 시를 읽는 독자는 텍스트의 의미를 찾아가는 과정에서 더욱 빈번하게 문제 상황에 봉착하게 된다. "시는 간접화(indirection)에 의해 개념과 사물을 표현"(Riffaterre, 1978 : 1)하기 때문이다. 시에서는 그것을 구성하는 어구들 사이의 작은 여백이나 문장 부호 하나까지도 의미를 지니기 때문에, 독자의

---

1) 서정 장르에 대한 자세한 설명은 류수열 외(2014)의 제4장을 참조할 것.

주의 집중을 요구한다. 독자는 의미와 유관한 시적 장치들을 하나하나 검토하고 그것이 최종적으로 어떤 의미를 실현해 내는지를 밝혀냄으로써 **최적 경험(optimal experience)***으로서의 독서를 수행할 수 있게 된다.[2] 일상의 언어가 주로 의사소통을 위해서 사용되는 데 비해 시의 언어는 의사소통적 기능보다는 표현 그 자체를 지향한다는 점도 시어의 중요한 특징이다. 야콥슨(R. Jakobson)은 의사소통에 필요한 요소를 발신자, 수신자, 관련 상황, 메시지, 약호 체계, 접촉 등 여섯 가지로 제시하고, 이에 상응하는 언어의 기능 역시 다음과 같이 제시한 바 있다(Jakobson, 1989 : 54-63).

> **일깨** 최적 경험(optimal experience) 칙센트미하이(M i h a l y i Csikszentmihalyi)가 사용한 용어. 최적 경험이란, 주체가 어떤 외적인 조건에 압도당하지 않고 주어진 과제에 몰입하여 자기 힘으로 그것을 수행하는 과정에서 스스로의 운명이 온전히 자신의 것이라 느끼게 되는 경험을 의미한다.

관련 상황(context) … 지시(referential) 기능

메시지(message) … 시적(poetic) 기능

발신자(sender)   수신자(receiver)

감정 표시(emotive) 기능   능동적(conative) 기능

접촉(contact) … 친교(phatic) 기능

약호 체계(code) … 메타언어적(metalingual) 기능

여기서 시적 기능은 메시지 자체, 다시 말해 언어의 물리적 존재 자체에 주목하도록 하는 것으로 일상적인 언어 활동에서와는 달리 문학, 특히 시의 수용과 생산에 있어서는 언어의 외적 형식이 전면에 드러난다. 의미로만 치환되지 않는 표현 그 자체에 주의를 기울이지 않고서는 시를 온전히 읽어낼 수 없는 것이다. 그래서 시의 독자는 시가 무엇을 표현하는지(내용)와 어떻게 표현하는지(형식)를 함께 읽어낼 수 있어야 한다.

---

2) 칙센트미하이는 독서가 보편적으로 가장 즐겁다고 여겨지는 활동이라면서 최적 경험의 예로 언급하고 있다(Csikszentmihalyi, 1990 : 49-50).

2) 시어의 함축성

일상의 언어와 구별되는 시어의 가장 큰 특징은 함축성일 것이다. 시의 언어는 표면에 드러나지 않는 내포, 다시 말해 함축적인 의미로 인해 독자의 '풍부한 연상 작용'을 불러일으킨다.3) 언어적 표현의 문면에 드러나지는 않지만 그것이 연상시키거나 암시하는, 정서적·감각적으로 환기하는 의미를 시어의 함축성으로 설명할 수 있을 것이다. 시어와 마찬가지로 함축적 의미를 지니며 노래로 불리는 것을 전제로 만들어졌기 때문에 운율도 갖춘 노랫말을 예로 들어 함축성에 대해 더 구체적으로 살펴보기로 하자.

김민기가 노랫말과 곡을 쓰고 양희은이 노래를 부른 <아침이슬>은 1970년에 발표된 곡이다. 트로트에 치우쳐 있던 한국 가요계에 통기타 열풍을 일으키며 젊은 이들의 애창곡이 되었지만, 1975년 금지곡 선고를 받으면서 저항 가요의 대명사가 되기도 했다. 이 곡이 금지곡이 된 것은 "긴 밤 지새우고 풀잎마다 맺힌 …… 태양은 묘지 위에 붉게 타오르고"라는 가사 때문이었다. 사전에 따르면, 이 노랫말의 소재인 "이슬"은 '야간에 복사냉각으로 지표 근처의 물체의 온도가 이슬점 이하로 내려갔을 때, 공기 중의 수증기가 물체의 표면에 응결하여 생기는 물방울'을 말한다. 그러니 이슬에 대해 이야기하면서 지표면의 온도가 낮아지는 밤이라는 시간을 언급하는 것은 특별한 것이 아니다. 그러나 이슬이 맺히기 위해 필요했던 "긴 밤"이라는 시간은 사전적 의미 그대로 해석되지 않았다. 군사 독재 정권이 지속되고 있던 당대의 현실을 떠올리도록 했고, "긴 밤 지새우고"는 기존 체제를 들어 엎는 '혁명 전야'를 연상케 한다는 의심을 받았다.

"태양은 묘지 위에 붉게 타오르고"라는 가사도 마찬가지였다. 작사자는 특별한 정치적 의미를 생각하지 않았다고 했지만 검열 당국은 "태양"이나 "묘지"가 지닌

---

3) 무카로브스키(J. Mukarovsky)가 언급한 '풍부한 연상 작용'을 중심으로 함축성을 설명한 예로 민재원(2012)을 참고할 수 있다.

함축적 의미가 있을 것이라는 의심을 거두지 않았다. "태양"은 북한의 김일성을 가리키는 것으로 "묘지"는 "긴 밤"과 비슷하게 남한을 의미하는 것으로 해석한 검열 당국은 이 곡을 금지곡으로 묶어버렸던 것이다. 모르긴 몰라도 "붉게"가 연상시키는 색채 이미지도 불편했을 것이다(김동률, 2014).

<아침이슬>의 노랫말이 문면에 드러난 것 이상의 의미를 지닐 것이라는 의심의 기저에는 시적 언어의 함축성에 대한 인식이 놓여 있다. 시어의 함축성 때문에 시의 독자는 낫을 놓고도 기역자를 떠올리는 것 이상의 연상과 추론을 할 수밖에 없다. 다른 무엇이 아닌 낫을 통해 작가가 전달하고자 하는 또 다른 의미가 숨겨져 있지는 않을지 의심하고 또 그 의미를 발견하기 위해 노력하는 것이 시를 읽는 독자의 역할이다. 그것이 때로 작가의 의도와는 다르게 과잉해석을 낳기도 하지만, 시어의 함축성은 독자의 입장에서 보면 시를 능동적·창의적으로 해석할 수 있는 가능성을 열어 주기도 한다.

3) 시어의 애매성

시어의 함축성은 애매성(ambiguity)과 밀접하게 관련되어 있다. 원래 영어 'ambiguity'는 어원적으로 '두 길로 몰고 간다'라는 의미를 지니며, 애매성이란 두 가지 이상의 지시 내용이나 상이한 태도와 감정을 나타내기 위해 단어나 표현을 사용하는 데에서 발생하는 시적 자질을 의미한다(한국문학평론가협회, 2006). 애매성은, 의미의 명료한 전달이 중요한 일상의 언어에서는 배제되어야 한다고 여겨지지만 시적 언어에서는 시적 긴장을 만들어내고 시인이 주목하는 시적 진실을 표현하는 데 있어 필요한 장치로 인식되고 있다.

엠프슨(W. Empson)에 따르면, 애매성(ambiguity, 曖昧性)은 언어의 뉘앙스와 관련이 있다. 시에 쓰인 일정한 언어 표현은 아무리 사소한 것일지라도 독자의 반응을 불러일으킨다. 시의 표면에 나타난 형식과 그 내용의 관계는 필연적인 것이 아니라 자의적인 것이며, 시는 산문과 달리 함축적 의미를 많이 지니기 때문에 시어의 의미는 애매해진다는 것이 엠프슨의 생각이다. 또한 그는 시어의 다의성이 시의 장점이라고 생각했다. 즉각적인 의사소통에는 방해가 될지 모르지만, 바로 그 애매성 때문에 독자는 시어의 뉘앙스와 그 안에 담긴 풍부한 의미에 집중하는 경험을 할 수 있게 되기 때문이다.

엠프슨은 시의 언어가 갖는 애매성을 다음과 같이 일곱 가지 유형으로 나누어 설명했다.

> ① 한 낱말이나 문장이 동시에 여러 방향으로 효과를 미치는 경우
>   (나머지 여섯 가지는 모두 이 원형의 다른 형태라고 할 수 있다.)
> ② 둘 이상의 뜻이 시인이 의도한 하나의 의미를 형성하는 데 공동으로 참여하는 경우
> ③ 동음이의어처럼 한 낱말로 두 가지의 다른 뜻이 표현되는 경우
> ④ 서로 다른 의미들이 합쳐져서 시인의 매우 복잡한 심적 상태를 나타내는 경우
> ⑤ 시인이 글을 쓰고 있는 과정에서 비로소 자신의 생각을 발견해 낸다든가 적어도 그 생각 전체를 한 묶음으로 딱 떨어지게 파악해 내지 못할 때 빚어지는 혼란
> ⑥ 하나의 서술이 모순된다든가 또는 적절하지 못해 독자가 스스로 해석을 가해야 하지만, 그들 의미도 또한 서로 모순, 충돌하는 경우
> ⑦ 한 낱말의 두 가지 뜻이 대립하여 그것이 전체의 효과로서 시인의 마음 밑바닥에 깔린 분열을 나타내는 경우[4]

이처럼 시인은 하나의 확정된 의미로 수렴하기 어려운 매우 복잡한 경험을 언어를 매개로 표현하기 때문에 시의 언어는 독자들에게 여러 가지 다양한 반응을 일으키게 된다. 시어의 애매성은 하나의 문맥에서 둘 이상의 의미를 찾아내는 것을 가능하게 함으로써 독자로 하여금 시의 의미를 풍부하게 읽어내도록 하는 것

---

4) 김용직(1988 : 64-73)을 토대로 하였으나, 이해를 돕기 위해 부분적으로 재구성하였다.

이다.

> 동방은 하늘도 다 끝나고
> 비 한방울 나리잖는 그때에도
> 오히려 꽃은 빨갛게 피지 않는가
> 내 목숨을 꾸며 쉬임 없는 날이여

—이육사, 「꽃」 부분

이육사는 「절정」에서 북방(北方)을 한자로 표기했던 것과 달리 「꽃」의 1연 첫 행에서 "동방"을 한글로 적었다. 그래서 우리는 이를 네 방위의 하나인 동쪽을 뜻하는 '東方'으로도, 동쪽에 있는 나라를 일컫는 '東邦'으로도 읽을 수 있다. '東邦'은 우리나라를 뜻하기도 한다. 따라서 독자는 "하늘도 다 끝나고 / 비 한방울 나리잖는" 극단적인 상황에 놓여 있는 동방이 막연한 동쪽 어딘가가 아니라 우리나라라고 해석할 수 있게 된다. 또한 "北쪽 쓴드라" 역시 실제적인 공간을 지칭하는 것이 아니라 우리나라의 상징적인 현실을 가리키는 것으로 해석 가능하다. 이 경우 독자는 이 시에서 "오히려 꽃은 빨갛게 피"어날 것임을 기대하는 것에서 시인의 일제에 대한 치열한 저항의식을 읽어내고, "내 목숨을 꾸며 쉬임 없는 날이여"에서 목숨마저 버릴 수 있는 두려움 없는 의지를 읽어낼 수 있게 되는 것이다 (이숭원 외, 2001 : 215-217).

그러나 반대로 시인이 "동방"을 '東邦'으로 한정짓지 않았기 때문에 독자는 이 시를 읽으면서 "동방"과 "北쪽 쓴드라"를 식민지 현실에 국한시키지 않고 극한 상황을 표상하는 가상의 공간으로 가정해 볼 수 있다. 이 경우, 이육사의 「꽃」은 보다 보편적인 삶의 고난과 그것을 극복하고자 하는 의지와 극복의 가능성에 대한 시인의 희망을 담고 있는 것으로 읽힌다. 요컨대 이는 시어의 애매성이 유연한 해석의 가능성을 열어 놓고 있는 예인 것이다.

2. 시적 언어의 수용과 생산

1) 시의 형식적 장치와 그 의미

시의 다양한 형식적 장치들은, 문장부호의 유무, 띄어쓰기의 무시, 행이나 연의 구분, **행간걸침***과 같이 사소해 보이는 것들조차 시 전체의 의미에 관여한다. 시의 형식적 장치들은 우연히 그런 형태를 취하게 된 것이 아니라 시인의 의도에 따라 매우 치밀하게 조직된 결과물이다. 그래서 독자는 다른 어떤 언어 텍스트를 읽을 때보다 시를 읽을 때 그 형식적 장치 하나하나에 주의를 기울이지 않을 수 없다.

시는 행과 연으로 구성되어 있으며, 시인은 시의 전체적인 의미를 생각하면서 행과 연을 의도적으로 구분한다.

> 연은 행 또는 행이 모여서 이루어진다. 시의 행(line)이 리듬·이미지·의미의 단락을 나타내므로, 당연히 연은 리듬·이미지·의미의 한 집합이다. 이러한 의미는 'stanza(연(聯)-인용자 주)'가 원래 이탈리아어로 방(房)을 의미하고 있다는 사실을 알면 더욱 분명해진다. 방은 하나하나 독립해 있으면서 서로 유기적인 관계를 가지며 한 채의 집을 이룬다. 이때의 집이 한 편의 시인 셈이다. 집이 다른 크기와 다른 모양과 다른 숫자의 방으로 되어 있듯, 시 또한 마찬가지이다. 정형의 시행을 가진 형태가 아닌 모든 시에서는 연은 작가의 의도에 맡겨져 있다(오규원, 1993 : 424-425).

엄격한 정형시의 경우 시행을 바꾸는 것에 제약이 있기는 하지만, 황진이의 시조에서 보듯 영민한 시인들은 형식적 제약 속에서도 자신의 의도를 관철시킨 언어적 파격을 보여주기도 한다. 그러나 시인이 행간걸침과 같은 방식으로 일상의 언어 관습을 위반함으로써 독자로 하여금 시인의 의도에 주목하게 하는 예는 자유시에서 더 흔하게 찾아볼 수 있다.

알쌈 행간걸침(enjambment)
일상적으로 사용하는 구문이 시행에서 의도적으로 분절되어 다음 행이나 연으로 이어지는 것을 의미하며, 시행걸침 또는 양행걸침이라고도 한다.

무실리
내 마음의 지도
배부른 산 무실리
붉은 딸기밭 한가로운 젖소들
배꽃 능금꽃 복사꽃 눈부시게 흐드러지는 곳
푸른 옻밭 너머론
이 시린 시냇물 뛰어달리는 무실리
배부른 산 무실리
지금은 교도소

없다

(중략)

내 빈 마음속에, 저 거리거리에
수근대는 소리들, 들끓는 생활의 외침속에
덧없이 스쳐지나는 짤막한 미소 언저리
그밖에는 아무데도 아무데도

이제는
없다

—김지하, 「무실리의 그 하얀 날」 부분

"내 마음의 지도"라 불러도 아깝지 않을 무실리에서의 가난했지만 따스했던 과거의 풍경을 기억하면서 "지금은 교도소"가 들어서버린 현실을 탄식하는 '나'의 심정이 절실하게 느껴지는 시이다. 시인은 이 시에서 부재의 상태를 나타내는 "없다"라는 형용사만으로 이루어진 연을 네 번 배치했고, 시의 마지막 연에서는 "이제는 / 없다"로 변주함으로써 과거와의 대비로 인해 더 강하게 느껴지는 현재의 상실감을 표현하고 있다. 시의 전체적인 흐름으로 볼 때 "없다"는 생략되거나(2, 5, 7연) 앞선 연에 이어 붙여도(9, 11연) 무리가 없으나,[5] 시인은 이를 다른 연들

서울시 도봉구 소재 김수영 문학관에 재현된 김수영의 서재

과 분리시켜, 반복적으로 제시하였다. 이 때문에 독자는 "없다"에 시각적으로 주목하게 되고, 시인이 그토록 그리워하는 무실리의 부재와 그로 인한 상실감을 절실하게 느낄 수 있게 된다.

시행의 분리를 보다 의도적으로 의미화한 예로 김수영의 「의자가 많아서 걸린다」를 들 수 있다. 이 시에서 시인은 언어의 관습에 도전하면서, 그러한 관습들을 지지(止持)하고 기성의 질서 속에서 안주하고자 하는 삶의 태도에 대해 문제를 제기하고 있다.

> 의자가 많아서 걸린다 테이블도 많으면
> 걸린다 테이블 밑에 가로질러놓은
> 엮음대가 걸리고 테이블 위에 놓은
> 美製 磁器스탠드가 울린다
>
> 마루에 가도 마찬가지다 피아노 옆에 놓은
> 찬장이 울린다 유리문이 울리고 그 속에
> 넣어둔 노리다께 반상세트와 글라스가
> 울린다 이따금씩 강건너의 대포소리가
>
> 날 때도 울리지만 싱겁게 걸어갈 때
> 울리고 돌아서 걸어갈 때 울리고
> 의자와 의자 사이로 비집고 갈 때
> 울리고 코 풀 수건을 찾으러 갈 때

―김수영, 「의자가 많아서 걸린다」 부분

---

5) 이에 대한 자세한 설명은 오규원(1993 : 428-430)을 참조할 수 있다.

이 시는, 통사적으로 연결되어야 자연스러울 어구를 분절해 두 시행에 걸쳐 제시하는 방법으로 반성 없이도 그저 살아지게 마련인 일상에 대해 불편해하고 불안해하는 시적 화자의 심리 상태를 언어적으로 표현하고 있다. 행간걸침은 김수영의 시 텍스트에서 흔히 찾아볼 수 있는 시행 배치의 방법인데, 그는 통사적 제약을 위반하는 방법을 통해 독자로 하여금 텍스트를 속도감 있게 읽도록 하고 "주체로서의 지위를 상실하고 수동화 혹은 피동화되어 가는" 현실에 대해 비판적 인식을 촉구하고 있다(최미숙, 2000 : 84).

시행의 배열이 시의 의미에 관여하는 또 다른 예로, 의도가 개입된 띄어쓰기를 통해 의미를 창조하고 있는 다음의 시를 들 수 있겠다.

> 얼골 하나 야
> 손바닥 둘 로
> 폭 가리지 만,
>
> 보고 싶은 마음
> 호수(湖水) 만 하니
> 눈 감을 밖에.
>
> ―정지용, 「호수 1」

1연의 "하나"와 "야", "둘"과 "로", "가리지"와 "만" 사이에는 일상적이지 않은 여백이 등장한다. 이는 시의 "얼굴 하나", "손바닥 둘", "폭 가리지"를 강조하기 위한 의도적인 띄어쓰기라고 할 수 있다(이숭원, 1999 : 186-187). 2연 2행의 "호수"와 "만", "만"과 "하니" 사이에도 특별한 여백이 있는데, 전자는 "호수"를 강조하기 위한 것이고 후자는 3행과 길이를 맞추기 위한 것으로 볼 수 있다. 이는 시각적으로 드러나는 길이를 맞춤으로써 정제된 형식을 보이기 위한 것이기도 하지만 2연, 나아가서는 텍스트 전체의 호흡에 일관성을 부여하기 위한 것이기도 하다.

얼굴은 두 손바닥으로 "폭 가"릴 수 있어도 "보고 싶은 마음"은 호수처럼 넓어서 가릴 수가 없고 그러니 눈을 감는 것 말고는 할 수 있는 것이 없다는 고백이 속도감 있게 진행된다는 것은 이치에 맞지 않는다. 짧은 시행 속에 "보고 싶은 마음"을 응축해 놓았지만, 그리움을 감출 수가 없어 눈을 감아버리는 시적 화자는 망설임과 머뭇거림을 두고 가까스로 자신의 내면을 표현할 수밖에 없다. "손바닥 둘"로 가려지는 얼굴과는 달라서 "보고 싶은 마음"은 "호수"만큼이나 크기 때문이다. 요컨대 이 시는 각 행마다 두 번의 짧은 휴지를 두어 텍스트를 읽는 독자의 호흡을 조절함으로써 "보고 싶은 마음"의 간절함을 강조하고 있다.

「호수」의 예에서 살펴본 바와 같이 시에서 여백은 물리적으로 놓여 있는 공간 이상의 의미를 갖는다. 그냥 그렇게 비어 있기만 한 것이 아니라 비어 있음으로 해서 시의 의미를 강조하기도 하고 새로운 의미를 만들기도 하기 때문에, 한 편의 시를 해석하기 위해서 독자는 일견 사소해 보이는 형식적 자질에도 주의를 기울여야 하는 것이다.

2) 난해한 시어의 해석

언어는 본질적으로 자의적이다. 즉 일정한 의미와 그것을 전달하는 소리나 표기 사이에는 필연적인 관련성이 없다. 그러나 시인은 언어를 통해 시적 대상이나 정서를 온전하게 독자에게 전달할 수 있기를 꿈꾼다. 언어의 관습적 사용을 거부하고 의미를 왜곡시키지 않고 전달할 수 있는 언어적 표현을 찾으려 애쓴다는 점에서 시인은 언어 이전의 상태에 도달하고자 한다고 볼 수 있다.

> 시의 언어는 그것이 노래하는 것, 즉 시의 대상과 일치하려고 한다. 사물의 꿈이 곧 나의 꿈이고자 한다. 그러나 언어, 대상, 내가 최대한으로 내접할 수는 있겠지만, 사물의 꿈이 곧 나의 꿈이고자 할 때 그것은 불가능한 꿈이요 패배가 약속된 꿈일 것이다. 시는 불가능을 꿈꾼다(정현종, 1995 : 86).

그래서 시의 언어는 의미를 직접적으로 명료하게 드러내지 못하고, 독자는 그

의미를 보다 분명하게 풀어내기 위해 노력해야 한다. 아래의 시에는 일반적인 통사상의 규칙에 어긋나 있어서 그 지시적 의미조차 이해하기 어려운 구절이 등장한다.[6]

> 차단―한 등불이하나 비인하늘에 걸녀있다.
> 내 호올노 어델가라는 슬픈신호(信號)냐
>
> 긴―여름 황망히 날애를접고
> 느러슨고층(高層) 창백한묘석(墓石)같이 황혼에 저저
> 찰난한야경(夜景) 무성한잡초(雜草)인양 헝크러진채
> 사념(思念) 벙어리되여 입을담을다
>
> —김광균, 「와사등」 부분

이 시를 읽는 독자는 첫머리에 등장하는 "차단―한"이라는 말에서부터 난감함을 느끼게 된다. 독자의 입장에서는 '차단(遮斷)하다', 즉 '다른 것과의 접촉을 막거나 끊음'이라는 뜻 이외의 다른 뜻을 가진, 예를 들어 순 우리말 '차단하다'라든가 다른 한자로 이루어진 '차단하다' 등을 찾을 수가 없다. 그런데 '차단하다'는 '~을 차단하다'와 같이 목적어를 취하지 않고서는 쓰일 수 없기 때문에 앞에 목적어가 없는 "차단한 등불"이라는 말의 의미를 떠올리기 어렵다. 그렇다고 해서 "차단―한"을 독자 임의로 '차단된', '차단당한' 등의 피동형으로 바꾸어 읽기도 곤란하다. 그렇다면 1차적으로 우리는 "차단―한 등불"을 목적어가 생략된, '(무엇인가를) 차단한 등불'로 보는 수밖에 없다. 이렇게 읽는 방법은, 텍스트의 모든 단어들이 독자가 알고 있는 의미역을 벗어나지 않는 동일한 사전적 의미 내에 있다는 것을 전제로 한 읽기가 된다.

문제의 구절을 '(무엇인가를) 차단한 등불'로 읽고 나면 곧 '등불'의 의미, '등

---

6) 「와사등」에 대한 해석은 김정우(2004 : 46-47)에서 발췌·수록하였다.

불'이 일상적으로 갖는 기능에 근거한 의미를 따져 보면서 '(무엇인가를) 차단한 등불'의 의미를 생각해 보게 된다. 등불은 기본적으로 어둠을 밝히는 기능을 한다. 어둠이란 시각이 차단된 상태를 뜻하는 것일 터인데, 등불은 그러한 어둠을 밝힘으로써 감각적으로 차단된 상태를 해소하고 어둠에 의해 차단된 공간의 열림, 그 공간으로의 안내나 소통 등의 의미를 갖는다. 즉 등불은 시각적으로 차단된 상태를 해소하는 기능을 하는 존재이다. 이렇게 볼 때, 텍스트의 "차단한 등불"이란 우리가 일상적으로 알고 있는 등불의 의미를 뒤집어 놓은 것이 된다. 등불은 등불이되 (차단된 상태의) 어둠을 밝혀 개방으로 이끄는 기능을 상실한, 혹은 그와는 반대의 기능을 하는 등불이 되는 것이다.

"차단-한 등불"이라는 구절이 이렇게 등불에 대한 일상적 관점을 뒤집어 낯설게 한다고 결론을 내리려면, 시 속의 다른 구절들과의 관계 속에서 그것이 의미가 있는 것인지를 따져보는 과정을 거쳐야 한다. 등불은 이 시에서 분명히 "신호(信號)"이기는 하나, 그것은 시적 화자에게 어디로 가야 하는지를 알려주지 못하는 의미 없는, 그래서 슬픈 신호이다. 그것이 "슬픈" 신호인 까닭은 갈 곳을 모르는 화자의 답답함이자, 그 화자를 제대로 인도하지 못하는 등불에 대한 화자의 원망 섞인 슬픔이 등불로 향해 있기 때문이다. 이렇게 "(무엇인가를) 차단-한 등불"은 원래 등불의 기능을 다하지 못하고, 화자의 갈 곳 몰라 하는 슬픔을 오히려 더 강하게 만드는 신호 아닌 신호이다. 뒤이어 나오는 내용 역시 이러한 맥락의 연장선상에서 읽을 수 있다. 문명의 상징인 고층(高層)이 "창백한 묘석" 같고, 찬란한 야경도 "무성한 잡초"처럼 보이는 까닭은 이 등불이 제 역할을 다하지 못하기 때문이다. 그리고 고층의 높이와 야경의 찬란함이 더할수록 나의 정처 없음은 더 초라해 보일 수밖에 없고, 결국 나는 "입을 다물"어 또 다른 "차단"의 세계로 들어갈 수밖에 없다.

이처럼 "차단-한 등불"은 목적어가 생략된 상태로 기존의 등불에 대한 통념을 뒤집음으로써 도시 속에서의 공허한 소외감, 혹은 단절감을 나타내기 위한 시어라고 볼 수 있다. 이렇게 보는 것은 무엇보다도 "차단(遮斷)"이라는 단어의 의미를 가능한 한 벗어나지 않는 해석이며, 시어들의 의미 관계와 구조 속에서 그 의미를 찾으려는 노력의 결과이다. 결국 독자의 입장에서 의미를 쉽게 파악하기 어려운 시어들이 있을 때는 사전적 의미와 관습적 의미를 함께 고려하면서 최대한 시의 내적 구조 안에서 의미를 파악하려 하는 태도가 필요할 것이다.

3) 무의미시의 이해

시어의 애매성을 극단적으로 끌고 나간 예로 김춘수의 **무의미시***를 들 수 있다. 그는 일상성과 관습성, 즉 가짜 이름의 압력을 끊임없이 거부하면서 대상의 본질적 의미에 도달하기 위해 언어를 사용하고자 했다. 그리고 일체의 관념과 관습으로서의 의미를 배제하고 이미지를 위한 이미지를 사용함으로써 기존의 언어로는 표현할 수 없었던 새로운 의미를 만들어내고자 했다.

김춘수의 무의미시는 구체적인 의미와 대상에 대한 지향을 벗어나 새로운 의미를 실현하고자 함으로써 독자가 시의 언어를 관습적으로 읽어내는 것을 차단한다. 다음의 시는 뚜렷한 하나의 관념을 드러내는 것이 아니라 시인 내면의 복잡한 상태 자체를 드러냄으로써 독자로 하여금 시의 언어 자체에 주목하게 하고 새로운 의미의 가능성을 탐색하게 한다.

> 남자와 여자의
> 아랫도리가 젖어 있다.
> 밤에 보는 오갈피나무.
> 오갈피나무의 아랫도리가 젖어 있다.
> 맨발로 바다를 밟고 간 사람은
> 새가 되었다고 한다.
> 발바닥만 젖어 있었다고 한다.
>
> ─김춘수, 「눈물」

일쌈 무의미시

김춘수는 무의미시를 "대상을 갖지 않는 시"라고 설명했다. 무의미시의 언어는 작품 밖의 어떤 대상을 지시하거나 사회적·윤리적 의미를 나타내지도 않으며 언어 그 자체가 목적이며 하나의 실재가 된다. 김춘수의 무의미시에서 이미지는 실제 사물과는 무관한 절대적 이미지가 되고, 추상적인 내면 풍경을 묘사한 것으로 극단화되기도 한다(김준오, 1991).

김춘수는 이 시에서 일관된 사유의 흐름을 거부하고 이질적인 대상들을 병치시킴으로써 독자들이 의미에 접근하는 것을 차단하려 한다. 남자와 여자, 오갈피나무, 맨발로 바다를 밟고 간 사람이라는 시적 대상이 그 어떤 의미상의 연결고리도 없이 파편적으로 등장하고 있기 때문에 독자가 이 시에서 뚜렷한 의미를 읽어내기란 쉽지 않다.

이 시는 김춘수가 자신의 무의미시론에서 강조한 서술적 이미지를 중심으로 구성되어 있다. 시적 화자가 전달하고자 하는 관념이나 정서가 배제된 채 "남자와 여자", "오갈피나무", "맨발로 바다를 밟고 간 사람"의 이미지만이 제시될 뿐이다. 논리적 관계를 무시한 자유 연상에 의해 세 개의 이미지가 나열되어 있기 때문에 하나의 이미지에서 다음의 이미지로 옮겨갈 때마다 의미의 비약이 생기기 마련이다. 단, 「눈물」이라는 제목은 무의미를 지향하는 서술적 이미지에 의미의 가능성을 부여하고 있다.

'눈물'이라는 원관념을 생략한 채 그것을 세 개의 이미지로 형상화하고 있다고 전제하고 다시 한 번 시를 읽어 보도록 하자. "남자와 여자"의 아랫도리가 젖어 있는 관능적인 이미지와 "오갈피나무"는 어떤 의미 연관을 맺고 있는지, 그 지점에서 다시 "맨발로 바다를 밟고 간 사람", 즉 '예수'를 떠올리게 되는 이유는 무엇인지를 밝히는 것은 이들과 '눈물' 사이에 어떠한 의미의 전이가 일어나는가에 주목할 때에만 가능하다.

김춘수는 자신의 시론에서 "남자와 여자"와 "오갈피나무"의 연결이 일종의 '트릭'이라고 했는데(김춘수, 1982 : 397) "오갈피나무"를 "남자와 여자"로 그대로 쓸 경우 이미지가 하나로 고착되면서 의미를 만들게 되는 것을 방지하기 위해 대체했을 뿐이라는 것이 그의 설명이다. 그러나 "남자와 여자"는 육체적인 합일의 순간에조차 결코 완전한 하나가 될 수 없으며 필연적으로 둘로 갈라져야만 하기 때문에 슬픈 존재이다. 산지의 그늘진 곳에서 자라 늘 습기를 머금고 있는 "오갈피나무"를 밤에 보는 것도 슬픈 일이고, "맨발로 바다를 밟"는 기적을 행할 수 있었음에도 육체의 죽음을 막을 수 없었던 '예수'의 운명 또한 슬픈 것이다. 그렇다면 아무런 유사성 없이 병치되어 있는 것처럼 보이던 이미지들은 주어진 운명을 벗어날 수 없는 한계를 가진 존재에 대한 비극적 인식을 향해 수렴된다. "새"는 땅을 박차고 날아오를 수 있다는 점에서 그러한 운명적 한계로부터 초월할 수 있는 존재인데, 맨발로 바다를 밟고 가 결국은 "새"가 된 이의 발바닥이 젖어 있었다는 구절이 의미심장하다. "남자와 여자"도 "오갈피나무"도 새가 된 이의 "발바닥"도 결국은 젖어 있다는 것에서 우리는 운명의 한계를 극복할 수 있기를 꿈꾸지만 눈물은 어느 누구도 떨쳐낼 수 없는 생의 일부분이라는 의미를 추론해 낼 수 있다.

위의 시에서 김춘수는 일상적인 논리적 연관을 깨고 이질적인 대상의 병치에 의해 무의미, 나아가 허무를 지향함으로써 새로운 의미를 만들어내고 있다. 시의 언어는 의미를 간접적으로 드러냄으로써 그것을 찾으려고 하는 독자의 지적 호기심을 자극하며, 병치를 통해 의미를 간접화하는 텍스트의 경우 감추어진 유사성을 찾아 의미를 해석하려는 독자의 지적인 노력이 상대적으로 더 많이 요구된다. 시인은 관습적인 의미 연관을 해체하고 기표들 간의 새로운 결합을 통해 의미가 쉽게 드러나는 것을 방지함으로써 독자의 인식에 충격을 가하고, 나아가 인식의 확장을 경험하도록 한다. 그러나 독자가 의미 잠재성을 가지고 있는 기호들을 찾아내지 못한다면 시가 낯설게 하기를 통해 독자에게 인식의 충격을 준다는 것은 이론적으로나 가능한 이야기가 될 것이다.

김춘수는 「눈물」이 비사실적이라는 점을 인정했다. "이 시에 등장하는 이미지들은 하나같이 현실성을 잃고 있"고, "심리적으로 굴절돼 있"으므로 환상적이라는 것이다. 그리고 그는 이미지를 버리겠다고 선언했고(김춘수, 2001 : 141), 이후 언어적 질서 자체를 해체하면서 의미 이전의 소리로 되돌아가려는 실험을 시도하기도 했다. 그러나 의미를 잃은 언어는 공허했고 말년에 이르러 시인은 다시 일상의 경험을 시에 담아내는 모습을 보였다. 무의미시뿐 아니라 일상의 언어를 극단적으로 거부하고 의미를 잃은 기표들만으로 시적 실험을 시도한 많은 시인들이 대중의 지지를 얻지 못했다는 것은 의미, 즉 내용으로부터 동떨어진 형식만으로 시가 독자와 소통하기는 어려움을 시사한다. 의미를 발견하는 즐거움은 시를 읽는 중요한 이유 중 하나이기 때문이다.

3. 교수·학습의 실천과 탐색

1) 교육과정을 통해 본 시적 언어 교육

시의 언어적 특성과 직접적으로 관련이 있는 성취 기준은 2007 개정 국어과 교육과정의 7학년 문학 영역에서 찾을 수 있다. 아래의 성취 기준은 시와 노랫말의 유사성을 끌어들이면서 일상어와 구별되는 시어의 자질 중 음악성을 부각시키기는 했지만, 일상어와 구별되는 시어의 특수성에 대해 언급하고 있다.

> [7-문학-(4)] 시어와 일상어의 관계에 대한 이해를 바탕으로 노랫말을 쓴다.
> [내용 요소의 예]
> • 시어와 일상어의 특징 이해하기
> • 노래에서 음악적 효과가 나타나는 표현을 찾아 운율을 살려 낭송하기
> • 시적 표현과 운율의 효과를 살려 노랫말 쓰기
>
> [작품의 수준과 범위]
> • 문화와 전통의 차이가 드러나는 여러 작품
> • 우리 고유의 정서나 언어 표현이 드러나는 작품
> • 언어 표현이 뛰어나고 주제 의식이 분명한 작품

이 성취 기준은 노랫말이 지닌 시적 표현과 운율을 살려 노랫말을 써 봄으로써 일상어와 다른 시어의 특징을 이해하는 능력을 기르는 데 중점을 두고 있다. 그러다 보니 교과서 활동도 한 편의 시를 읽는 것에서 시작해서 시적 표현과 운율을 살려 노랫말을 써 보는 것으로 마무리되어 있는 경우가 일반적이다. 실제로

교과서에서 시어의 특성을 어떻게 설명하고 있는지 살펴보기로 하자.

[지식 검색] 시어는 어떤 특성을 지니고 있는가?
• 운율이 있다.
  −시어는 일정한 운율이 있어 시를 읽을 때 리듬감을 느낄 수 있다.
  −소리나 단어, 구절, 문장이 되풀이되거나 글자 수가 일정하게 반복되며
   운율이 형성된다.
• 이미지를 만든다.
  −대상에 대한 독특한 묘사나 비유를 통해 독자의 마음속에 이미지를 떠
   올리게 한다.
  −청각(귀), 시각(눈), 미각(입), 후각(코), 촉각(피부)을 적절한 언어 표현으
   로 형상화한다.

— 윤여탁 외, 『국어1-1』, 미래엔, 15면.

여기서는 시어의 특성을 '운율'과 '이미지'를 중심으로 설명하고 있다. 중학교 1학년 1학기 1단원의 첫 번째 소단원이다 보니 초등학교에서 시에 대해 학습한 내용을 크게 벗어나지 않는 범위 안에서 시어에 대한 설명이 이루어지고 있다. 그리고 활동은 '운율'에 초점을 맞추고 있다. 교사용 지도서에서는 시의 특성을 "① 형식상 행과 연으로 이루어져 있다. ② 함축적이고 압축적인 시어를 사용한다. ③ 운율을 통해 음악적인 효과를 드러낸다. ④ 감각 기관을 통해 형성되는 심상이 중요한 역할을 한다."(윤여탁 외, 2011 : 52)라고 설명해 운율과 이미지 외에 행과 연의 구성이나 시어의 함축성 등을 종합적으로 안내하고 있는 것과는 대조적이다.

일상적인 경험을 어떻게 표현하고 있는지 생각하며 시를 읽어 보자.
  해바라기 씨를 심자.
  담 모롱이 참새 눈 숨기고

해바라기 씨를 심자.

해바라기 씨를 심자.
담 모롱이 참새 눈 숨기고
해바라기 씨를 심자.

누나가 손으로 다지고 나면
바둑이가 앞발로 다지고
괭이가 꼬리로 다진다.

우리가 눈 감고 한 밤 자고 나면
이슬이 나려와 같이 자고 가고,

우리가 이웃에 간 동안에
햇빛이 입 맞추고 가고,

해바라기는 첫 시약시인데
사흘이 지나도 부끄러워 고개를 아니 든다.

가만히 엿보러 왔다가
소리를 깩! 지르고 간 놈이ー
오오, 사철나무 잎에 숨은
청개구리 고놈이다.

—정지용, 「해바라기 씨」

[이해 활동] 2. 다음 글과 「해바라기 씨」의 공통점과 차이점에 대해 써 보자.

　○○년 ○월 ○일

　해바라기 씨를 심었다. 누나와 내가 씨를 심고 나서 땅을 다지자 우리 집 바둑이와 고양이도 한몫 거들겠다는 듯 땅 위를 왔다 갔다 하며 좋아했다. 이제 시간이 흐르면 싹이 트고 줄기도 자라나 해바라기에 이슬도 맺히고 햇이 교과서는 학생들이 어린 시절의 일상적인 경험을 떠올리면서 시의 운율을 느껴볼 수 있도록 「해바라기 씨」를 제재로 선정하였다. 중학교에 입학한 후 처음 접하는 문학 작품임을 고려해서 동시를 선택한 것이 인상적이다. 시를 읽고 난 후에 가장 먼저 하게 되는 활동은 내용 구조도를 활용해 "해바라기 씨를 심고 싹이 트기를 기다리는 과정에서 어떤 일들이 있었는지 정리해" 보는 것이다. 시의 흐름을 정리해 보고 난 뒤에는, 인용한 바와 같이 시에 나타나 있는 경험을 일기의 형식으로 쓴 글과 시를 비교해 보게 된다. 시와 일기를 비교하는 활동을 통해 학생들이 시어와 일상어의 공통점과 차이점을 발견하기를 기대한 것이다. 세 번째 활동은 시의 각 부분에서 운율이 느껴지는 표현상의 특징을 찾아 써 보는 것인데, 특히 시에서 반복적으로 나타나는 어구를 찾아보도록 유도하고 있다. 이러한 활동을 통해 유사한 어구나 문장 구조의 반복을 통해 시의 운율이 형성된다는 점에 주목하게 된다.

이어지는 적용 활동에서는 먼저 「봄 오는 소리」의 노랫말을 제시하고 운율을 만들어내는 장치와 의태어, 노랫말에 담겨 있는 경험 등을 두루 살필 수 있도록 했다. 이어 「해바라기 씨」의 느낌이 잘 살아나도록 노랫말로 바꾸어 불러 보는 활동을 제시하고 있다. 시의 느낌을 잘 살릴 수 있는 노래를 먼저 선정한 후, 성취 기준에서 제안한 대로 시적 표현과 운율을 살려서 「해바라기 씨」를 노랫말로 바꾸어 쓰고 노래로 불러 보도록 한 것이다.

이러한 활동의 구성은 시어와 일상어, 노랫말이라는 성취 기준의 중요한 요소들을 종합적으로 고려한 결과물이라 할 수 있다. 교육과정 해설서의 설명대로, "시어의 표현은 대상에 대한 독특한 묘사나 비유를 통해 시를 읽는 독자의 마음

속에 그려지는 그림과 같은 이미지를 만들고, 음절·단어·구 등의 배열에서 생기는 소리의 반복에 의해 운율 등 음악적 효과를 내기도" 한다. 그러나 시에서 음절·단어·구의 배열은 음악적 효과를 만들어 내는 형식적 장치에 그치지 않고 시의 내용과 유기적으로 결합되어 있다는 점을 고려할 때, 시어의 특성을 제한적으로 다룬 것이 적잖이 아쉽다.

이를 제외하면 중·고등학교 국어과 교육과정에서 시어를 본격적으로 다룬 성취 기준은 없다. 2015 개정 국어과 교육과정의 "[10국05-01] 문학 작품은 구성 요소들과 전체가 유기적 관계를 맺고 있는 구조물임을 이해하고 문학 활동을 한다." 정도가 형식과 내용의 유기적 관련을 고려해 시를 수용하고 생산해야 한다는 원칙과 관련이 있다. 2015 개정 국어과 교육과정에서는 고등학교 심화 과목인 『문학』에도 "[12문학02-01] 문학 작품은 내용과 형식이 긴밀하게 연관되어 이루어짐을 이해하고 작품을 감상한다."라는 성취 기준이 제시되어 있다. 이에 대한 자세한 해설은 아래와 같다.

[12문학02-01] 이 성취기준은 문학 작품의 내용과 형식의 유기적 연관성을 이해하고 작품 자체를 하나의 언어 예술로서 감상할 수 있는 능력을 기르기 위해 설정하였다. 작품의 내용은 인간의 삶과 관련된 주제 의식으로 구현되며 이러한 주제 의식은 문화적, 관습적으로 형성된 문학 고유의 언어 형식으로 표현된다. 작품의 형식적 요소가 작품의 내용을 드러내는 데 어떻게 기여하는지를 살펴보거나 작품의 내용이 작품의 형식적 요소와 어떻게 어울리는지 감상하게 함으로써 내용과 형식의 유기적 관계를 파악할 수 있도록 지도한다(교육부, 2015 : 134).

2) 시어 교육의 방향 재탐색

우리는 지금까지 일상의 언어와의 차이점을 중심으로 시의 언어에 대해 이야기해 왔다. 시는 표현의 매개로 일상의 언어를 사용하면서도 관습에 저항하고 언어의 본질에 천착해 들어가고자 한다는 점에서 장르적 특수성을 지닌다. 시인이 시적 언어 자체를 탐구해 나간 극단에는 김춘수의 무의미시와 같이 독자와의 소통에는 관심이 없어 보이는 시들이 자리하고 있기도 했다. 소위 '반(反)서정'이나 '신(新)서정'이라 불리는 일련의 시들은, 익숙하지 않은 언어로 이루어지기 때문에 (류수열 외, 2014 : 88-92) 독자들이 변화한 서정을 받아들이고 그 불편한 언어의 맥락에 참여하고자 하는 의지가 없다면 그저 어렵게 느껴질 따름이다.

중・고등학생을 대상으로 한 문학교육에서 시어의 특성을 종합적으로 다루고자 한다면 부딪치게 되는 가장 큰 문제가, 학습자의 발달적 특성을 감안할 때 '애매성'이나 '난해성'의 요소를 포함하고 있는 시를 제재로 다루어도 좋겠는가 하는 점일 것이다. 물론 앞서 살펴본 김광균의 「외인촌」이나 김소월의 「산유화」, 정지용의 「향수」와 같이 시어의 해석을 두고 서로 다른 의견들이 대립하고 있는 시들을 교과서에서 다루고 있기는 하지만 논란 자체를 가르치지는 않는다. 김춘수의 시는 「꽃」, 「꽃을 위한 서시」 등 의미가 명확한 것들이 제재로 선정된다. 문학교실에서는 '다양한 해석'보다는 '적절한 해석'이 더 선호되고 있는 것이다. 문학교육의 담론이 단 하나의 정확한 해석에 대한 맹신을 벗어났다고는 해도 여전히 교실의 독자들은 문학 작품을 안정적으로 수용하고 싶어 한다. 그런 만큼 해석하기 어려운 시들을 교과서에서 다루기에는 한계가 있다.

일상어와 구별되는 시어의 특수성을 강조하는 것이 시 창작 교육에 부정적으로 작용할 가능성도 배제할 수 없다. 현재의 시 창작 교육은 기성 작품의 일부분이나 전체를 바꿔 써 보거나, 학습자의 일상적인 경험을 시적 형식에 담아 표현해 보는 것에 의의를 두고 있지 시적 표현의 미적 완성도나 실험성을 평가의 기준으로 고려하지 않는다. 운율, 비유, 이미지, 상징 등 기존 교육과정이나 교과서에서 다루고 있는 시론 관련 지식들이 어느 정도는 시어의 특성을 포괄하고 있는 것도 사실이다. 운율을 가르치면 시행의 의도적 구분에 대해서도 어느 정도 다루게 되고, 비유나 상징은 시의 함축성을 설명하는 데 있어 핵심적인 시적 장치이다. 그래서 굳이 지금까지 해 왔던 것보다 엄밀하게 시적 언어의 문제를 가르쳐야 하는가에 대해 의문이 들 수밖에 없는 것이다.

그러나 시의 수용과 생산이 교실 밖에서도 지속되는 한 기존의 언어적 질서에 도전함으로써 새로운 서정을 표현해 왔던 일련의 시들, 그리고 동시대의 실험적인 시들을 외면하는 것이 적절한지 검토해 보아야 할 것이다. 이상의 시가 보여 주었던 형식적 실험이 동시대의 독자들로부터는 외면 받았지만 후대의 평론가들과 독자들의 상상력을 끊임없이 자극해 왔음을 상기해 보자. 동시대의 사회·역사적 맥락 속에서 언어적 장치를 통해 전달할 수 있는 의미의 영역을 확대해 나가는 것이 시인의 책무 중 하나라면, 독자는 그 시인과 소통하면서 의미를 해독할 수 있는 역량을 기르는 것에 관심을 기울일 필요가 있는 것이다. 시어의 다양한 양태와 기능, 의미 해석의 방법에 대해 가르쳐야 하는 이유가 여기에 있다.

✔ 지시에 따라 서술하면서 시어의 특성과 의미를 이해합니다.

1 언어의 시적 기능에 대해 설명하시오.

2 시어의 함축성에 대해 설명하시오.

3 시어의 애매성에 대해 설명하시오.

✅ 지시에 따라 주요 개념을 적용하면서 실천적 능력을 기릅니다.

1 (나) 글을 참고하여, (가) 시에서 빗방울이 떨어지는 소리를 나타내는 언어적 표현들이 의미하는 바와 그 기능을 설명하시오.

(가)
빗방울이 개나리 울타리에 숩―숩―숩―숩 떨어진다

빗방울이 어린 모과나무 가지에 롭―롭―롭―롭 떨어진다

빗방울이 무성한 수국 잎에 톱―톱―톱―톱 떨어진다

빗방울이 잔디밭에 홉―홉―홉―홉 떨어진다

빗방울이 현관 앞 강아지 머리에 돕―돕―돕―돕 떨어진다

—오규원, 「빗방울」

(나) 후기시에는 '오규원'이라는 개인의 의지가 없고, 스스로 움직이고 스스로 현상하는 사물들이 있을 뿐이다. 시의 언어가 사물을 묘사하는 것이 아니라, 사물이 언어가 되어 우리에게 자신의 날이미지를 보여준다. 따라서 세상의 언어에 맞서 새로운 언어를 창조하려는 의지는 '의지의 세계'를 벗어나, 그 의지마저도 다른 사물과 나란히 앉아 있는 또 다른 사물이 된 것 같다.

—남민우, 「'해방의 이미지' 혹은 '날(生) 이미지'의 세계」(박호영 외, 2014 : 294-295)

---

2 다음 시에 나타난 시행의 배열이 시의 내용과 어떠한 관련을 갖는지를 생각하면서 시의 의미를 해석하시오.

無等

山
절망의산
대가리를밀어버
린, 민둥산, 벌거숭이산
분노의산, 사랑의산, 침묵의
산, 함성의산, 증언의산, 죽음의산
부활의산, 영생하는산, 생의산, 희생의
산, 숨가쁜산, 치밀어오르는산, 갈망하는
산, 꿈꾸는산, 꿈의산, 그러나 현실의산, 피의산,
피투성이산, 종교적인산, 아아너무나너무나 폭발적인
산, 힘든산, 힘센산, 일어나는산, 눈뜬산, 눈뜨는산, 새벽
의산, 희망의산, 모두모두절정을이루는 평등의산, 평등한산, 대
지의산, 우리를감싸주는, 격하게, 넉넉하게, 우리를감싸주는어머니

─황지우, 「무등」

제 2 장

이미지 교육

시적 언어의 특성은 흔히 형상성, 음악성, 함축성으로 설명된다. 이때 형상성의 근간을 이루는 것이 이미지이다. '슬프다'는 감정 표현 대신 '눈물 아롱아롱'이 더 구체적인 장면을 떠올릴 수 있게 함으로써 표현한 사람의 감정에 독자가 더 잘 공감할 수 있도록 유도한다. 그러므로 이미지는 생생하고 구체적일수록 효과적이라 할 수 있다.

이 장에서는 형상성의 근간으로서의 이미지의 개념과 역할에 대해 살펴보고, 그것이 현대시 교육에서 어떻게 다루어지고 있는지 살핀 후, 바람직한 이미지 교육의 방향은 어떠해야 하는지에 대해 함께 고민해 보도록 한다.

1. 현대시 교육에서의 이미지

'이미지'는 시학에서뿐만 아니라 일상적으로도 많이 쓰이는 용어이다. 다른 사람에 대한 인상이나 느낌은 특정한 이미지의 형태로 우리 기억 속에 저장된다. 또한 이미지는 소비 중심의 자본주의 사회에서는 광고 등을 통해 실질적인 힘을 발휘하기도 한다. 광고에서의 감각적 이미지들은 언어적 메시지를 보완하는 역할만을 하는 것이 아니라, 능동적으로 자기 의미를 구성한다. 사진의 이미지를 보자. 이 사진 한 장은 우리로 하

여금 다양한 감각을 생생하게 환기시킨다. 유리컵의 물과 대비되는 레몬의 노란색, 물이 컵에 떨어지면서 나는 소리, 레몬이 불러일으키는 신 맛 등을 떠올리게 하는 것이다. 이처럼 이미지는 '구체적임', '생생함'에 바탕을 둔 강력한 환기력을 지니고 있다.

생생하게 표현하고자 하는 욕구는 일상적인 언어 사용에 있어서도 마찬가지로 드러난다. 쉬운 예를 들어 보자. 우리는 춥다는 느낌을 표현하기 위해 다양한 이미지를 동원한다. 차가운 바람을 칼바람이라고도 하고, 한기가 뼛속까지 스민다고도 하며, 이가 덜덜거린다거나 귀가 떨어져 나갈 것 같다, 혹은 손이 꽁꽁 얼었다고도 한다. 이러한 표현들은 자신이 느끼는 추위의 정도를 정확하게 묘사하기 위해 이미지를 활용한 예들이다. '너무 춥다'라고만 표현하는 것보다 다양한 이미지들을 동원하는 것이 실제 느낌을 더 생생하게 표현할 수 있게 해 준다. 이처럼 이미지는 내가 경험한 것, 내가 느낀 것, 그리고 내가 생각한 것을 정확하고 효과적으로 전달하기 위해 일상적으로 쓰인다.

영상 이미지와 달리 언어로 표현된 이미지는 독자의 머릿속에서 구체적 이미지로 재현 혹은 상상되지 않는 한 의미가 없으므로 영상 이미지에 비해 독자의 능동적 참여를 적극적으로 필요로 하게 된다. 특별한 노력을 기울일 필요 없이 눈앞에 펼쳐지는 자극적이고 현란한 이미지들이 범람하는 시대에, '특별한 인지적 노력'을 요청하는 언어적 이미지들이 어떤 의미가 있는지 생각해볼 필요가 있다.

알짬 모네(Claude Monet)
프랑스의 인상파 화가. 인상파 양식의 창시자 중 한 사람으로, 그의 작품 <인상, 일출>에서 '인상주의'라는 말이 생겨났다. '빛은 곧 색채'라는 인상주의 원칙을 끝까지 고수했으며, 연작을 통해 동일한 사물이 빛에 따라 어떻게 변하는지 탐색했다. 말년의 <수련> 연작은 자연에 대한 우주적인 시선을 보여준 위대한 걸작으로 평가받는다.

시에서의 이미지는 시적 화자의 정서가 투영된 형태로 보다 정교화되고 구체화된다. 대상을 바라보는 사람의 정서가 대상에 착색되는데, 이는 그림에서의 이미지와 관련지어 보면 더 쉽게 이해할 수 있다. 아래 두 그림은 건초더미를 주제로 한 화가 **모네(Claude Monet)*** 의 작품이다. 같은 건초더미를 대상으로 그렸지만, 그림을 그리는 순간 화가에게 비친 대상의 모습, 대상이 환기한 정서에 따라 다른 이미지로 그려지면서 그림의 전체 느낌이나 분위기가 달라지고 있다.

(가)

(나)

모네의 〈건초더미〉 연작 시리즈 중 두 작품

좌 : 건초더미, 가을 일몰(Stacks of Wheat, End of Day, Autumn, 1890), 캔버스에 오일, 시카고 예술 재단(Art Institute of Chicago)
우 : 건초더미, 해질녘(Grainstacks, Sunset: 1888-1889), 캔버스에 오일, 현대 미술관(Museum of Modern Art, Saitama)

(가) 그림은 옅은 노랑색을 많이 사용하여 밝고 희망찬 분위기를 자아낸다. 반면 (나) 그림은 보라색과 주홍색을 주로 사용하여 어둡고 차분한 분위기를 그려내고 있다. 색감으로 표현된 이러한 이미지들은 건초더미를 바라보는 이에게도 유사한 정서를 갖게 한다. 즉 이미지는 표현하는 주체의 정서 상태가 투영된 선택적 대상들이며, 이는 수용의 과정에서도 그러한 정서를 환기하는 방식으로 작용하게 된다.

"해가 졌다"는 것과 "해가 시들었다"(기형도, 「엄마 생각」 중)라는 표현의 느낌은 어떻게 다른가? 혹은 "둥글고 노란 달"과 "달걀 노른자처럼 노랗게 곪은 달"(기형도*, 「위험한 가계」 부분) 중 어느 것이 표현하는 사람의 정서를 더 효과적으로 드러내고 있는가? 후자의 이미지들이 특정한 정서를 환기하고 있다는 점을 쉽게 알아차릴 수 있을 것이다.

이 장에서는 이미지의 개념과 역할을 살펴보고, 그것이 어떻게 가르쳐지고 있는지, 그리고 어떻게 가르치는 것이 좋을지 생각해 보기로 하자.

일깜 기형도(1960-1989)

기형도는 "나의 영혼은 검은 / 페이지가 대부분이다"라고 노래했던 시인이다. 죽음과 상실의 이미지들에 지나치게 탐닉했던 그의 도저한 비관주의로 물든 영혼이 빚어낸 몽상의 세계 앞에서 아직도 우리는 그 끔찍함에 떨며 진저리를 친다. 그의 몽상이 일궈낸 풍경은 그 자신의 어두운 혼에 반향된 풍경이면서 동시에 환멸의 시대를 머금고 있는 풍경이다.(네이버 캐스트에서 인용)

1) 이미지의 개념

먼저 사과 하나를 떠올려 보자. 사과의 모양, 사과의 향기, 사과의 맛 등 실제 눈앞에 사과가 있지 않더라도 '사과'라는 언어에 의해 마음속에 그려지는 구체적인 사과의 모습이나 느낌이 있을 것이다. 이처럼 실제 사과를 보거나 먹지 않더라도 언어에 의해 마음속에 그려지는 대상의 감각적 모습(색깔, 향기, 맛 등)이나 느낌이 이미지이다. 그러므로 이미지는 일반적으로 심리학적인 현상이다. 특정 언어에 착색된 개인의 기억이나 경험에 의존하여 그 언어가 가리키는 대상에 대한 구체적인 이미지가 환기된다.

시에서의 이미지는 어떨까? 일반적으로 문학적 용법으로서의 이미지는 시각적 대상이나 장면을 가리키는 경향이 있다. 어떤 시를 두고 이미지즘의 시, 혹은 회화성이 드러나는 시라고 언급할 때 시는 그림과 비슷한 것으로 인식된다. 루이스(W. Lewis)가 시는 '언어로 그린 그림'이라고 했을 때, 그것은 시각적 이미지의 비중이나 역할을 그만큼 중시한 것으로 볼 수 있다. 다음 시를 보자.

> 하이얀 모색(暮色) 속에 피어 있는
> 산협촌(山峽村)의 고독한 그림 속으로
> 파—란 역등(驛燈)을 달은 마차(馬車)가 한 대 잠기어 가고,
> 바다를 향한 산마룻길에
> 우두커니 서 있는 전신주(電信柱) 위엔
> 지나가던 구름이 하나 새빨간 노을에 젖어 있었다.
>
> —김광균, 「외인촌」 부분

이 시는 김광균 시인의 시 「外人村」의 1연에 해당하는 부분이다. 이 시를 읽고 독자의 머릿속에서는 실제 한 폭의 그림이 떠오를 것이다. 저녁 어스름, 파란 등을 단 마차가 산협촌으로 사라지고 있고, 바다를 향한 산마룻길엔 새빨간 노을에 물든 구름이 전봇대에 걸려 있는 풍경이다.

실제 김광균 시인은 회화성이 두드러지는 시를 여러 편 남겼다.[7] "구름은 / 보

랏빛 色紙 위에 / 마구 칠한 한 다발 薔薇"라고 쓰고 있는 이 시의 제목은 아예 그림을 그린다는 뜻을 내포한 「뎃상」이다. 시를 쓸 때 시를 읽을 독자가 어떤 장면이나 풍경을 마치 영상 이미지의 한 컷처럼 구체적으로 떠올릴 수 있도록 언어들을 선택하고 조직한 것이다.

이처럼 이미지는 우선적으로 시각적 이미지를 가리킨다. 이는 시에서 상대적으로 가장 주도적으로 드러나는 이미지가 시각적 이미지임을 환기시킨다. 그러나 특정 대상이나 장면에 대한 경험을 언어로 구체화한다고 했을 때 시각적 이미지에만 국한되지는 않는다. 특정 대상이나 장면에 대한 이미지는 시각이 아닌, 청각, 후각, 미각, 촉각 등 다른 감각에도 의존하면서 형성되기 때문이다.

이렇게 볼 때 문학적 용법으로서의 이미지는 한 편의 작품에서 언급되는 감각·지각의 모든 대상과 특질이라 정의할 수 있다. 즉 시어가 독자의 마음속에 떠오르도록 하는 구체적인 감각과 지각의 대상 및 특질이다. 언어에 의해 독자의 마음속에 떠오르는 것이므로 문학교육 장면에서는 대개 '심상(心象)'이라는 용어로 쓰인다. 고등학교 문학 교과서에서의 설명을 참조해 보기로 하자.

> 심상은 글자 그대로 '마음속 그림'이라는 뜻으로, 구체적으로 말하면 시적 표현을 읽고 머릿속에 떠올리는 감각적 영상이라고 할 수 있다.
> — 권영민 외, 『문학 I』, 지학사, 224면.
>
> 심상이란 시에 나타난 이미지를 말한다. 시에서 말하는 이미지는 감각 또는 경험을 재생한 것이다.
> — 정재찬 외, 『문학 I』, 천재교과서, 99면.
>
> '심상(心象)'은 이미지(image)라고도 하는데, 글자 그대로 인간의 마음속에 새겨진 감각적 인상을 말한다.
> — 박영민 외, 『문학 I』, 비상교육, 67면.

---

7) 「외인촌」 외에 「추일서정」, 「와사등」, 「뎃상」 등이 회화성이 두드러지는 대표적인 작품들이다.

이미지는 활성화된 감각 기관에 따라 시각적 이미지, 청각적 이미지, 후각적 이미지, 미각적 이미지, 촉각적 이미지, 공감각적 이미지 등으로 분류된다. 공감각적 이미지는 하나의 대상에 두 가지 이상의 감각이 어우러져서 나타나는 이미지를 가리킨다.

> 아카시아들이 언제 흰두레방석을 깔았나
> 어데서 물쿤 개비린내가 온다

—백석, 「비」

이 작품은 비가 내린 풍경을 묘사한 시이다.[8] 아카시아들이 이미 흰두레방석처럼 보일 정도로 그 꽃잎이 떨어진 상황이니 비가 꽤 내린 후의 풍경이라 볼 수 있을 것이다. 이때 흰두레방석은 시각적 이미지로써 비로 인해 수북히 떨어진 아카시아잎들을 구체적으로 떠올리게 한다. 개비린내는 후각적 이미지로써 비 오는 날씨 특유의 냄새를 선명한 감각으로 환기한다. '비'에 대한 감각적 묘사에 치중하고 있는 이 시는 시각적 이미지와 후각적 이미지를 통해 그 구체적 장면을 실감나게 재현하고 있다.

2) 이미지의 역할

그렇다면 시에서 이러한 이미지에 의한 감각적 특질의 구체화를 중요시하는 까닭은 무엇일까? 다시 말해 이미지는 시에서 어떤 역할을 하는 것일까? 시인들이 이미지들을 자주 동원하여 시로 표현할 수밖에 없는 까닭은 시인이 의도하는 바의 정서나 느낌, 혹은 의미의 전달이 최대한 시인이 느낀 원체험에 가깝게 표현할 수 있는 다른 방법이 없기 때문이다. 일상적 언어는 이미 관습화되어 시인

---

8) 정지용 시인의 「비」와 비교해서 살펴보는 것도 좋을 것이다.

이 의도하는 내용이나 정서를 온전히 담아내기 어렵다. 시인은 추상적 관념이나 혹은 말로 표현하기 힘든 특정한 정서를 이미지를 통해 표현한다. 이때 이미지들은 특정 정서를 환기하는 데 효과적인 것들로 선택적으로 구조화된다.

다음 예를 보자.

> 선뜻! 뜨인 눈에 하나 차는 영창
> 달이 이제 밀물처럼 밀려 오다.
>
> 미욱한 잠과 벼개를 벗어나
> 부르는 이 없이 불려 나가다.
>
> 한밤에 홀로 보는 나의 마당은
> 호수같이 둥그시 차고 넘치노나.
>
> 쪼그리고 앉은 한옆에 흰돌도
> 이마가 유달리 함초롬 고와라
>
> 연연턴 녹음, 수묵색으로 짙은데
> 한창때 곤한 잠인양 숨소리 설키도다.
>
> 비둘기는 무엇이 궁거워 구구 우느뇨,
> 오동나무 꽃이야 못견디게 향그럽다.

―정지용, 「달」

이 시는 초여름 달밤의 정회를 효과적으로 표현하고 있다. 달, 마당, 호수, 흰돌, 수묵색 녹음, 비둘기 울음과 오동나무 꽃의 향기가 모두 시 속에서 형상화된 장면의 분위기와 정서에 유기적으로 기여한다. 그리고 그것들은 독자 또한 오지 않는 잠에서 벗어나 마당으로 나섰을 때의 달밤의 정취를 마치 현장에서 느끼고 있는 것 같은 실감을 주고 있다. 루이스(W. Lewis)가 이미지의 역할로 신선함, 강렬함 그리고 환기력을 꼽은 것은 이러한 연유에서이다.

2. 이미지의 종류

알짬 묘사적 이미지
프린스턴 시학사전에서는 묘사적 이미지를 정신적 이미지(mental image)로 보고 있다. 김춘수 시인이 이를 묘사적 이미지라 명명하였는데, 감각적 이미지로 칭하는 경우도 있다.

이미지는 그 표현 방식에 따라 크게 **묘사적 이미지***, 비유적 이미지, 상징적 이미지로 나뉜다(Preminger & Brogan, 1993 : 560). 이미지를 다루고 있는 문학 교과서들은 대체적으로 이러한 삼분법을 수용하여 설명하고 있다.

묘사적 이미지는 대상에 대한 감각적 묘사에 치중할 때 주로 쓰인다. 대상으로부터 받은 인상을 시각, 청각, 후각, 미각, 촉각 등의 감각을 매개로 구체적으로 서술하는 이미지이다. "파르란 구슬빛 바탕에 자지빛 호장을 받친 호장저고리"(조지훈, 「고풍의상」 부분)의 시각적 이미지, "양지밭 과수원에 꿀벌이 잉잉거릴 때."(신석정, 「그 먼 나라를 알으십니까」 부분)의 청각적 이미지 등이 그 예에 해당한다.

비유적 이미지는 표현하고자 하는 대상을 다른 대상에 빗대어 표현할 때 쓰인 이미지이다. 이 경우 일반적으로 말하는 보조관념에 해당하는 것이 비유적 이미지가 된다. 김동명 시인의 「내 마음은」이라는 시에서 쓰인 "내 마음은 호수요, / 그대 노 저어 오오"라는 표현을 보면 내 마음을 표현하기 위해 호수라는 비유적 이미지를 동원한 것으로 이해할 수 있다.

하지만 보조관념에 해당하는 것이 모두 비유적 이미지가 되는 것은 아니다. 눈을 "어느 머언 곳의 그리운 소식"(김광균, 「설야」 부분)으로 표현했을 때, 보조관념에 해당하는 '그리운 소식'은 이미지라고 보기 어렵다. '그리운 소식'은 구체적인 감각을 통해 환기되는 이미지의 속성을 가지고 있지 않기 때문이다. 그러므로 엄격하게 말하면 비유적 이미지는 비유로 표현된 보조관념 중 이미지의 속성을 가지고 있는, 감각적으로 구체화되어 있는 것만이 해당한다.

상징적 이미지는 일반적으로 비가시적인 관념에 해당하는 원관념을 대체하는 이미지이다. 직접 드러나지 않는, 숨은 원관념을 구체적인 대상이나 사물로 이미지화하여 표현한 것으로써, 지조와 절개라는 관념을 가리키는 '매난국죽(梅欄菊竹)'의 이미지를 그 예로 떠올려 볼 수 있다.

비유적 이미지와 상징적 이미지 또한 시인에 의해 엄격하게 선택된 이미지들로써 앞서 언급했듯 시의 의미 전달과 정서 환기에 기여한다. 비유적 이미지와 상징적 이미지는 다음 장에서 보다 구체적으로 살펴보기로 한다.

3. 교수·학습의 실천과 탐색

1) 교육과정을 통해 본 이미지 교육

문학 교과서에서 이미지에 초점을 맞추어 다루고 있는 시들과 활동들을 먼저 살펴보기로 하자.

- 시 : 정지용, 「향수」
- 교과서 활동

[작품 속으로]
1. 이 작품에서 감각적 심상을 드러내는 사물이나 표현을 찾아보자.

감각적 심상	사물이나 표현
시각적 심상	얼룩백이 황소,
청각적 심상	실개천,
촉각적 심상	
공감각적 심상	

2. 이 작품에서 반복되는 후렴구 "그곳이 차마 꿈엔들 잊힐 리야."의 시적 기능에 대하여 이야기해 보자.

—정재찬 외, 『문학 Ⅰ』, 천재교과서, 106면.

위 사례는 일반적으로 시에서의 심상 교육이라고 할 때 가장 우선적으로 확인하는 입문적 활동에 해당한다. 심상의 의미를 확인하고, 시에서 제시된 사물이나 표현을 통해 한 편의 시에 동원된 다양한 종류의 감각적 심상들을 확인하는 활동으로 다루고 있다.

■ 시 : 이용악, 「풀벌레 소리 가득 차 있었다」
■ 교과서 활동

[깊게 이해하기-심상의 기능]
2. 「풀벌레 소리 가득 차 있었다」의 심상에 주목하여 다음 활동을 해 보자.
(1) 이 시의 지배적 심상은 무엇인지 말해 보고, 지배적 심상에 기여하는 시행을 찾아보자.
(2) 이 시의 정서와 관련하여 '풀벌레 소리'가 어떤 기능을 하는지 정리해 보자.
3. '아버지' 하면 떠오르는 감각적인 영상을 생각 그물로 표현해 보자.

—권영민 외, 『문학 I』, 지학사, 230면.

이 사례는 '깊게 이해하기'라는 활동 성격에 맞게 심상의 기능을 이해하는 데 초점을 맞추고 있다. 청각적 심상인 '풀벌레 소리'가 이 시 전체의 의미 및 정서 형성에 긴밀하게 연관된다는 점에서 심상의 역할과 중요성에 대해 생각해 보게 하는 활동으로 볼 수 있다. 3의 활동에서는 심상을 활용하여 표현의 단계에까지 나아가도록 하면서 이해와 표현을 연계하고 있는 점도 확인할 수 있다.

2) 이미지 교육의 방향 재탐색

이미지의 개념과 역할에 대해 가르칠 때에는 시 작품들을 통해 시에서 표현된 장면들의 감각적 요소들을 모두 반영하여 구체적으로 떠올려보게 하고, 그 장면을 통해 환기되는 정서에 공감해 볼 수 있도록 하는 것이 중요하다. 언어로 표현된 이미지들을 '구체화(concretization)'(Iser, 1993 : 61-62)하는 과정에서의 독자의 역할이 그만큼 크고 중요하기 때문이다. 시인이 언어로 형상화해 놓은 것을 독자가 상상하는 과정을 통해 새롭게 머릿속에 재구성해야 하는 것이다. 해당 이미지가 어떤 감각적 이미지에 해당하는지를 찾는 것은 지식적 차원에서 확인하는 것 이상의 큰 의미가 없다. 이미지의 본질이 시의 의미 전달과 정서 환기에 있음을 주지할 필요가 있다. 이에서 더 나아가 이미지가 세계를 새롭게 인식하고 체험하는 활동으로서 감수성과 상상력을 증진시키는 데 기여한다는 점(노철, 2006 : 298)도 강조할 필요가 있다.

　구체적인 활동으로는 시에서 표현된 여러 이미지들을 떠올리는 과정에서 간단한 그림 그리기 활동, 영상으로 전환한다면 고려해야 할 요소가 무엇일지 생각해 보는 활동 등을 활용할 수 있다. 그림이나 이미지로 전환하는 작업을 할 경우 시 해석의 결과로 그려진(혹은 만들어진) 그림(혹은 영상 이미지)은 일종의 해석소(interpretant)로서 시라는 기호를 해석한 일종의 메타 텍스트 역할을 하는 것이다(정정순, 2008 : 211). 언어적 메시지의 시각화는 단순히 언어적 표상의 시각적 번역이 아니라 독자의 읽기 능력과 스키마에 따라 각각 다른 양상으로 독자의 머릿속에서 재구성된 것들이다.

　옆의 그림은 백석의 「여우난골족」을 시그림책으로 만든 것의 표지 그림으로 각 시어와 시구들이 어떻게 독자인 일러스트레이터에게 해석되어 구체적인 시각적 이미지로 구현되었는지 참고해 볼 수 있다. 실제 활동에서는 전체 시 한 편을 대상으로 하기보다 인상적인 이미지를 선택하여 해 보게 하는 것이 좋을 것이다.

시그림책 『여우난골족』 표지
(화가 홍성찬 그림, 창비)

　또한 시에 따라서는 직접 영상을 제작해 보게 하는 활동을 해 보는 것도 가능하다. 그림으로 표현되는 과정 혹은 영상으로 전환해 보는 과정 속에서 독자에게 환기된 정서를 확인할 수 있다. 예컨대 색감을 입히는 과정에서 그것이 수채화, 수묵화, 유화 등 어떤 화풍과 어

울릴지 생각해 보는 것을 통해 시에 대한 독자의 반응을 확인해 볼 수 있을 것
이다.

　구체적인 예로 장석남의 「살구꽃」이라는 시를 먼저 읽어 보고, 이 시가 환기하
는 정서를 바탕으로 어떤 색감의 어떤 장면을 그림으로 그릴지 등을 생각해 보게
하면서, 이 시의 이미지들에 섬세하게 주목해 보는 활동들을 해 볼 수 있다. 다음
은 이 시를 영상시로 전환한 예로서, 먼저 시의 이미지들 하나하나를 머릿속에
그려보고 감응해 본 후 직접 찾아서 확인해 보도록 하자.

　　　마당에 살구꽃이 피었다
　　　밤에도 흰 돛배처럼 떠 있다
　　　흰빛에 흰 돛배처럼 떠 있다
　　　흰빛에 분홍 얼굴 혹은
　　　제 얼굴로 넘쳐버린 눈빛
　　　더는 알 수 없는 빛도 스며서는
　　　손 닿지 않는 데가 걸리듯
　　　담장 바깥까지도 환하다

　　　지난 겨울엔 빈 가지 사이사이로
　　　하늘이 틈어진 채 쏟아졌었다
　　　그 꽃들을 피워서 제 몸뚱이에 꿰매는가?
　　　꽃은 드문드문 굵은 가지 사이에도 돋았다

　　　아무래도 이 꽃들은 지난 겨울 어떤,
　　　하늘만 여러번씩 쳐다보던
　　　살림살이의 사연만 같고 또
　　　그 하늘 아래서는 제일로 낮은 말소리, 발소리 같은 것 들려서 내려온
　　　神과 神의 얼굴만 같고
　　　어스름녘 말없이 다니러 오는 누이만 같고

　　　(살구가 익을 때,

시디신 하늘들이
여러 개의 살구빛으로 영글어올 때 우리는
늦은 밤에라도 한번씩 불을 켜고 나와서 바라다보자
그런 어느날은 한 끼니쯤은 굶어라도 보자)

그리고 또한, 멀리서 어머니가 오시듯 살구꽃은 피었다
흰빛에 분홍 얼룩 혹은
어머니에, 하늘에 우리를 꿰매 감친 굵은 실밥, 자국들

—장석남, 「살구꽃」

영상시로 전환한 경우(네이버 vcast)

정리 및 점검

☑ 지시에 따라 서술하면서 이미지의 특성과 의미를 이해합니다.

1 이미지의 개념과 역할을 설명하시오.

2 영상 이미지와 언어로 표현된 이미지의 차이점에 대해 설명하시오.

3 자신이 인상적으로 기억하고 있는 시구(이미지)를 제시하고 그 이유를 설명하시오.

✅ 지시에 따라 주요 개념을 적용하면서 실천적 능력을 기릅니다.

1 앞서 살펴보았던 교과서 수록시(「향수」와 「풀벌레 소리 가득 차 있었다」)를 이
   미지의 관점에서 어떻게 하면 더 효과적으로 가르칠 수 있겠는지 서술하시오

2 다음은 박재삼 시인의 「울음이 타는 가을 강」이다. '가을 강'의 이미지가 어떻
   게 표현되어 있는지 주목해 보면서, 이 이미지가 시 전체의 의미나 정조에 어
   떻게 기여하고 있는지 말해 보자.

> 마음도 한자리 못 앉아 있는 마음일 때,
> 친구의 서러운 사랑 이야기를
> 가을 햇볕으로나 동무 삼아 따라가면,
> 어느새 등성이에 이르러 눈물나고나.
>
> 제삿날 큰집에 모이는 불빛도 불빛이지만
> 해질녘 울음이 타는 가을 강을 보것네.
>
> 저것 봐, 저것 봐,
> 네보담도 내보담도
> 그 기쁜 첫사랑 산골 물소리가 사라지고
> 그 다음 사랑 끝에 생긴 울음까지 녹아나고,
> 이제는 미칠 일 하나로 바다에 다 와 가는,
> 소리 죽은 가을 강을 처음 보것네.

제 3 장

비유와 상징 교육

비유와 상징은 시를 구성하는 핵심 원리이자 시 이론의 근간을 이루는 지식의 체계이다. 시 교육의 주 내용이 수용과 생산이라는 양대 축으로 이루어진다고 할 때, 이러한 수용과 생산을 매개할 수 있는 핵심적인 내용이 비유, 상징 등의 표현 원리이다. 그럼에도 불구하고 교육 현장에서는 여전히 비유와 상징을 수사법 정도의 단편적 지식으로 다루는 경우가 많다.

이 장에서는 비유와 상징의 원리에 대한 이해를 바탕으로, 그것이 시를 수용하는 과정과 생산하는 과정에 어떻게 하면 실천적인 지식의 체계로 제공될 수 있도록 할 수 있겠는지 함께 고민해 보도록 하자.

1. 현대시 교육에서의 비유

영화 <일 포스티노>에서는 해마다 노벨상 후보로 오르내리는 유명한 시인인 네루다(Pablo Neruda)를 위한 전용 우체부인 '마리오' 이야기가 나온다. 세계 각지에서 네루다에게 날아오는 우편물이 폭주한 덕분이다. 마리오는 매일 아침 만나는 시인과의 대화를 통해 점점 시를 알아가게 되는데, 시 혹은 시 교육에 관심이 있는 사람이라면 꼭 보아야 할 영화라고 할 수 있다. 이 영화의 한 장면에서 두 사람이 나누는 대화를 보자.

영화 <일 포스티노>의 한 장면

"뭐라고요?"

"메타포라고!"

"그게 뭐죠?"

"대충 설명하자면 한 사물을 다른 사물과 비교하면서 말하는 방법이지."

"예를 하나만 들어 주세요."

네루다는 시계를 바라보며 한숨을 짓는다.

"좋아. 하늘이 울고 있다고 말하면 무슨 뜻일까?"

"참 쉽군요. 비가 온다는 거잖아요."

"옳거니. 그게 메타포야."

메타포(metaphor)는 흔히 은유로 번역되지만 가끔 비유를 통칭하는 말로 쓰이기도 한다. 영화에서는 마리오가 이 메타포의 힘으로 흠모하는 여인의 사랑을 얻게 되는 과정을 보여주고 있기도 하다.

1) 비유의 개념

비유는 문학이나 예술에서뿐만 아니라 일상적 대화, 신문이나 방송에서의 다양한 미디어 장르에서도 자주 접할 수 있는, 광범위하게 사용되는 보편적 언어 현상이다. '사공이 많으면 배가 산으로 간다' 등의 속담이나, '콧대가 높다'거나 '발이 넓다' 등의 관용적 표현, 혹은 비유적 표현이라 여겨지지 않는 '생각을 주고받다', '생각이 깊다', '슬픔에 빠지다', '짠돌이' 등의 표현들도 실상 모두 비유적 표현에 해당하는 것이다. 서양에서 나온 한 통계 자료에 의하면 사람들은 자유로운 일상 대화에서 1분에 6회 정도의 비유를 구사하는 것으로 나타났다. 또 다른 한 통계 자료에 의하면 사람들은 일상 대화나 글에서 백 마디 낱말을 쓸 때마다 은유와 환유를 다섯 번 정도씩 구사한다고 한다(김욱동, 1999 : 8).

이러한 비유에 대한 논의는 전통적으로 수사학이나 시학에서 이루어져왔지만 최근에는 인지언어학적 측면에서의 연구도 축적되어 가고 있는 것으로 보인다.[9]

그럼에도 불구하고 국어교육 장면에서 비유에 대한 이해가 '시'라는 통로를 통해 다루어지고 있는 것은 시가 이러한 비유적 표현의 핵심과 정수를 잘 구현하고 있기 때문이다. 시를 통해 비유적 표현에 대한 이해가 축적되면 일상적인 언어 사용에서의 비유의 효과적 이해 및 활용으로 확장될 수 있다는 말이다.

비유와 상징은 시를 시답게 하는 특성, 즉 시의 형상성과 함축성을 뒷받침하는 시적 장치의 근간이 되는 것이다. 다른 담화에 비해 시적 담화에서 가장 두드러지게 나타나는 언어적 특성이 비유와 상징이다. 비유가 많이 쓰인 산문을 두고 일반적으로 '시적'이라고 하는 이유가 여기에 있다. 예컨대 이효석의 「메밀꽃 필 무렵」의 일부 문장들은 소설이라기보다 전형적으로 '시적'이라고 자주 여겨진다.

> 달은 지금 긴 산허리에 걸려 있다. 밤중을 지난 무렵인지 죽은 듯이 고요한 속에서 짐승 같은 달의 숨소리가 손에 잡힐 듯이 들리며, 콩포기와 옥수수 잎새가 한층 달에 푸르게 젖었다. 산허리는 온통 메밀밭이어서 피기 시작한 꽃이 소금을 뿌린 듯이 흐뭇한 달빛에 숨이 막힐 지경이다. 붉은 대궁이 향기같이 애잔하고 나귀들의 걸음도 시원하다.
>
> —이효석, 「메밀꽃 필 무렵」 부분

'짐승 같은 달의 숨소리가 손에 잡힐 듯 들'리는 산허리, '소금을 뿌린 듯'한 메밀밭의 풍경은 비유가 환기하는 선명한 이미지들을 보여준다.

직설적인 표현보다 다른 대상에 빗대어 표현하는 이러한 비유적 표현은 다른 사물과 대상을 비교하는 유사성의 원리에 바탕을 두고 있다. 즉 비유의 근거는 이질적인 두 대상을 비교하는 사고 작용, 즉 유추에 있다. 이는 비유의 어원에서도 드러난다.

비유(metaphor)는 희랍어의 metaphora에서 온 것이다. 희랍어에서 meta는 운동,

---

9) 대표적인 것이 레이코프(G. Lakoff)와 존슨(M. Johnson) 등의 인지언어학자들의 연구 성과들이다(Lakoff & Johnson, 2006 참조).

변화를 나타내는 전치사이고 phora는 운반하다, 이동하다 등을 뜻하는 동사 Pherein의 변화형이다. 말하자면 metaphor는 어원상으로 하나의 대상에서 다른 대상으로 이동하여 변화하는 것을 의미한다. 비유는 두 개의 이질적인 대상을 전제하고 있으며, 특정 대상의 다른 대상으로의 전이를 그 특징으로 한다.

2) 비유적 사고의 특징 : 유사성의 원리

안도현의 다음 시를 먼저 읽어보고, 이러한 비유적 사고의 특징을 고려하여 제목이 무엇일지 유추해 보자.

크다가 말아 오종종한
콩나물 같기도 하고,

연못 위에 동동 혼자 노는
새끼 오리 같기도 하고,

구멍가게 유리문에 튄
흙탕물 같기도 하고,

국립박물관에서 언뜻 본
귀고리 같기도 하고,

동무 찾아 방향을 트는
올챙이 같기도 하고,

허리가 휘어 구부정한
할머니 같기도 하고,

이 시는 제목이 원관념에 해당하며, 시 전체는 원관념과의 유사성에 바탕을 두고 시인이 선택한 비유적 이미지(보조관념)들이다. **원관념***(本意, tenor)은 비유 '되는' 대상이고, **보조관념***(喩意, vehicle)은 비유 '하는' 대상이다. 이때 원관념과 보조관념이 '~같이, ~처럼, ~듯이'의 매개어로 결합되는 것을 직유라 하며, 이러한 매개어 없이 'A는 B다'의 형태로 결합되는 것을 은유라 한다.[10]

이 시는 시 전체가 직유로 이루어져 있다. 콩나물, 새끼 오리, 유리문에 튄 흙탕물, 귀고리, 올챙이, 허리가 휜 할머니 같은 이것은 무엇일까? 그것은 바로 '쉼표'이다. 이 시의 제목이기도 하면서, 실은 시의 각 연 마지막에 콕 하고 찍혀 있어 자신을 숨기지 않고 드러내놓고 있는 것이기도 하다. 쉼표(A)라는 하나의 대상이 콩나물과 새끼 오리 등의 대상들(B)과 결합한 근거는 쉼표의 외형과 유사한 형태를 지니고 있는, 시인의 섬세한 관찰력에 의해 발견된 '유사성'(C)이다.

알쩸 원관념, 보조관념
원관념은 비유된 대상으로, 보조관념은 비유한 대상으로 각각 tenor와 vehicle의 번역어에 해당한다. 이를 각각 source와 target 등 다른 용어로 칭한 경우도 있다. 비유적 이미지에 해당하는 것이 '보조'관념으로 불린다는 점에서 적절한 번역 용어인가 하는 문제 제기도 있다.

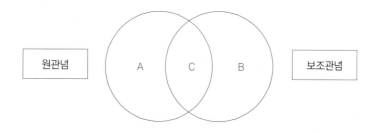

그런데 비유에서의 유사성의 원리가 두 대상 간의 차이에 기반한 유사성에 바탕을 두고 있다는 점을 간과해서는 안 된다. 비유가 이질적인 두 대상 간의 비교, 즉 유추에 기반하여 성립된다고 할 때 이 두 대상 간의 거리가 지나치게 가까우면 뻔한 비유나 죽은 비유(dead metaphor)가 되기 쉽고, 너무 멀면 난해한 수수께끼 같은 것이 되기 십상이다. '쟁반같이 둥근 달'이 전자의 예에 해당할 것이며, "하

---

10) 은유와 직유의 관계 혹은 차이와 관련하여 류수열(2015)와 김창원(2014)를 참조할 수 있다.

느님, 당신은 늙은 비애다. 푸줏간에 걸린 커다란 살점이다."(김춘수, 「나의 하느님」중) 같은 것이 후자의 예에 해당한다.

아리스토텔레스가 은유를 "낯선 어떤 것에 속하는 이름을 사물에 적용시키는 것"이라고 했을 때 '낯선 어떤 것'은 유사성을 통해 발견된 대상의 새로운 속성을 강조하기 위한 것이다. 비유에는 필히 원관념이 가지고 있지 않은 새로운 어떤 사실이 들어 있어야 한다. 여기에 비유의 역할이 있다. 사물에 대한 이해는 미지의 것을 기지의 것으로 설명하는 언어 구조를 통해 얻어진다. 관습적으로 보아오던 대상 A를 새로운 대상 B와 같다고 함으로써 사물에 대한 기존의 인식을 확장하고 쇄신하게 되는 것이다(정재찬, 2004 : 241).

그런데 한편으로는 A와 B 대상 간의 유사성보다 차이성이 더 두드러질 때 의미의 긴장이 발생하면서 새로운 의미가 창조되기도 하지만 독자와의 소통의 측면에서는 난해성이 부각되는 불친절한 시가 되기도 한다는 점에 유의할 필요가 있다. 불친절한 시는 그만큼 난해하다는 의미이므로 중등학습자를 대상으로 하는 현대시 교육에서는 그러한 시 제재를 선정할 때 제재의 위계의 문제를 함께 고려해야 한다.

2. 현대시 교육에서의 상징

일반적으로 시가 어렵다고 생각할 때 그 원인으로 자주 지목되는 것이 시어의 애매성이다. 애매성은 시어 혹은 시구의 의미가 맥락 속에서 확정되지 않아 발생하기도 하지만, 상징처럼 다의성을 지닌 표현 때문에 생기기도 한다. 원관념을 지니고 있는 비유적 표현과는 달리 상징은 원관념을 제시하지 않기 때문이다. 그런데 이는 역으로 생각하면 표현하는 사람 입장에서 표현하고자 하는 바의 원관념에 해당하는 것을 정확하게 표현해낼 다른 적실한 표현이 없기 때문에 상징적 표현을 빌려오는 것이라 할 수 있다. 이미지로 상징화된 표현이 추상적이고 막연한 원관념을 최대한 생생하게 보여줄 수 있기 때문이다.

1) 상징의 개념과 특징

비유가 원관념과 함께 새롭게 비교되는 대상으로서의 보조관념을 내세운다면, 상징은 보조관념만 노출되고 원관념은 아예 숨어버린 은유(Brooks & Warren, 1960 : 556)라고 할 수 있다.

> 우리가 물이 되어 만난다면
> 가문 어느 집에선들 좋아하지 않으랴.
> 우리가 키 큰 나무와 함께 서서
> 우르르 우르르 비오는 소리로 흐른다면.
>
> 흐르고 흘러서 저물녘엔
> 저 혼자 깊어지는 강물에 누워
> 죽은 나무 뿌리를 적시기도 한다면.
> 아아, 아직 처녀(處女)인
> 부끄러운 바다에 닿는다면.
>
> 그러나 지금 우리는
> 불로 만나려 한다.
> 벌써 숯이 된 뼈 하나가
> 세상에 불타는 것들을 쓰다듬고 있나니.
>
> 만 리 밖에서 기다리는 그대여
> 저 불 지난 뒤에
> 흐르는 물로 만나자.
>
> 푸시시 푸시시 불 꺼지는 소리로 말하면서
> 올 때는 인적 그친

넓고 깨끗한 하늘로 오라.

—강은교, 「우리가 물이 되어」

이 시에서 '물'과 '불' 등의 이미지는 사전적 의미 그대로 읽히지 않는다. 동시에 '물'과 '불'의 원관념에 해당하는 것을 이 시에서 찾기 어렵다. 시인이 표현하고자 하는 어떤 관념이나 사상, 정서 등이 '물', '불', '바다', '하늘' 등의 구체적인 이미지들로 전환되어 표현된 것이다. 이와 관련하여 강은교 시인은 다음과 같이 밝힌 바 있다.

> 사실 이 시는 처음에는 나의 관념적 꿈의 단순한 끼어들기였습니다. 그 꿈이 남북의 정치 상황에 관한 꿈꾸기였다고 한다면 믿으시겠습니까. 그랬습니다. 물과 불이 만나는 세계를 나는 꿈꾸었고, 그 물이 세상의 모든 불들을 끌어안는 세계를 나는 꿈꾸었습니다. 그러나 그 꿈꾸기에서는 다행히도 이러한 관념들이 제거되었습니다. 이미지 때문이었지요.

관념적 꿈이 구체적인 형상인 이미지를 얻어 상징적으로 표현된 과정을 설명한 말이다. 그러므로 상징을 잘 이해하기 위해서는 상징적 이미지가 창작되는 과정, 즉 구체적인 실체가 없는, 추상적이고 막연한 관념의 덩어리가 어떤 실체의 옷을 입게 되는가 하는 과정에 주목해 보는 것이 도움이 된다.

상징(symbol)은 현상의 세계가 아닌 비가시적인 세계(정신의 세계) 혹은 관념을, 가시의 세계 혹은 감각이나 물질의 세계로 바꾸어 표현하는 것이다. 원래 '조립한다', '짜 맞춘다'의 뜻을 지닌 그리스어의 동사 symballein에서 유래한 말로, 명사 symbolon은 부호, 증표, 기호라는 뜻을 가지고 있다. 설화에서 어렵잖게 볼 수 있는, 부자간의 징표로 간직하는 쪼개진 조각이나 칼 같은 것이 어원상의 상징의 의미에 해당한다.

그러나 문학적 용법으로서의 상징은 시인 개인이 창조적으로 새로운 의미를 부여한 대상(이미지)이다. 시인이 의도한 바의 관념이나 비가시적인 이념 등을 암시하는, 가시적이고 구체적인 대상이 **상징***이다. 앞서 말했듯 관념이나 비가시적인 이념은 시에서 드러나지 않고 이를 암시하는 구체적인 상징적 이미지만이 시에서 드러난다. 예컨대 '아무리 기다려도 꽃은 피지 않았다.'에서 꽃은 사전적 의미로서의 꽃이라기보다는 '간절한 기다림의 대상'나 '희망이나 밝은 미래' 등의 의미를 내포하게 된다. 이처럼 상징에 있어서 원관념과 보조관념인 상징적 이미지는 동시적이고 일체적이라는 특징을 지닌다. 다음 시를 보자.

알팁 상징

문학에서의 상징은 형이상학적인 것, 보편적인 것을 의미하는 것으로 이해되었으나, 이에 대해서 과도한 초월성과 이상성이라는 측면에서 비판이 이루어지기도 하였다. 틴달(W. Y. Tindall)이나 프롬(E. Fromm)의 경우 상징을 '내적 체험의 표상'이라고 보아 상징이 지시하는 것이 반드시 형이상학적이거나 초월적 실재가 아니라 작품에 따라서는 대상에 대한 복합적인 정서나 태도와 관련된 것일 수 있음을 언급하였다. (Tindall, 1974 : 5; Fromm, 1988 : 174)

> 푸른 하늘에 닿을 듯이
> 세월에 불타고 우뚝 남아서서
> 차라리 봄도 꽃피진 말아라.
>
> 낡은 거미집 휘두르고
> 끝없는 꿈길에 혼자 설레이는
> 마음은 아예 뉘우침이 아니라.
>
> 검은 그림자 쓸쓸하면
> 마침내 호수 속 깊이 거꾸러져
> 차마 바람도 흔들진 못해라.

—이육사, 「교목」

이 시(1연)는 외형상 시적 화자가 교목에게 명령형의 형태로 말을 하는 형식을 취하고 있다. 시적 화자는 시인 자신을 투영한 자전적 화자일 수도 있겠지만, 배역적 화자인 교목 자신이라 볼 수도 있을 것이다. 교목 자신이라면 이 시는 일종의 독백체의 시로서 '교목'이 어떤 존재 혹은 삶의 자세를 표상하고 있다는 점에 주목할 필요가 있다.

이 시에서 푸른 하늘에 닿을 듯이 서 있는 '교목'은 자연 대상으로 존재하지 않고 다른 무언가를 암시한다. 즉 이 시는 나무의 모습을 묘사하고 있는 것이 아니라, 시인의 어떤 관념이나 추상적 이념을 교목이라는 상징적 이미지로 드러낸다. 교목이 비극적 상황 속에서 자신을 불태우면서 죽음으로써 대처하겠다는 준엄한 저항 정신을 드러내고 있는 존재로 표상되는 것이다. 이때 시인이 지향하는 궁극의 삶의 자세 혹은 이념은 교목이라는 대상과 온전히 일체가 된다.

리차즈(I. A. Richards)는 '비평의 10가지 난관' 중 한 가지로 '직서(直敍) → 직유 → 은유 → 상징의 순서로 시는 효과적이며 시의 성공도가 좌우된다고 생각하는 표현기교에 대한 선입관'을 지적(Richards, 1973 : 13-18)하고 있는데 이는 한편으로 상징이 직서나 비유에 비해 보다 고차원적이고 어려운 수사법이라는 견해가 전제되어 있는 것이다. 실제로 상징에 관한 논의를 어렵게 하는 원인 중의 하나는 개별 작품에 나타난 상징적 이미지들이 일관되게 설명하기 어려운 다양한 양상을 보이고 있기 때문이기도 하다.

2) 상징의 유형

대부분의 문학 교과서에서는 상징의 유형까지 다루고 있지는 않지만 작품마다 다양한 양상으로 드러나는 상징의 의미 작용을 이해하기 위해서는 상징의 유형에 관한 논의가 필요하다고 할 수 있다. 문학적 상징의 유형은 상징이 갖는 환기력의 범위에 따라 개인적 상징(personal symbol), 관습적 상징(public symbol) 그리고 원형적 상징(archetypal symbol)으로 나눌 수 있다(Wheelwright, 1983 : 100-113).[11]

관습적 상징은 대중적 상징이라 불리기도 하는 것으로 특정 다수에게 동일한 관념이나 의미를 환기하는 상징이 이에 해당한다. 흔히 비둘기가 평화를 상징한다고 보는 것이 좋은 예이다. 태극기는 대한민국(조국에 대한 애국심, 조국을 위한 헌

---

11) 일반적인 논의에서는 상징을 관습적 상징, 개인적 상징으로 간략하게 분류하기도 한다. 참고로 휠라이트(P. Wheelwright)는 상징을 특정 시의 주도적 이미지, 개인 상징, 조상 전래의 활력 (ancestral vitality) 상징, 문화의미권적 상징, 원형 상징의 다섯으로 나누었다.

신 등)을 환기하는 제도적 상징이며, 십자가는 희생 혹은 속죄의 의미를 지닌 종교적 상징이다. 귀촉도는 비탄, 기다림, 한의 의미로 반복적으로 활용되어온 문학 전통적 상징이다. 이처럼 특정 집단 혹은 문화권 내에서 보편적으로 받아들여지는 의미나 관념을 지니고 있는 구체적인 사물이나 대상은 관습적 상징에 해당한다.

이와 달리 시인이 자신만의 상징적 이미지를 시에서 새롭게 고안하여 쓴 경우가 개인적 상징에 해당한다. 앞서 보았던 이육사의 「교목」이라는 시에서 교목은 교목이라는 구체적인 대상에 이육사 시인이 새롭게 관념을 부여하여 이미지화한 것으로써 개인적 상징에 해당한다. 일반적으로 국화는 지조와 절개의 상징으로 일종의 관습적 상징으로서의 의미를 지니고 있다고 볼 수 있는데, 국화에서 방황 끝에 도달한 성숙의 경지를 본 것(「국화 옆에서」)은 서정주 시인의 개인적 상징이라 할 수 있다.

개인적 상징은 시인이 새롭게 의미화한 이미지로써 다의성을 지니고 있어서 해석이 어려운 경우도 더러 있다. 정현종 시인의 「섬」이라는 시에서 '섬'은 원관념이 드러나 있지 않은 상징적 이미지로써 다양한 의미를 내포하게 된다. 짧은 시여서 문맥적 단서보다 상상을 통해 채워야 하는 범위가 상대적으로 커서 이에 대한 다양한 해석들이 가능하다고 할 수 있을 것이다.

> 사람들 사이에 섬이 있다.
> 그 섬에 가고 싶다.
>
> —정현종, 「섬」

원형적 상징은 역사나 문학, 종교, 풍습 등에서 수없이 되풀이되어 온 이미지로써 문화권에 상관없이 보편적으로 인류 공통에 호소하는 의미나 관념을 지니고 있다. 예컨대 물이나 강, 바다는 현대시에서 많이 발견되는 원형적 이미지로 탄생과 죽음, 정화와 속죄, 무한과 영원, 생의 순환(시간의 흐름) 등을 의미한다. 이러한 원형적 이미지들의 예로 태양(아침 해와 저녁 해), 색채, 배, 바람, 계절 등이 있다.

> 보라 / 강은 흐르고 있다. / 숲과 초원도 헤쳐 가며 흐르고 있다. / 빛 아래서도 그늘 아래서도 흐르고 있다. / 때로는 빠르게 때로는 느리게 / 물결은 물결을 따르면서 / 그 깊은 어디를 향하고 / 변덕 수다한 긴 여로를 가고 있다. / 마치 인간들이 끝없는 잠의 세계를 / 가고 있듯
>
> —다이어, 「그룽가 언덕」

> 마음도 한자리 못 앉아 있는 마음일 때, / 친구의 서러운 사랑 이야기를 / 가을 햇볕으로나 동무삼아 따라가면, / 어느새 등성이에 이르러 눈물 나고나. //
> 제삿날 큰 집에 모이는 불빛도 불빛이지만 / 해질녘 울음이 타는 가을강을 보것네. //
> 저것 봐, 저것 봐, / 네보담도 내보담도 / 그 기쁜 첫사랑 산골 물소리가 사라지고 / 그 다음 사랑 끝에 생긴 울음까지 녹아나고, / 이제는 미칠 일 하나로 바다에 다 와 가는, / 소리 죽은 가을강을 처음 보것네.
>
> —박재삼, 「울음이 타는 가을 강」

다이어의 시에서 강은 '그 깊은 어디'를 향해 흐르고 있다. 이는 시간의 흐름을 암시하는 것으로서 인간이 '끝없는 잠의 세계'로 가고 있는 것과 연관되어 죽음과 맞닿은 세계로 가고 있는 것으로 이해된다. 즉 강은 '끝없는 잠', '망각', '죽음'을 향해 흐르고 이때 강은 되돌아갈 수 없는 과거의 삶이 아닌 미래의 죽음을 상징(이승훈, 2009 : 18)한다고 볼 수 있다.

박재삼의 시에서는 '가을'이라는 계절의 상징적 의미와 동반하여, 앞의 시에서와 마찬가지로 '바다에 다 와 가는' 강물의 상징적 이미지를 보여준다. 즉 최종 목적지인 죽음에 다다르고 있는 삶의 과정을 강물의 흐름이 상징적으로 형상화하고 있다. 서로 다른 문화권에서 창작된 두 작품이지만 강물이라는 원형적 이미지가 인류 보편적인 호소력을 지닐 수 있다는 점을 잘 보여준다.

3. 교수·학습의 실천과 탐색

1) 교육과정을 통해 본 비유와 상징 교육

비유와 상징을 가르칠 수 있는 성취기준은 2015 개정 국어과 교육과정에서는 9학년에서 제시되었다. 성취기준과 이에 대한 해설은 다음과 같다.

> **[9국05-02]** 비유와 상징의 표현 효과를 바탕으로 작품을 수용하고 생산한다.
> • 이 성취기준은 여러 갈래의 작품을 통해 비유와 상징을 이해하고 비유적·상징적 표현의 의미를 주체적으로 해석하며 이를 활용하여 자신의 생각이나 느낌, 경험을 표현하는 능력을 기르기 위해 설정하였다. 문학의 언어는 형상화를 지향한다는 점에서 과학 등 다른 분야의 언어와 구별된다. 비유와 상징이 심상이나 정서, 주제를 드러내는 데 기여하는 바를 중심으로 작품 전체를 감상하고, 비유와 상징의 효과를 살려 생각과 느낌을 표현하는 능력을 기르도록 한다.

그런데 2011 교육과정기에서 비유와 상징 관련 교육 내용은 중학교 1학년(7학년)에서 다루어졌는데, 중1 수준임을 감안해서 상대적으로 쉬운 시를 통해 구현되는 경향을 확인할 수 있다. 고등학교 『문학』 교과서에서는 '문학의 수용과 생산'이라는 내용 범주에서 주로 다루어진다.

우선 비유 교육의 내용부터 확인해 보기로 하자.

> ■ 시 : 기형도, 「엄마걱정」
> ■ 교과서 활동
> 　3. 이 시의 표현 방식을 중심으로 다음 활동을 해 보자.
> 　　(1) 다음 시행(나는 찬밥처럼 방에 담겨)에서 '나'는 '찬밥'에 비유되고

중학교 성취기준 내용이 반영된 중 1 교과서 활동이다. 비유 중에서도 직유가
두드러지는 시 「엄마 걱정」을 활용하여 이질적인 두 대상 사이의 유사성에 주목
해 보도록 하는 활동을 하고 있다. '나'와 '찬밥'의 공통점, '배추잎'과 '엄마의 발
소리'의 공통점이 무엇일지 생각해 보게 하면서 비유적 표현의 효과에 대한 이해
까지 나아가도록 하고 있다.

고등학교 문학 교과서에서는 다소 어려운 시를 활용하고 있는 것을 볼 수
있다.

중학교 내용에 비해 시뿐만 아니라 활동 또한 다소 어렵게 느껴질 수 있을 듯하다. 먼저 정지용 「바다2」의 '푸른 도마뱀떼'를, '바다'를 다룬 같은 시인의 다른 시에서의 '청댓잎' 그리고 '감람 포기'와 비교해보게 함으로써, 각각 바다의 어떤 다양한 모습을 어떻게 다른 이질적 대상으로 포착하였는지 확인할 수 있게 한다. 「맨발」의 경우 시적 대상과 비유한 대상만을 찾도록 하고 있어서 학습자 입장에서 어려울 수 있을 것이다.

다음으로 상징 교육의 내용을 살펴보기로 하자. 비유 교육에서와 마찬가지로 중학교에서 다루어진 내용을 먼저 살펴보기로 한다.

■ 시 : 윤동주, 「서시」

■ 교과서 활동

　1. 이 시에 활용된 상징에 대해 알아보자.

　① 이 시의 시어 '하늘'과 비슷한 의미로 쓰인 '하늘'을 <보기>에서 찾아보고, 그 의미를 말해 보자.

　　　<보기>　㉠ 오늘은 하늘에 구름 한 점 없다.

　　　　　　　㉡ 비행기가 하늘 높이 날아가고 있다.

　　　　　　　㉢ 네 죄는 하늘이 알고 있다.

　　　　　　　㉣ 네가 무사한 것도 다 하늘이 도왔기 때문이다.

　② 다음 시어의 의미를 파악해 보자.

시어	겉으로 나타난 의미	내가 생각한 의미
길	사람이나 동물 또는 자동차 따위가 지나갈 수 있게 땅 위에 낸 일정한 너비의 공간	
밤	해가 저서 어두워진 때부터 다음 날 해가 떠서 밝아지기 전까지의 동안	

　2. 이 시에 활용된 상징의 효과에 대해 알아보자.

　① 다음 대화의 빈칸에 들어갈 말을 생각하면서 '별'의 의미를 파악해 보자.

　② 이와 같이 하나의 시어가 다양한 의미로 해석될 때, 어떤 효과가 있는

위 사례에서는 중학교 1학년 수준에서 상징이 다소 어려울 것으로 판단하여서인지 상대적으로 쉬운 시인 윤동주의 <서시>를 활용하여 학습활동을 꾸몄으며 활동 또한 상당히 상세하게 안내되어 있는 편이라 할 수 있다. 상세하게 안내되어 있는 만큼 시의 내용이 중복적으로 다루어질 가능성이 있다.

고등학교 문학 교과서에 수록된 상징 관련 교육 내용은 다음과 같다.

> (1) 이 시에서 '껍데기'의 상징적 의미를 알 수 있게 해 주는 대립적 시어를 찾아보자. 그리고 이 두 시어의 상징적 의미를 파악해 보자.
>
> (2) 이 시의 3연에서 아사달 아사녀의 '맞절'이 상징하는 의미는 무엇인지 말해 보자.
>
> (3) (1), (2)의 활동을 바탕으로 이 시의 화자가 궁극적으로 말하고자 하는 것은 무엇인지 정리해 보자.
>
> 4. 상징적인 표현을 사용하여 '껍데기는 가라'를 패러디하는 활동을 해 보자.
>
> ─ 권영민 외, 『문학 I』, 지학사, 234-245면.

시 「동천」의 경우에서는 '눈썹'의 원관념을 생각해 보게 하고 있다. 실제 '동지섣달'의 하늘이라면 눈썹은 외형의 유사성을 통해 그믐달을 환기하고 있다고 볼 수 있다. 그러나 눈썹의 원관념을 그믐달로 보는 데서 그치면 이 시는 상징이 두드러지는 시라고 볼 수 없을 것이다. 그믐달을 '님의 고운 눈썹'으로 보았을 때, 하늘을 나는 매조차 비끼어 가는 그 존재 자체가 어떤 의미 혹은 관념을 표상하고 있는가 하는 질문에까지 나아갈 때 상징시로 다룰 수 있을 것이다.

「껍데기는 가라」의 경우 또한 시에서의 핵심적 이미지인 껍데기와 알맹이의 의미를 파악해 보도록 함으로써 그 상징적 의미에 주목하도록 활동을 구성하고 있다.

2) 비유와 상징 교육의 방향 재탐색

비유와 상징은 시의 형상성을 이루는 핵심적인 근간이 되는 시적 장치이다. 비유와 상징을 시 교육 차원에서 다룰 때 주의해야 할 점은 우선 분석과 주해 중심의 설명식 접근이 되어서는 안 된다는 점이다. 비유와 상징을 수사법 차원에서 확인하고, 원관념과 보조관념을 찾는 정도에서 머무는 것은 보아야 할 달은 보지 못하고 달을 가리키는 손가락만 보는 형국이다. 비유 혹은 상징을 통해 시의 정서와 분위기, 주제 의식이 어떻게 구체적으로 구현되고 심화되었는지 이해하고 또 비유와 상징을 통해 가능해진 시의 울림의 깊이에 동참할 수 있어야 할 것이다.

또한 비유 혹은 상징이 시인들만의 수사가 아닌 자신의 삶의 체험을 표현하는 과정에서 일상적으로 활용될 수 있다는 점을 주지시킬 필요가 있다. 다음의 두 그림은 비유가 어떻게 일상적인 삶의 국면들에 대한 개인의 인식과 정서를 효과적으로 표현 가능하게 할 수 있는지 그 가능성을 잘 보여 준다(정정순, 2009).

비유적 발상을 돕기 위한 활동으로 그림을 활용한 초등학교 4학년 수업에서 학생들은 '잔소리'라는 대상(원관념)을 그림으로 표현해내는 과정을 통해 비유적 발상의 역할과 그 중요성을 이론적 설명 없이 충분히 이해할 수 있었다. 잔소리가 표현 주체를 한없이 왜소하게 만드는 거대한 입술 모양의 괴물처럼 표현된 비유적 이미지와 자신을 꼼짝없이 옭아매는 거대한 거미줄로 표현된 비유적 이미지는 잔소리라는 원관념에 대한 표현 주체들의 인식과 정서를 아주 효과적으로 드러내고 있는 것이다.

시의 특정 부분에서 밑줄치고 확인하는 수사법이 아닌, 시 전체의 의미와 정서에 유기적으로 긴밀하게 관여하는 시의 근간으로서 비유와 상징이 다루어져야 할 것이며, 학생들의 삶의 맥락 속에서 주체적으로 활용되는 방식으로 표현 활동에서 다루어져야 할 것이다.

✔ 지시에 따라 서술하면서 비유와 상징의 특성과 의미를 이해합니다.

1 비유의 원리를 설명하시오.

2 비유와 상징의 차이를 설명하시오.

✔ 지시에 따라 주요 개념을 적용하면서 실천적 능력을 기릅니다.

1 다음은 모두 '눈'을 빗댄 표현들이다. 각각의 표현들이 '눈'에 대한 어떠한 심리적 태도를 지니고 있는지 또한 표현 효과는 어떠한지 생각해 보고, '눈'에 대한 비유적 표현들을 더 찾아보시오.

① 반가운 그 옛날의 것
② 주먹을 부르쥐고 온몸을 떨며 오는 거
③ 그리운 소식, 머언 곳에 여인의 옷 벗는 소리
④ 눈이 똥같이 내린다.
⑤ 지붕이랑 / 길이랑 밭이랑 / 추위한다고 / 덮어주는 이불

⑥ 악마의 비듬
⑦ 옅은 화장
⑧ 하느님께서
　 진지를 잡수시다가
　 손이 시린지
　 덜
　 덜
　 덜
　 덜
　 자꾸만 밥알을 흘리십니다.

2　고등학교 문학 교과서에 수록된 황지우의 「겨울－나무로부터 봄－나무에로」
에 대한 교과서 활동이 이 시의 상징을 가르치기에 적절한지 생각해 보고 다
른 활동도 제안하여 보시오.

나무는 자기 몸으로
나무이다
자기 온몸으로 나무는 나무가 된다
자기 온몸으로 헐벗고 영하 13도
영하 20도 지상에
온몸을 뿌리박고 대가리 쳐들고
무방비의 나목(裸木)으로 서서
두 손 올리고 벌받는 자세로 서서
아 벌받은 몸으로, 벌받는 목숨으로 기립하여, 그러나
이게 아닌데 이게 아닌데
온 혼(魂)으로 애타면서 속으로 몸속으로 불타면서
버티면서 거부하면서 영하에서
영상으로 영상 5도 영상 13도 지상으로
밀고 간다, 막 밀고 올라간다
온몸이 으스러지도록

으스러지도록 부르터지면서
터지면서 자기의 뜨거운 혀로 싹을 내밀고
천천히, 서서히, 문득, 푸른 잎이 되고
푸르른 사월 하늘 들이받으면서
나무는 자기의 온몸으로 나무가 된다
아아, 마침내, 끝끝내
꽃 피는 나무는 자기 몸으로
꽃 피는 나무이다

문학 교과서 수록 활동

'겨울─나무로부터 봄─나무에로'의 주제와 시대적 배경을 고려하여 다음 활동을 해 보자.

(1) 이 시에서 '겨울─나무'가 '봄─나무'가 될 수 있었던 힘의 원천을 찾아 말해 보자.

(2) 다음을 참고하여 이 시에서 형상화하고 있는 '겨울'과 '봄', '나무'가 각각 상징하는 의미를 생각해 보자.

> '겨울─나무로부터 봄─나무에로'는 '나무'를 의인화하여 자기 존재의 정체성은 외부로부터 주어지는 것이 아니라 내부에서 만들어 내는 것이라는 주제를 형상화하고 있다. 이 시가 발표된 시대의 군사 독재적 상황과 관련하였을 때 이 시는 더욱 강렬한 상징성을 갖는다.

(3) 자신이 겪었거나 보고 들은 일 가운데, 이 시에서처럼 '겨울─나무'가 '봄─나무'가 된 것과 같은 사례가 있다면 친구들과 함께 이야기해 보자.

—권영민 외, 『문학』, 지학사, 272면.

〈제안하는 활동〉

제4장

시적 화자와 어조 교육

시적 화자는 시 안에서의 말하는 이다. 일반적으로 시적 화자를 시인과 동일한 인물로 생각하는 경우가 많지만 효과적인 시상의 전개를 위해 시인이 개성적으로 창조하는 경우도 많다.

표현하는 주체의 경험적이고 독백적인 목소리가 아닌, 누군가를 가장하여 말하는 방식은 시 이외의 텍스트에서도 활용된다. '아빠, 조심 운전하세요.' 같은 일상적으로 접할 수 있는 문구에도 시적 화자의 원리가 숨어 있다. 독자(청자)를 호명하는 방식에 따라 표현 효과가 달라질 수 있기 때문이다.

누구의 목소리로, 어떤 목소리로 말하는 것이 효과적일까 하는 판단은 시적 화자 및 어조의 선택과 관련되어 있다. 이 장에서는 시에서 시적 화자와 어조의 중요성에 대해서 공부해 보기로 하자.

1. 시의 소통 체계와 시적 화자에 따른 시의 유형

시란 무엇인가에 대해서는 여러 정의가 있어 왔다. 엘리어트(T. S. Eliot)가 시의 정의의 역사는 오류의 역사라고 단정할 만큼 상호모순적이거나 다양한 시관이 존재해 왔다. 시인인 발레리(Paul Valery)는 시는 무용이고 산문은 도보라고 보았으며, 아놀드(M. Arnold)는 시를 인생의 비평이라 정의하였다. 시의 본질을 운율로 보거나 혹은 삶에 대한 성찰로 본 관점이다.

이와 달리 시적 화자라는 개념을 설정한다는 것은 시를 '발화'로 본다는 것을 전제한다. 시 안에서 '화자' 즉 말하는 누군가를 찾고 어떻게 말하는지, 왜 그렇게 말하는지 등과 관련된 질문들을 한다는 것은 누군가 듣는 사람이 있다는 것을 전제할 때 가능한 것이다. 이때 시란 시행을 통해 하는 발화인 것이고, 담화인 것이다.

일반적으로 우리는 시를 읽을 때 시 속에서의 말하는 이를 시인과 동일시한다. 사랑의 아픔을 노래한 시를 읽으면서는 마치 시인의 고백을 듣는 것 같은 느낌을 갖거나 삶의 한 단면을 포착한 시를 볼 때는 시인의 체험이 시의 내용으로 반영된 것으로 읽는다. 하지만 시적 화자라는 개념을 설정한다는 것은 시인과는 다른 시 안에서의 말하는 이를 별도로 살핀다는 것으로, 시인과 시적 화자를 자연스럽게 분리하여 사고하는 것을 가능하게 한다.

> 바람이 불면 간지러워하는 들판을 봐
> 흔들거려도 내 풀잎은 느껴지지 않아
> 흙 땅과 맞닿은 맨살에 부끄러워하는
> 저 풀들과 다르게 난 생기가 돌지 않아
>
> 그들은 좋아 보여
> All things they have are looking good
> 시들어가는 모습도 아름다운 이유는
> You know what?
>
> 나도 숨 쉬고 싶어
> 비를 삼키고 뿌리를 내고 싶어
> 정말 잔디처럼
> 정말 잔디처럼

악동뮤지션의 노래 <인공잔디> 가사의 일부이다. 한 편의 시라고도 볼 수 있을 이 가사에서 눈여겨보아야 하는 것은 발화하고 있는 화자가 인공잔디라는 점이다. 시들 중에서도 제목을 보아야만 구체적 내용을 이해할 수 있는 경우가 있는데 이 가사도 마찬가지이다. '흔들거려도 내 풀잎은 느껴지지 않'고 다른 '풀들과 다르게 난 생기가 돌지 않'는다고 말하고 있는 주체는 '인공' 잔디이다. 화자를 이렇게 설정함으로써 말하고자 하는 바를 효과적으로 전달할 수 있다는 점을 쉽게 간과할 수 있다.

1) 시적 화자의 개념과 시의 소통 체계

시적 화자란 시에서 말하는 이를 가리킨다. 시적 화자는 시인이 자신의 생각이나 의도, 느낌을 효과적으로 드러내기 위하여 일정한 성격, 태도, 목소리를 부여하는 시적 장치이다. 시인이 시라는 텍스트 내에서 발화하는 화자에게 특정한 성격이나 목소리를 부여하는 것은 특정 페르소나(persona)를 입히는 것이라 할 수 있다. 페르소나는 배우의 가면을 의미하는 페르소난도(personando)에서 유래한 연극 용어로 원래 가면의 입(mouthpiece)을 가리켰으나 점차 뚜렷한 개성을 가진 인물을 가리키는 의미로 변하였다.

시에서 시적 화자는 시인과 다른 특정한 개성을 지닌 인물로써 발화하는 경우가 많으며, 시인이 표현고자 하는 사상과 정서를 효과적으로 드러내는 데 기여하게 된다. 즉, 시적 화자는 시의 전체적인 분위기와 어조를 형성하고, 주제를 효과적으로 전달한다.

시의 내용에 따라서 시적 화자를 시인과 동일시할 수 있는 경우도 있지만, 대개의 시적 화자는 시라는 담화 내에서 상상적으로 양식화된 가상적인 인물로 보아야 한다. 시인은 시를 쓸 때마다 시상을 가장 효과적으로 표현할 수 있는 시적 화자를 선택하는 것이다. 따라서 시를 잘 이해하기 위해서는 시 속에 나타난 시적 화자의 특성을 이해하며 작품을 감상하는 것이 중요하다.

시적 화자를 전제할 때 시적 청자의 개념 또한 생각해 볼 수 있는데 김소월의 「엄마야 누나야」 같은 작품이 대표적인 예이다. 김소월의 이 시를 바탕으로 시의 소통 체계를 살펴보자.

엄마야 누나야 강변 살자,

뜰에는 반짝이는 금 모래빛,
뒷문 밖에는 갈잎의 노래
엄마야 누나야 강변 살자.

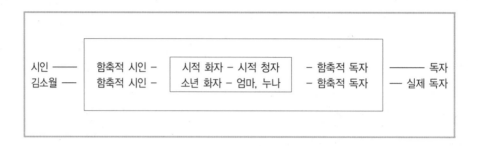

이 시는 청자가 시의 소통 구조 안에서 명료하게 드러나는데, 독자는 이 시를 읽으면서 '엄마야 누나야'라고 부르고 있는 화자를 김소월 시인과 동일시하지는 않을 것이다. 성인인 시인이 '엄마야 누나야'라고 부르는 일은 잘 없기 때문이다. 소년 화자가 발화하고 있는 대상, 즉 청자는 '엄마'와 '누나'이다. 시적 화자는 '엄마'와 '누나'에게 강변에서 살자고 말하고 있다. 그곳은 시적 화자가 처한 현실과는 대조적인 곳 혹은 시적 화자가 상실한 곳으로 가정해 볼 수 있으며, 흔히 이상향으로 해석되기도 한다. 이러한 이상적 공간에서 같이 살자고 구체적으로 '엄마'와 '누나'를 호명하고 있는 것이다.

정지용의 「말」, 신석정의 「그 먼 나라를 알으십니까」 등도 시의 구조 내에 시적 청자가 각각 '말'과 '어머니'로 명시적으로 드러나는 작품이며, 교훈을 담고 있는 시조 작품들 중에서도 이러한 청자 지향적 어조를 지니고 있는 작품들이 많이 있다. 정호승의 「수선화에게」라는 시는, 제목을 통해 청자가 수선화라는 것을 알 수 있지만 실제 다수의 독자는 시적 화자가 독자인 자기 자신에게 발화하는 내용으로 받아들이기도 한다.

울지 마라.
외로우니까 사람이다.

살아간다는 것은 외로움을 견디는 일이다.
공연히 오지 않는 전화를 기다리지 마라.
눈이 오면 눈길을 걸어가고
비가 오면 빗길을 걸어가라.
갈대 숲에서 가슴검은도요새도 너를 보고 있다.
가끔은 하느님도 외로워서 눈물을 흘리신다.
새들이 나뭇가지에 앉아 있는 것도 외로움 때문이고
네가 물가에 앉아 있는 것도 외로움 때문이다.
산 그림자도 외로워서 하루에 한 번씩 마을로 내려온다.
종소리도 외로워서 울려 퍼진다.

— 정호승, 「수선화에게」

울지 말라고 하고, 오지 않는 전화를 기다리지 말라고 하는 시적 화자의 명령은 '물가에 앉아 있는' 수선화를 향한 것이지만, 외로움을 경험해 본 독자들에 대한 직접적인 위로의 전언이기도 한 것이다. 시적 화자와 시적 청자 간의 소통 구조를 파악하는 것이 시에 대한 기본적인 이해의 출발점이 된다는 점을 주지할 필요가 있다.

2) 시적 화자에 따른 시의 유형

대부분의 다른 많은 시에서는 시적 청자가 잘 드러나지 않는다. 시적 화자의 체험을 중심으로 독백하듯이 시상이 전개되는 경우가 대부분인 것이다. 시적 화자 지향의 어조를 지니고 있는 시들은 시적 화자의 성격에 따라 체험시와 배역시로 나누는 것이 가능하다.

체험시는 1인칭 화자 '나'가 어떤 체험을 겪으면서 그것을 자신의 목소리로 말하는 형태의 시로 대부분의 서정시가 이에 속한다고 볼 수 있다.

동기로 세 몸 되어 한 몸같이 지내다가

두 아운 어디 가서 돌아올 줄 모르는고
날마다 석양 문 외에 한숨겨워 하노라.

— 박인로

시적 화자는 한 몸 같이 지내다가 먼저 유명을 달리한 두 아우에 대한 그리움
이라는 개인적 체험을 표현하고 있다. 대부분의 시조는 시적 화자를 시인과 동일
시하는 경우가 많은데, 이 시조에서도 박인로의 개인적 체험이 시의 내용으로 발
화되고 있는 셈이다.

현대시 중에서는 다음 시가 이러한 서정적 독백으로서의 체험시의 성격을 잘
보여주는 작품들 중의 하나에 해당한다.

마음도 한 자리 못 앉아 있는 마음일 때,
친구의 서러운 사랑이야기를
가을 햇볕으로나 동무삼아 따라가면,
어느 새 등성이에 이르러 눈물나고나.

제삿날 큰집에 모이는 불빛도 불빛이지만
해질녘 울음이 타는 가을 강(江)을 보겠네.

저것 봐, 저것 봐,
네보담도 내보담도
그 기쁜 첫사랑 산골 물 소리가 사라지고
그 다음 사랑 끝에 생긴 울음까지 녹아나고,
이제는 미칠 일 하나로 바다에 다 와 가는,
소리 죽은 가을 강을 처음 보겠네.

— 박재삼, 「울음이 타는 가을 강」

시적 화자는 가을에 강물이 내려다보이는 산등성이를 오르면서 인간의 삶의 여정
을 돌아보고 있다. '첫사랑'의 기쁨과 '다음 사랑'의 울음까지 겪은 후 삶의 종착점

이라 할 '바다'에 다 와가는 삶의 유한성에 대한 정한을 애상적으로 드러내고 있다.

이와 달리 시에서의 발화가 특정한 인물 혹은 사물의 입을 빌려서 이루어지는 시가 배역시이다. 앞서 보았던 대중가요 <인공잔디>의 가사도 '인공잔디'라는 사물의 입을 빌려서 말하고 있으므로 시로 본다면 배역시에 해당한다. 최남선 시인의 「해(海)에게서 소년에게」에서 시적 화자는 '해'로써 배역시의 좋은 예이다.

제목을 보기 전에 이 시를 읽어보고 시적 화자가 누구(무엇)일지 생각해 보자.

오십 리 길 짐차에 실려왔어유
멀미도 가시기 전에
낯선 거리 쏴댕기면서
지 몸 살 사람 찾고 있지유
목마름은 이냥저냥 견딜 수 있슈
헌디, 볼기짝 쥐어뜯으며
살결이 거칠다느니
단맛이 무르다느니 허진 말어유
지 몸이 그냥 지 몸인가유
이만한 몸띵이 하나 살리기 위해서도
하느님 손 농부 손 고루 탔어유
그러니께 지폐 한 장으루다
우리 식구 사돈에 팔촌까지 두루 사가시는 선상님들
몸값이나 후하게 쳐주셔야겠슈

시적 화자는 구수한 충청도 사투리를 구사하고 있다. 그러나 '하느님 손 농부 손'을 두루 탔다고 하는 것으로 보아 농작물 중의 하나가 발화하고 있는 것이라고 추측할 수 있다. '단맛'을 지닌, '지폐 한 장으로' '식구'들이 두루 팔려가는 정황으로 볼 때 과일 정도라 생각할 수 있을 것이다. 이 시는 이재무 시인의 「딸기」이다. 즉 '딸기'가 발화하고 있는 배역시이다. 이러한 배역시들을 통해 사물에 대한 관심을 촉발하고 사물의 시선에서 세상을 바라보게 하면서 시를 창작해 보게 하는 활동을 해 보는 것도 의미 있을 것이다.

이외 일부 시들은 1인칭 화자의 체험을 말하는 형태도 아니고, 특정 인물이나 사물의 입을 빌어 말하는 형태도 아닌, 거리두기를 통한 관찰의 어조로 발화하고 있기도 하다.

> 해와 하늘빛이
> 문둥이는 서러워
> 보리밭에 달 뜨면
> 애기 하나 먹고
> 꽃처럼 붉은 울음을 밤새 울었다.
>
> ─서정주, 「문둥이」

이 시에서의 시적 대상은 문둥이이다. 하지만 문둥이는 주체로써 발화하지 않고 대상으로서만 존재한다. 시적 화자가 별도로 존재하는 것이다. 하지만 시적 화자는 대상과 거리를 둔 채 모습을 드러내지 않고 있다. 이러한 거리 두기는 객관적인 어조를 형성하면서 대상에 대한 정서적 연루의 정도를 독자 스스로 결정하도록 한다.

시적 화자가 존재함에도 불구하고, 시 속에 등장하는 인물이 시 속에서 발화하는 경우 또한 구별할 필요가 있다.

> 만돌이가 학교에서 돌아오다가
> 전봇대 있는 데서
> 돌재기 다섯 개를 주웠습니다.
>
> 전봇대를 겨누고
> 돌 첫 개를 뿌렸습니다.
> ─ 딱 ─
> 두 개째 뿌렸습니다.
> ─ 아뿔싸 ─
> 세 개째 뿌렸습니다.

— 딱 —
네 개째 뿌렸습니다.
— 아뿔싸 —

다섯 개째 뿌렸습니다.
— 딱 —
다섯 개에 세 개……
그만하면 되었다.
내일 시험.
다섯 문제에. 세 문제만 하면—
손꼽아 구구를 하여봐도
허양 육십 점이다.
볼 거 있나 공 차러 가자.

그 이튿날 만돌이는
꼼짝 못 하고 선생님한테
흰 종이를 바쳤을까요
그렇잖으면 정말
육십 점을 맞았을까요

—윤동주, 「만돌이」

이 시에서 3연은 시적 화자가 아닌 만돌이가 발화하는 부분을 포함하고 있다.
일반적으로 시가 하나의 목소리로 통일된 정조를 만들어내는 데 반해, 시에서 시
적 화자 이외의 인물의 육성이 직접적으로 들어오는 경우 구어체 담화 형태로 들
어오면서 일종의 다성성에 기여하게 된다. 다음 시를 보자.

돌담 기대 친구 손 붙들고
토한 뒤 눈물 닦고 코풀고 나서
우러른 잿빛 하늘
무화과 한 그루가 그마저 가려섰다.

이봐
내겐 꽃시절이 없었어
꽃 없이 바로 열매 맺는 게
그게 무화과 아닌가.
어떤가.
친구는 손 뽑아 등 다스려 주며
이것봐
열매 속에서 속꽃 피는 게
그게 무화가 아닌가.
어떤가.

일어나 둘이서 검은 개굴창가 따라
비틀거리며 걷는다.
검은 도둑괭이 하나가 날쌔게
개굴창을 가로지른다.

—김지하, 「무화과」

　이 시의 2연에서는 두 명의 서로 다른 화자가 존재한다. 화려한 청춘에 해당할 '꽃시절이 없었다'고 자신의 삶에 대한 회한에 젖어 있는 화자와, 이를 '속꽃'의 피움으로 위로하는 화자(친구)가 그들이다. '친구는 손 뽑아 등 다스려주며'라는 행이 이 둘 사이의 대화의 경계를 명확히 하고 있다.

2. 시적 화자의 어조

1) 어조의 개념

알짬 시의 요소
리차즈는 시의 총체적 의미를 형성하는 요소로 어조, 의미, 정서, 의도를 꼽았다.

　어조는 시적 화자의 목소리 톤(tone)이다. '사랑해'라는 동일한 표현이라 하더라도 어떠한 목소리로 표현되느냐에 따라 그 의미는 천차만별로 달라질 수 있다. 조용하게 상대방을 응시하면서 웃으며 말할 때의 어조와 상대방의 다그침에 못 이겨 간신히 뱉어낼 때의 어조가 같을 수 없으며 그 어조에 따라서 전달되는 의미 또한 완전히 달라지게 된다.

앞서 언급했듯 시에서 시적 화자를 염두에 두고 시를 이해한다는 것은 시를 소통 상황에서의 일종의 의도를 지닌 발화로 본다는 것을 의미한다. 시적 화자는 자신의 의도를 효과적으로 전달하기 위하여 특정한 어조를 선택하게 된다.

어조(Tone)는 태도(Attitude)와 밀접한 관련이 있다고 볼 수 있는데 브룩스(C. Brooks)와 워렌(R. P. Warren)은 이를 다음과 같이 설명하고 있다.

> 어조란 제재에 대한, 그리고 청자에 대한 화자의 태도를 가리키며, 때로는 화자 자신에 대한 태도를 말한다(Brooks & Warren, 1976 : 112).

콜웰(C. C. Colwell)은 어조(tone)를 시를 통해 전달되는 기분으로 보았으며 이것이 시 구조의 기초가 된다고 보았다. 즉 시인은 어조를 염두에 두고 시어를 선택하고 운율과 비유, 이미지의 패턴 등 구조적인 면을 결정하게 된다고 본 것이다. 현대시 교육에서 '시의 정서와 분위기'를 파악하는 것이 시를 이해하는 핵심 활동으로 제시되는 것을 볼 수 있는데 이러한 정서와 분위기가 사실 시적 화자의 어조를 파악하는 것과 밀접하게 연관된 것이라는 점을 알 수 있다.

시에서의 어조가 시적 화자, 시적 대상, 시적 청자에 대한 태도를 가리킨다고 할 때 이를 각각 화자 지향적 어조, 대상 지향적 어조, 청자 지향적 어조로 나누어 살펴볼 수 있다.

2) 어조에 따른 시의 양상

많은 독백적 서정시는 화자 지향적 어조를 지니고 있다. 언어의 표현적 기능이 우세한 경우이다. 시적 화자 자신의 정서적 표출이 시의 내용의 주가 된다. 김소월의 「초혼」은 이러한 정서 표출이 우세한 화자 지향적 어조를 지닌 대표적인 시라고 할 수 있다. 특히 시적 화자의 정서적 상황이 절제되지 않고 격정적 어조로 표출되고 있다.

> 산산이 부서진 이름이어!
> 허공중(虛空中)에 헤어진 이름이어!
> 불너도 주인(主人)업는 이름이어!
> 부르다가 내가 죽을 이름이어!
>
> 심중(心中)에 남아 있는 말 한 마듸는
> 끗끗내 마자하지 못하엿구나
> 사랑하든 그 사람이어!
> 사랑하든 그 사람이어!
>
> ―김소월, 「초혼」 부분

청자 지향적 어조는 시의 소통 체계 내에 시적 청자가 있는 경우에 드러난다. 2인칭인 너, 당신 등이 드러나는 경우가 많으며 절대자 등이 청자로 설정되는 경우도 있다. 이들 시에서의 어조는 요청이나 권유, 애원과 명령 등의 양상으로 드러난다.

> (ㄱ)
> 기침을 하자.
> 젊은 시인이여 기침을 하자.
>
> ―김수영, 「눈」 부분

> (ㄴ)
> 가을 연기 자욱한 저녁 들판으로
> 상행 열차를 타고 평택을 지나갈 때
> 흔들리는 차창에서 너는
> 문득 낯선 얼굴을 발견할지도 모른다.

그것이 너의 모습이라고 생각지 말아 다오.

—김광규, 「상행」 부분

(ㄷ)
어머니, 당신은 그 먼 나라를 알으십니까?
(중략)
그 나라에 가실 때에는 부디 잊지 마셔요.
나와 같이 그 나라에 가서 비둘기를 키웁시다.

—신석정, 「그 먼 나라를 알으십니까」 부분

(ㄹ)
가을에는
기도하게 하소서……
낙엽들이 지는 때를 기다려 내게 주신
겸허한 모국어로 나를 채우소서.

—김현승, 「가을의 기도」 부분

시적 화자는 청자에게 권유를 하거나(ㄱ, ㄷ), 질문하고(ㄷ), 명령하며(ㄴ), 간청(ㄹ)하고 있다. 서간체 형식의 시, 송가, 카프시 등 많은 목적시가 청자 지향적 어조를 지니고 있기도 하다.

대상 지향적 어조는 언어의 지시적 기능이 상대적으로 우세한 경우라 할 수 있다. 사물시, 묘사시, 서사시(이야기시), 리얼리즘시 등이 대체로 이에 해당한다. 시적 화자가 표현하고 하는 대상에 대해 취하고 있는 특정 태도가 어조를 결정하게 된다.

(ㄱ)
山뽕잎에 빗방울이 친다
멧비둘기가 닐다
나무등걸에서 자벌기가 고개를 들었다 멧비둘기켠을 본다

—백석, 「산비」

(ㄴ)

차디찬 아침인데

妙香山行 乘合自動車는 텅하니 비어서

나이 어린 계집아이 하나가 오른다

옛말속같이 진진초록 새 저고리를 입고

손잔등이 밭고랑처럼 몹시도 터졌다

계집아이는 慈城으로 간다고 하는데

慈城은 예서 三百五十里 妙香山 百五十里

妙香山 어디메서 삼촌이 산다고 한다

—백석, 「팔원」 부분

(ㄱ)은 산에서 비가 내리는 풍경을 묘사하고 있는 시이며, (ㄴ)은 여행 중 목격한 신산한 삶의 소녀에 대해 이야기하고 있는 시이다. 둘 다 대상 지향적 어조를 지니고 있으며, 대상에 대한 거리두기를 통해 어느 정도 객관적 어조를 유지하고 있음이 확인된다.

3. 교수·학습의 실천과 탐색

1) 교육과정을 통해 본 시적 화자와 어조 교육

문학교육에서 시적 화자는 항상 소설의 서술자와 함께 다루어져 왔다. 2007 교육과정에서는 "문학 작품의 세계가 누구의 눈을 통해 전달되는지를 파악한다."라는 성취기준으로, 2011 교육과정에서는 "작품의 세계가 누구의 눈을 통해 전달되는지 파악하며 작품을 수용한다."라는 성취기준으로 제시되었다. 2015 개정 교육과정에서는 "[9국05-04] 작품에서 보는 이나 말하는 이의 관점에 주목하여 작품을 수용한다."로 조금 변형된 것을 확인할 수 있다. 각 성취기준에 대한 해설 중 시적 화자에 해당하는 부분만을 제시하면 다음과 같다.

2007 교육과정 성취기준 해설

이 성취 기준은 작품이 누구의 눈을 통하여 전달되는지를 파악하고, 문학적 의사 소통이 특정한 시각을 통해서 전달된다는 사실을 고려하면서 생산과 수용이 이루어짐을 이해하도록 하기 위하여 설정하였다. 시나 소설에서 작품이 누구의 눈을 통하여 전달되고 있는지를 파악하고, 작가가 시적 화자나 소설의 서술자의 특성을 이해하고 이를 통해서 작품의 내용을 이해하는 데 고려되어야 함을 파악하도록 하는 데 중점을 둔다.

시에서는 시인 자신이 화자가 되는 경우도 있지만, 흔히 시인은 화자에게 일정한 성격을 부여하고, 알맞은 표정과 태도를 취하게 함으로써 시인의 의도를 효과적으로 드러낸다.

2011 교육과정 성취기준 해설

시나 소설에서 작품 안에 형상화된 세계가 누구의 눈을 통하여 독자에게 전달되고 있는지를 파악해야 작품을 제대로 읽어 낼 수 있다. 화자나 시점의 개념을 활용하여 작품의 구조적 특징을 이해하고 작품을 깊이 있게 수용하도록 한다. 특히 작가와 화자의 관계를 파악하고 화자나 시점의 변화에 따라 작품의 분위기와 내용이 어떻게 변화하는가를 중심으로 작품을 수용할 수 있도록 한다.

2015 교육과정 성취기준 해설

이 성취기준은 작품 안에 형상화된 세계가 어떠한 관점으로 전달되고 있는지를 파악하며 작품을 깊이 있게 수용하는 능력을 기르기 위해 설정하였다. 동일한 대상이라고 하더라도 보거나 말하는 사람의 관점에 따라 작품 속의 세계는 다르게 형상화된다. 작품에서 보는 이나 말하는 이의 관점이 두드러지게 나타난 표현을 중심으로 작품의 분위기와 주제가 어떻게 드러나고 있는지를 이해하도록 한다.

2011 교육과정 성취기준에 따른 중학교(2학년)에서의 시적 화자 관련 시 교육 내용은 다음과 같다. 시적 화자와 관련되지 않은 활동은 제외하였다.

■ 시 : 한용운, 「나룻배와 행인」

■ 교과서 활동

[이해와 확인]

1. '나룻배와 행인'을 읽고 다음을 알아보자.

　－화자는 어떤 어조로 말하는가?

　－행인이 나룻배를 대하는 태도는 어떠한가?

　－나룻배는 왜 행인을 기다릴까?

　－나룻배가 행인을 대하는 태도는 어떠한가?

　－나룻배의 모습은 어떠한가?(낡고 초라하다.)

3. 다음은 '나룻배와 행인'을 읽은 학생들의 대화 내용이다. 이 대화를 통해 시의 화자에 대한 '나'의 생각을 정리해 보자.

　－예림아, 넌 이 시의 화자가 누구라고 생각하니?

　－시인 자신이 아닐까? 왜냐하면 시의 화자가 '나는'이라고 말했으니까.

　－나는 시인이 아니라 시인이 내세운 다른 이라고 생각해. 자세히 읽어보면 사람이 아닌 '나룻배'가 말하고 있어.

　－그럼 사람이 아닌 '나룻배'도 시의 화자가 될 수 있다는 거네?

[생각과 발견]

1. '엄마야 누나야'를 읽고 '나룻배와 행인'의 화자와 비교해 보자.

2. 이 시에서 글쓴이가 '나룻배'를 화자로 정한 까닭을 생각해 보자.

4. 다음 시는 '나룻배와 행인'의 화자를 바꾸어 쓴 예이다. 화자를 바꾸었을 때 시가 어떻게 달라졌는지 비교해 보자.

　　　　　　　　　　　　　　　　　　　－남미영 외, 『중학국어③』, 교학사, 18-22면.

　　한용운의 「나룻배와 행인」은 시적 화자와 관련된 시 교육 제재로선 단골 작품에 해당한다. 누가 발화하는가 하는 것이 시의 표현 효과 및 주제 의식과 밀접하게 연관되어 있음을 잘 보여주는 작품이기 때문이다. 그런데 이 시의 시적 화자와 관련하여서는 시적 화자를 '나룻배'로 보는 시각도 있지만(이 경우 이 시는 배역시가 된다), '자신을 나룻배라고 생각하는 사람'으로 보는 시각도 있다.[12] 시적 화자의 설정을 통한 표현 효과(어조나 분위기 및 주제와의 연계)를 이해하게 하기 위한 활동으로는 <생각과 발견> 4번 활동처럼 시적 화자를 바꾸어 써 보는 활동을 많이 활용한다.

다른 내용에 초점을 맞추고 있는 교과서 활동을 보자.

■ 시 : 나희덕, 「귀뚜라미」
■ 교과서 활동

[적용 활동]
1. 시 「귀뚜라미」를 읽고, 다음 활동을 해 보자.
(1) 이 시 속의 '나'는 누구일지, 그리고 어떤 상황에 처해 있는지 말해 보자.
(3) 다음 감상을 읽고, 시인이 시적 화자로 귀뚜라미를 선택한 의도와 그 효과를 말해 보자.

> 이 시의 귀뚜라미는 지금 지하도 콘크리트 벽 좁은 틈에 갇혀 있고 발길에 눌려 지내지만, "그러나 나 여기 살아 있다."라고 이야기하면서 자신의 울음이 누구의 마음 하나 울릴 수 있는 노래가 되기를 희망하고 있다.
>
> 이렇게 보니 이 시의 '나'는 귀뚜라미이지만, 시인 자신인 것도 같다. 시인도 비록 지금은 자신의 시가 보잘것없어 보일 수 있지만, 언젠가 다른 사람의 가슴에 감동을 주는 시가 되기를 바라고 있을 것이다.

—윤여탁 외, 『중학국어③』, 미래엔, 16-17면.

---

12) 후자로 보는 경우에는 '나'와 '나룻배' 사이의 유사성을 바탕으로 한 은유가 같이 설명될 필요가 있을 것이다.

「귀뚜라미」는 배역시와 관련된 내용을 학습하게 하기 위한 제재로 '적용 활동'에서 제시되었다(본 활동 제재로는 정지용의 「해바라기 씨」가 활용되었다). 그리고 이러한 시적 화자의 설정을 시인의 의도 파악과 연계하고 있음을 확인할 수 있다.

2) 시적 화자와 어조 교육의 방향 재탐색

시를 소통(담화)의 관점에서 이해하고 해석하는 과정에서 가장 우선적으로 파악이 되어야 할 요소가 시의 화자이다. 담화의 메시지로서의 시의 의미는 발화하는 주체 즉 화자의 대상에 대한 인식 및 그 결과로서의 심리적 태도에 의해 형성된다. 그러므로 시적 화자를 중심으로 시를 가르친다고 할 때의 전제는 시에 대한 소통론적 관점에서의 접근이다. 궁극적으로 발신자로서의 시인의 위치가 고려될 필요가 있겠으나 텍스트 내적 구조 내에서 누가 왜 어떻게 발화하고 있는가 하는 문제가 우선적으로 해결될 필요가 있다.

시적 화자가 현상적으로 드러나는 화자인지 혹은 숨은 화자(관찰자적 화자)인지, 자전적 화자인지 허구적 화자인지 하는 것이 분석적 차원에서 단편적으로 접근되어서는 안 된다. 시에서 형상화된 대상과 상황을 면밀히 살피면서 누가, 왜 그렇게 발화하고 있는지를 이해하고 이를 바탕으로 시인은 왜 그러한 화자를 설정하였는지로 나아가야 할 것이다. 시의 정서와 분위기는 대상에 대해 시적 화자가 취하는 거리의 정도 및 태도에 의해 결정적으로 좌우되기 때문이다.

시적 화자가 단순히 시에서만 드러나는 시적 장치가 아니라, 일상적인 장면에서도 쉽게 찾아볼 수 있는 '속성'이라는 차원에서 대중가요의 가사 등을 활용해 보는 것도 생각해 볼 수 있다. 시 텍스트와 대중가요 텍스트는 화자와 그의 대상을 바라보는 일정한 태도에 근거한 어조의 형성이 담론 구조의 기반이 된다는 점에서(박윤우, 2007 : 623) 매우 동질적인 언어적 구조를 지니고 있다. 대부분의 사랑 노래는 1인칭 화자의 독백적 어조로 발화하는 경우가 대부분인데, 내면화된 정조의 순수한 자기 표현(Kyser, 1984 : 525)으로서의 '가요적 표현'이 서정적 독백조의 시와 상당히 유사하다는 점, 실제 노래 가사를 뜻하는 영어 단어 'lyrics'가 서정시(lyric)와 실은 거의 동의어라 할 수 있다는 점은 이들의 태생적 동질성을 확인할 수 있게 한다.

배역시 또한 앞서 <인공잔디>의 예 등을 통해서도 알 수 있듯 현재 학습자에게 친숙한 노래가사 등을 찾아 활용하는 것을 고려해 볼 수 있을 것이다. 한용운의 「나룻배와 행인」의 경우 '나는 나룻배'라고 발화하고 있는 주체의 발화 방식이 신형원의 <개똥벌레>에서 '나는 개똥벌레'라고 발화하고 있는 방식과 똑같다는 점을 염두에 두고 활용해 보는 것도 가능하다.

시 창작 교육의 측면에서 시적 화자를 활용하는 것 또한 상당히 유용한 접근 방식이 될 수 있다. 내러티브 구조를 지닌 기사를 가져와서 기사의 내용에 기반하여 특정 인물 혹은 사물의 시각으로 시를 써보게 한다든지(정끝별, 2011 : 189), 다성적 목소리가 출연하는 시를 활용하여 서사적 구조를 지닌 산문(소설 등)으로 바꾸어 써보게 한다든지 하는 활동 등을 고려해 볼 수 있다.

✅ 지시에 따라 서술하면서 시적 화자와 어조의 특성을 이해합니다.

1 '시적 화자'와 '어조'는 말하는 누군가와 그 누군가의 목소리를 가리키는 것으로서, 시를 (   )(으)로 보는 관점에 근거한다. 시적 화자의 유형을 설명해 보시오.

✅ 지시에 따라 주요 개념을 적용하면서 실천적 능력을 기릅니다.

1 다음 시의 소통 체계를 파악해 본 연후 시적 화자 차원에서 어떻게 가르치는 것이 좋을지 서술해 보시오.

> 아배요 아배요
> 내 눈이 티눈인 걸
> 아배도 알지러요.
> 등잔불도 없는 제삿상에
> 축문이 당한기요.
> 눌러 눌러
> 소금에 밥이 많이 묵고 가이소
> 윤사월 보릿고개
> 아배도 알지러요.

간고등어 한 손이믄
아배 소원 풀어들이런만
저승길 배고플라요.
소금에 밥이나 많이 묵고 가이소.

여보게 만술아비
니 정성이 엄첩다.
이승 저승 다 다녀도
인정보다 귀한 것 있을락꼬.
망령도 감응하여, 되돌아가는 저승길에
니 정성 느껴 느껴 세상에는 굵은 밤이슬이 온다.

— 박목월, 「만술아비의 축문」

2 현재 중고등학교에서는 시 낭송 교육이 거의 이루어지지 않고 있다. ‘시적 화
   자와 어조’의 측면에서 시 낭송 교육이 필요한지, 필요하다면 어떻게 이루어
   지는 것이 좋을지 자신의 생각을 서술해 보시오

제 5 장

시의 운율과 음악성 교육

운율은 시를 다른 장르와 구별하게 하는 가장 핵심적인 요소이다. 운율을 통해 형성되는 음악적 효과는 우리의 귀와 마음을 자극하여 우리를 특수한 심리적 상태로 이끄는 역할을 하기 때문이다. 그런데 현대시가 다양한 모습으로 분화하면서 운율의 작용 또한 다양한 모습으로 나타나게 되었다.

이 장에서는 시의 운율에 대한 교육이 이와 같은 운율의 다변화를 충분히 고려하고 있는지를 중심으로, 시가 어떻게 언어의 음성적 자질을 통해 독자에게 시적 효과를 갖는지를 살펴보고, 운율 교육이 지향해야 할 방향에 대해 함께 고민해 보도록 한다.

1. 시의 운율

몇 해 전 싸이의 <강남스타일>이 발매 2년 만에 유튜브 조회수 20억 건을 돌파하면서 큰 뉴스가 됐다. 조회수 20억은 2005년 유튜브가 생긴 이래 최초의 기록으로, 지구 인구의 3분의 1정도가 <강남스타일> 뮤직 비디오를 본 셈이었기 때문이다. 지금도 유튜브에는 지구촌 방방곡곡에서 <강남스타일>을 따라 부르며 말춤을 추는 동영상들이 무수히 많이 올라와 있다. <강남스타일>의 유례없는 인기는 싸이의 독특한 캐릭터와 단순하고 코믹한 춤, 그리고 파격적이고 신선한 뮤직비디오 등이 복합적으로 작용한 결과겠지만, 특히 흥미로운 것은 '강남스타일'이라는 말이 의미하는 바를 전혀 알 리 없는 외국인들이 너무나 흥에 겨워 하며 노랫말을 따라 불렀다는 점이다.

<강남스타일>의 노랫말을 자세히 들여다보면, 딱히 조리 있는 의미 내용을 담고 있지는 않다. '~ 여자'를 반복하다가, 다시 '~ 사나이'를 반복하고, 그리고는 특별한 의미론적 고리 없이 시종 '강남스타일'을 반복할 뿐이다. 그런데 오히려 이러한 반복이, 그리고 기표가 지시하는 의미 내용이 아니라 기표 그 자체가 지구촌 곳곳의 대중들에게는 맛깔 나는 공동의 언어이자, 중독적 흥겨움의 기본 바탕으로 작용하였던 것으로 보인다.

사실 이처럼 특정한 소리의 패턴을 통해 인간의 심리를 건드리는 언어의 특성은 시의 언어가 갖는 가장 기본적인 자질 중 하나이다. 이 장에서는 시가 어떻게 언어의 음성적 자질, 즉 의미를 넘어서는 자질을 통해 독자들에게 특별한 심리적, 정서적 효과를 갖는가 하는 점을 중심으로, 현대시의 운율 교육에 접근해 보고자 한다.

1) 시의 언어적 특성과 운율

시의 언어는 적어도 재료 면에서는 일상의 언어와 다르지 않다. 다음의 사례를 살펴보자.

어제 저녁 7시 경인국도에서 시속 100킬로미터로 달리던 한 승용차가 플라타너스를 들이받았다. 네 명의 승객이 죽었다.

유감스러운 내용을 담고 있기는 하지만 신문지상에서 흔히 볼 수 있는 전형적인 기사문이다. '어제 저녁 7시'라는 시간, '경인국도'라는 장소, '100킬로미터'라는 속도, 승용차와 플라타너스라는 사물, 네 명의 승객, 그리고 그들의 죽음에 대한 위의 진술은 지시적 기능이라는 일상어의 역할을 충실히 수행하고 있다. 그러나 위 진술을 다음과 같이 배열하면 상황은 달라진다.

어제 저녁 7시
경인국도에서
시속 100킬로미터로 달리던
한 승용차가
플라타너스를 들이받았다.
네 명의 승객이
죽
었
다

어제 저녁 7시

　위 기사문의 문장을 강제로 분행하고 '어제 저녁 7시'라는 어구를 마지막에 한 번 반복했을 뿐인데, 즉 동일한 언어를 재배열했을 뿐인데, 우리는 새로이 발생한 휴지(pause)를 의식하며 새로운 언어적 질서를 경험하게 된다. 자연스럽고 평이하게 읽히던 기사문의 자연스러운 통사적 흐름이 불편하게 끊어지면서 심리적으로 먹먹해지는 느낌을 받게 된다. 조금 과장하자면, '어제 저녁 7시'는 실제 사건이 발생한 특정 일자를 지시한다기보다는 우리가 살고 있는 삶의 맥락 그 어딘가에 있을 수 있는 주관적 시간으로 다가오게 되고, 승객의 사망이 갖는 비극성은 강제적 휴지와 함께 심리적으로 극대화되어 다가오게 된다.

　이처럼 일상의 언어를 의도적으로 선택하고 배열하여, 새로운 음성적 질서를 도모함으로써 모종의 심리적 효과를 갖고자 하는 것이 시적 언어의 기본적인 자질이라고 할 수 있다. 앞서 1장에서도 행과 연의 분리나 시행의 배열이 시의 의미에 어떻게 관여하는지 살펴본 바 있지만, 사실 일상의 언어를 새로이 조직하여 새로운 음성적 질서를 부여함으로써 모종의 심리적 효과를 빚어내는 것이야말로 시에서 운율이 하는 역할이라고 볼 수 있다. 시인 이승훈이 율격에 대해 "시인이 재료에 가할 수 있는 가장 위대한 폭력"이라고 표현한 것도 바로 이러한 맥락에서이다(이승훈, 1979 : 77).

그렇지만 운율, 혹은 율격이라고 했을 때 우리에게 더 익숙한 것은 이처럼 통사 질서를 의도적으로 침해하고, 불편한 내적 호흡을 자아내는 경우보다는, 앞서 살펴본 <강남스타일>의 노랫말처럼, 주기적, 반복적으로 일정한 호흡을 가능하게 하는 일종의 패턴화된 언어적 질서의 경우이다. 실제로 오랜 역사를 거듭하며 인류와 함께 해온 시가 문학의 전통에서는 동일한 음성적 요소를 주기적으로 반복하고 패턴화함으로써, 혼란스럽고 잡다한 경험을 조직하여 자연의 순환적 질서 속에 재편하는 노력, 그리고 그 노력을 통해 심리적 균형과 정서적 쾌의 상태를 추구하는 것을 운율의 작용이라고 설명해 왔다.

2) 운율의 개념과 시적 효과

오랫동안 인류와 함께 해온 전통 시가의 운율 개념과 그 효과를 살펴보기 위해 먼저 다음 시조에 주목해 보자.

반중(盤中) 조홍감이 고와도 보이나다
유자(柚子) 아니라도 품음 직도 하다마는
품어 가 반길 이 없을새 글로 설워하나이다

이 시조에는 <강남스타일>의 노랫말처럼 특정 언어 표현이 두드러지게 반복되어 나타나지는 않는다. 그러나 우리는 이 시조를 읽을 때 일상어의 평이한 진술을 읽을 때와는 달리 모종의 음악성을 전제하며 읽게 된다. "반-중 / 조홍감이 / 고와도 / 보이나다"하는 식으로 어구마다 의식적으로 휴지를 두며 리듬을 타게 되고, 그 과정에서 '반-중'은 자연스럽게 나머지 어구들과 비슷한 길이(음량)로 읽게 된다. 즉, 특정 소리 자체가 규칙적으로 반복되는 것은 아니지만, 소리의 자질 중 하나인 소리의 양이 규칙적으로 반복되는 질서를 보인다.

사실 시에서 '운율'은 '운(韻)'과 '율(律)'을 아우르는 개념이다. 특정 소리 자체의 반복을 의미하는 '운(rhyme)'과 강약, 장단, 고저, 음절수, 길이 등 소리를 실현하는 자질들의 규칙적 반복을 의미하는 '율(metre)'을 포괄하여 운율이라 일컫는 것이다. <강남스타일>에서 '강남 스타일', '~ 여자', '~ 사나이' 등 반복되는 어휘들은 '운'을 염두에 둔 경우이고, <반중 조홍감이 ~>는 음보 단위를 휴지의 일주기로 하는 시간적 등장성의 반복을 통해 '율'을 실현하는 경우이다.

그런데 전통적으로 우리 시가에서는 '운'의 실현보다는 '율'의 실현이 우세하다. 흔히 '두운', '요운', '각운'처럼 소리가 반복적으로 나타나는 위치에 따라 이름이 붙는 '운'의 경우는 한시나 영시에서 상대적으로 우세하게 나타난다. 음절 의식이 강한 언어 체계이기 때문이다. 그러나 우리말은 부착어이기에 음절의 반복보다는 문절, 어절, 어휘 등의 반복이 우세하게 나타나는 편이어서 엄밀한 의미에서의 '운'의 효과를 활용해 왔다고 보기 힘든 측면이 있다. 그러므로 특정 어휘의 반복이 두드러지는 <강남스타일>의 경우도 전통적인 의미에서 '운'을 실현한 노래라고 할 수는 없다.

다만 최근에는 랩의 인기로 인해 우리말 노래에서도 '운', 소위 '라임'의 추구가 중요해졌다. 지금의 빅뱅을 만든 곡이라 할 수 있는 빅뱅의 초기 히트곡 <거짓말>의 랩 파트인 'ye / 엿 같애 / 니 생각에 / 돌아버릴 것 같애 / 보고 싶은데 / 볼 수가 없대 / 모두 끝났대'처럼 라임을 얼마나 잘 살리느냐가 팬들의 반응을 좌우하기도 한다. 동일 어절이나 어휘를 단순하게 반복하는 것이 아니라, '-ㅔ /-ㅐ'의 모음운을 각운으로 효과적으로 활용하고 있는 <거짓말>의 가사처럼 유사 음운, 혹은 음절을 얼마나 참신하고 자연스럽게 활용하여 라임을 구사하느냐가 랩의 완성도를 판단하는 근거가 되기도 하는 것이다.

이처럼 특정 소리 단위의 반복으로 형성되는 '운'과는 달리 '율'은 위에서 살펴본 시조의 경우처럼 동일한 음량을 반복하는 음보율의 형태로 전통 시가에서 널리 나타난다. 우리 시가에서는 음수율이나 고저율, 강약률, 장단율보다는 음보율이 특히 우세하게 나타나는데, 그 역시 우리말의 특성과 관련이 있다. 음성적 차원에서 일정한 패턴을 형성하기에는 우리말의 고저나 강약, 장단, 악센트가 변별 자질을 충분히 갖지는 못하기 때문이다. 대신 음보율의 경우는 우리말에 가장 흔히 나타나는 3음절 내지 4음절을 휴지의 단위로 하여 동일한 시간 동안 음량을 지속시키는 '등장성(等長性)'을 바탕으로 하기에 우리 시가의 율격을 형성하는 데 가장 널리 활용될 수 있었다.

지금까지 살펴본 운율 개념은 가장 좁은 의미의 개념으로, 이를 정리하자면 운율은 1) 말 소리(speech sound), 2) 등시성(isochronism), 3) 반복성(recurrence), 4) 규칙성(regularity)을 기본 요소로 하는 시의 음성적 자질이라고 할 수 있다. 1)은 자연의 소리가 아니라 분절이 가능한 음성학적 말 소리를 의미하고, 2)는 말 소리의 특정 요인을 중심으로 형성된 단위의 시간적 동일성을 의미한다. 3)은 등시성을 가진 단위가 작품 속에서 주기적으로 반복하는 것을 가리키고, 4)는 이 요소들이 일정한 규칙에 의거하여 운용됨을 가리킨다(문덕수, 2002 : 118). 그리고 우리의 전통 시가는 이와 같은 음성적 자질을 바탕으로, 심리적 경험을 자연의 순환적 흐름으로 질서화해 왔다고 볼 수 있다.

그러나 자유와 개성을 추구하는 현대시의 큰 흐름 속에서, 정해져 있는 운율의 형식이 갖는 제한성은 크게 환영받을 수 없는 처지가 되었다. 미학의 중심이 음악적 차원에서 시각적 차원으로, 즉 소리내어 읽는 시에서 눈으로 보는 시로 변모되어 가면서 시의 음성적 질서는 새로운 설명을 필요로 하게 되었다. 특히 앞서 살펴본 것처럼 의식적인 행과 연의 조작은 전통 시가의 안정적 운율감을 거부하며 독자로 하여금 낯선 긴장감을 경험하게 한다.

> 그날 아버지는 일곱 시 기차를 타고 금촌으로 떠났고
> 여동생은 아홉 시에 학교로 갔다 그날 어머니의 낡은
> 다리는 퉁퉁 부어올랐고 나는 신문사로 가서 하루 종일
> 노닥거렸다 전방은 무사했고 세상은 완벽했다
> (중략)
> 그날 태연한 나무들 위로 날아오르는 것은 다 새가
> 아니었다 나는 보았다 잔디밭 잡초 뽑는 여인들이 자기

삶까지 솎아내는 것을, 집 허무는 사내들이 자기 하늘까지
무너뜨리는 것을 나는 보았다 새점(占) 치는 노인과 변통(便桶)의
다정함을 그날 몇 건의 교통사고로 몇 사람이
죽었고 그날 시내 술집과 여관은 여전히 붐볐지만
아무도 그날의 신음 소리를 듣지 못했다
모두 병들었는데 아무도 아프지 않았다

—이성복, 「그날」 부분

이 시에서 빈번하게 사용되는 행간걸침은 통사적 질서에 의존하여 개별 문장을 읽어가고자 하는 독자의 호흡을 고의적으로 방해하며 가쁘고 불안정한 호흡을 유발하고 있다. 그리고 이는 이 시가 환기하는 병적인 현대사회를 바라보는 화자의 심적 상태와 맞닿아 있다. 화자가 그러하듯 이 시를 읽는 독자도 이 시의 음성적 자질이 유발하는 긴장감으로 인해, 현대적 삶의 다양한 풍경을 의연하게 바라볼 수 있는 태도를 견지하기 어려운 처지에 놓이게 되는 것이다.

우리가 시의 수용 과정에서 이와 같은 효과를 경험할 수 있는 것은, 눈으로 읽는 시에서도 말 소리의 물질성, 즉 음성적 자질이 중요하게 작용하기 때문이다. 리처즈(I. A. Richards)는 이와 관련하여 "마음의 귀(the mind's ear)에 들리는 말의 음과 상상적으로 발음한 말의 어감"을 통해 시의 수용이 이루어진다는 견해를 제시한 바 있다(Richards, 1983 : 23-24). 시적 언어의 음성적 자질, 질료적 가치를 중시하는 견해에 다름아니다.

시인 이상의 경우에는 이미 1930년대에 이와 같은 음성적 자질의 효과에 관심을 갖고 띄어쓰기를 무시하거나, 통사적 질서를 의도적으로 해체함으로써 화자의 불안 심리를 감지하게 한 바 있다. 이처럼 현대의 많은 시인들은 행간걸침을 비롯한 의도적 분행 및 분연, 혹은 통사적 질서의 해체뿐 아니라, 특정 문장부호를 사용한다든가 특정 **음상***을 활용한다든가 하는 등의 세심한 시적 조작을 통해 독자로 하여금 개별 시의 독특한 음성적 자질을 조우하게 함으로써 특수하고 개별적인 의미 경험을 가능

알짬 음상(音相)

음상은 모음 혹은 자음의 교체로 어감의 차이를 만듦으로써 표현 가치를 발현하는 음성적 자질에 해당한다. 시에서 음상은 청각적 조화만을 위해 활용되는 것이 아니라, 표현하고자 하는 감각적 의식의 발현 차원에서 시적 의미와 결합한다. 특정한 음운들의 결합이 어떤 분위기와 감각을 유도한다는 점에서 소리 이미지에 해당하는 음상(音像)과도 깊은 관련을 갖는다.

하게 한다. 이는 분명히 전통 시가의 정형적 율격의 효과로 얻어지는 심리적 균형감이나 쾌감과는 구별되는 시적 경험이라고 할 수 있다.

2. 운율 개념의 확장과 현대시의 음악성

최근 시의 음악성에 대한 논의에서 운율이라는 전통적 용어보다 리듬(rhythm)이라는 용어를 더 자주 만나게 되는데, 이는 위에서 살펴본 현대시의 다양한 음성적 자질들에 대한 논의를 포괄하기 위한 의도와 관련이 있다. 물론 리듬이라는 용어 역시 규칙성과 반복성으로부터 완전히 자유롭다고는 할 수 없지만, 불규칙하고 일탈적인 시어 운용이 야기하는 시적 효과를 염두에 둔다면 작품에서 형성되는 음성적 자질의 흐름 전반을 지칭할 수 있는 좀더 포괄적인 용어가 요구되는 것이 사실이다. 시에서 음성 층위가 갖는 구조적 특질을 중시한 러시아 형식주의에서 리듬을 "실제로 지각할 수 있는 음성 현상들의 전체"라고 규정하면서, 시에 존재하는 미적으로 조직된 소리 요소들 전부를 리듬 개념으로 포괄하고자 한 것도 이와 같은 맥락에서이다(Erlich, 1985 : 276).

리듬을 의미하는 류트모스(rhuthmos)는 '흐르다'를 뜻하는 'rhein'에서 유래되었는데, 벤브니스트(E. Benveniste)는 이에 근거하여 리듬을 주어진 맥락에 따라 '움직이고 변화하고 흐르는 어떤 것에 의해 수용된, 순간 속의 형식' 혹은 '조직적인 일관성을 지니고 있지도 않고 본질적인 필연성도 없으며, 늘 바뀌는 대상 자체'의 배치나 지형도를 의미하는 유연한 개념으로 파악하였다(Bourassa, 2007 : 156-158). 이에 따르면 운율이 규칙성과 보편성을 지향하는 랑그에 가까운 것인데 반해, 리듬은 주체의 정념이 동적인 흐름 속에서 의미로 실현되는 개별화한 파롤에 가깝다는 해석도 가능하다(정정순, 2015 : 218). 중요한 것은 이와 같은 개념 규정 과정에서 리듬이라는 용어의 외연이 시에 나타나는 음성적 자질의 흐름 전반을 포괄할 수 있을 정도로 확대되었을 뿐 아니라, 그 음성적 자질이 독자에 의해 상상적으로든 실제적으로든 음성으로 실현되는 과정에서 발생하는 의미 효과를 중시하게 되었다는 점이다.

이제 운율 개념의 확장 차원에서 리듬 개념을 사용하기 위해 리듬의 층위를 다음과 같이 세 가지로 범주화할 필요가 있다. 1) 리듬의 가장 넓은 개념은 모든 언어 기호의 구조에서 실제로 지각할 수 있는 음성 현상들의 전체다. 2) 리듬은 리듬 단위의 등시성과 주기성에 변화를 도입하여 어느 정도의 비등시성과 비주기성을 가지고 있는 운율이다. 3) 리듬은 소리 단위의 등시성과 주기성이 규칙화된 체계로서의 율격이다(문덕수, 2002 : 116-117).

리듬의 개념을 이처럼 세 층위로 구분하면, 앞서 살펴본 전통 시가의 규칙적 운율은 리듬의 세 번째 층위, 즉 가장 좁은 범주로 설명할 수 있고, 현대시의 일탈적 음성 실현까지를 포괄하여 시의 음성적 자질에 주목하게 되면 리듬의 첫 번째 층위, 즉 가장 넓은 범주로 설명할 수 있게 된다. 그리고 이 구분에 따르면, 우리 시가의 전통적 운율에 바탕을 두면서도 필요에 따라 전통 운율에 변화를 가하여 시의 의미를 다채롭고 풍부하게 만들어 내는 김소월의 주옥같은 시편들은 대체로 리듬 개념의 두 번째 층위에 해당한다고 볼 수 있다.

산에는 꽃 피네
꽃이 피네
갈 봄 여름없이
꽃이 피네

산에
산에
피는 꽃은
저만치 혼자서 피어 있네

산에서 우는 작은 새여
꽃이 좋아

산에서
사노라네

산에는 꽃 지네
꽃이 지네
갈 봄 여름없이
꽃이 지네

—김소월, 「산유화」

행과 연의 개성적 운용이 규칙적 운율감에 대한 의도적 일탈을 통해 현대시의 개성적 의미 작용을 가능하게 한다고 보았을 때, 김소월의 경우는 전격적인 일탈에 해당하지 않는다. 대신 전통 운율에 부분적인 변화를 도모함으로써 개인의 특수한 정서 상태를 효과적으로 환기하고 있음을 알 수 있다.

이 시는 전반적으로 3음보의 음보율에 기대면서 민요시의 음악적 전통을 계승하고 있다. 그러나 우선 3음보의 민요시에 대해 우리가 기대하게 되는 시행 단위, 즉 "산에는 꽃 피네 꽃이 피네"의 의미 단위를, 이 시는 의도적으로 두 행으로 분행하고 있다. 그리고 3음보의 단위를 두 번 중첩하여 한 연으로 구성하면서도 "꽃이 피네"를 별도의 시행으로 독립시키고 있는데 그 과정에서 독자는 두 번 반복되는 "꽃이 피네"라는 시행에 상대적으로 더 주목하게 된다. 동일 구조의 연을 마지막에 한번 더 배치하는 것도 이와 같은 심리적 효과의 배가에 기여한다.

시의 음성적 자질에 대한 김소월의 생래적 감각이 더욱 돋보이는 지점은 2연과 3연이다. 2연과 3연은 나머지 두 연과 마찬가지로 3음보 단위를 두 번 중첩하여 구성하고 있지만, 행 배열을 달리 하여 읽는 이로 하여금 1연을 통해 안정화된 호흡을 낯설게 만들고 있다. 2연의 경우는 앞부분에서 3음보를 3행으로, 3연의 경우는 뒷부분에서 3음보를 3행으로 배열함으로써 꽃과 새라는 시적 대상의 존재 방식에 상대적으로 긴 시간 주목하게 만드는 것이다. 그로 인해 2연의 음성적 실현 과정에서 독자는 3음보의 음보율을 기계적으로 실현하기보다는 "산에 / 산에”를 끊어 읽음으로써 의식적으로든 무의식적으로든 대상의 고립감이라는 의미 효과를 경험하게 되는 측면이 있다.

이처럼 시의 음악성을 규칙적 반복에 한정하여 사고하지 않고, 리듬 개념을 중심으로 반복에 대한 기대를 일부, 혹은 전적으로 파기하면서 특수한 시적 효과를 만들어 내는 자질까지 아울러 사고하게 되면 현대시 전반에 다채롭게 나타나는 음성적 자질의 의미 효과를 더 풍부하게 경험할 수 있게 될 것이다.

3. 교수·학습의 실천과 탐색

1) 교육과정을 통해 본 운율 교육

미리 말하자면 시 교육의 실천 장면에서 운율의 교수·학습은 현대시의 음성적 자질이 갖는 의미 효과까지 충분히 고려하고 있다고 보기 어렵다. 2011 교육과정에서는 중학교 1~3학년군 문학 영역 성취기준 '(1) 비유, 운율, 상징 등의 표현 방식을 바탕으로 작품을 이해한다.'를 통해 운율 교수·학습을 명시적으로 제시하고 있는데, 대부분의 교과서에서는 이를 1학년에서 다루고 있다. 현행 중학교 1학년 국어 교과서 14종에서 운율을 가르칠 때 활용하는 제재는 다음과 같다.

출판사	집필자	운율 제재
교학사	남미영	• 엄마야 누나야(김소월)
두산동아	이삼형	• 뮛버들 가려 꺾어(홍랑) • 엄마야 누나야(김소월)
두산동아	전경원	• 돌담에 속삭이는 햇발(김영랑)
미래엔	윤여탁	• 새로운 길(윤동주)
비상	김태철	• 호박꽃 바라보며(정완영)
비상	이관규	• 봄은 고양이로다(이장희)
비상	한철우	• 빗방울(오규원)

출판사	집필자	운율 제재
신사고	민현식	• 봄(윤동주)
신사고	우한용	• 돌담에 속삭이는 햇발(김영랑)
지학사	방민호	• 천만리 머나먼 길에(왕방연)
창비	이도영	• 돌담에 속삭이는 햇발(김영랑)
천재	김종철	• 묏버들 가려 꺾어(홍랑) • 돌담에 속삭이는 햇발(김영랑)
천재	노미숙	• 연분홍(김억)
천재	박영목	• 오우가(윤선도)

여기서 알 수 있는 것은 운율 학습의 제재로 「묏버들 가려 꺾어」나 「천만리 머나먼 길에」, 「오우가」 등 조선시대 시조, 혹은 정완영의 현대 시조 등 정형적 운율이 나타나는 작품이나, 현대시의 경우에도 「엄마야 누나야」나 「연분홍」 등 정형적 운율에 가까운 작품 위주로 교수·학습을 진행하는 경우가 많다는 점이다. 활동 역시 대체로 반복되는 부분 찾기, 혹은 음보율 확인하기 등 좁은 의미의 운율 개념에 한정되어 진행되는 경우가 대부분이다.

이러한 사정은 고등학교 『문학』 과목에서도 크게 다르지 않다. 다음의 사례는 2011 개정 교육과정에 따라 개발된 고등학교 『문학』 교과서의 일부로, 운율 교육에 대한 기존의 접근을 가장 잘 보여주는 경우에 해당한다.

> 시는 음악성이 있는 언어로 표현되는 문학으로, 다른 문학 갈래와는 달리 운율을 통해 음악성을 느끼게 한다. 따라서 운율은 시적 언어의 가장 중요한 요소라고 할 수 있다. 운율은 '운(韻)'과 '율(律)'이 합쳐진 말로, 언어의 규칙적인 배열이나 반복이 있을 때 형성된다. '운'은 같거나 비슷한 음이 반복되는 것을 의미하는데, 그 위치에 따라 같거나 비슷한 음이 시행의 앞에 오는 두운, 중간에 오는 요운, 끝에 오는 각운으로 구분된다. '율'은 글자 수나 소리의 고저, 장단 등이 규칙적으로 반복되는 것을 의미한다.
>
> 시의 운율은 외형률과 내재율로 나뉜다. 외형률은 정형시의 운율이며, 주로 시조나 가사와 같은 고전 시가에 나타난다. 내재율은 자유시의 운율로서,

표면적으로는 운율이 잘 드러나지 않지만 시를 쓰는 사람에 의해 자연스러운 호흡으로 리듬이 형성된 것이다.

— 김창원 외, 『문학』, 동아출판, 61-62면.

이 사례는 대부분의 『문학』 교과서에서 서정 장르를 유일하게 다루고 있는 단원인 "서정 문학의 수용과 생산" 단원의 도입부에서 운율 개념에 대해 설명하고 있는 부분이다. 이 설명에서도 '리듬'이라는 용어를 '운율'과 구분하여 사용하고 있는바, 특히 자유시의 운율, 즉 **내재율*** 에 대한 설명에서 이 용어를 도입하고 있다. 또한 리듬과 개별 시인의 호흡과의 관련성에 대해서도 언급하고 있다. 그러나 전반적인 설명이 전통적 운율 개념, 즉 좁은 의미의 리듬 개념 위주로 제한되어 있고, 운과 율의 구분, 외형률과 내재율의 구분 등 분류학적인 접근에 치중해 있는 것이 사실이다.

이러한 제한성은 본격적 학습이 이루어지는 소단원에서 더 두드러지게 나타난다. 이 교과서의 경우 해당 단원은 운율, 어조, 이미지의 세 요소를 중심으로 구성되어 있는데, 운율에 대한 학습이 이루어지는 부분에서는 「어부사시사」를 제재로 활용하고 있다. 운율 학습으로 초점화되어 있는 활동을 중심으로 교육 내용을 살펴보자.

> **알짬** 내재율
>
> 자유시로 변모된 현대시에 나타나는 운율적 특성을 설명하기 위해 일본 근대 문학계로부터 도입된 용어로, 학교 교육에서는 관습적으로 외형률, 혹은 정형률과 대비되는 차원에서 겉으로 드러나지는 않지만 은근히 느낄 수 있는 잠재적 운율 정도의 개념으로 사용된다. 그러나 학계에서는 용어의 개념적 실체가 없다는 점에서 지속적으로 비판의 대상이 되어 왔다.

2. 다음 글을 읽고, '어부사시사'의 형식과 운율에 주목하여 아래의 활동을 해 보자.

> '어부사시사'는 시조의 기본 율격을 따르고 있으면서 특이한 형식을 보여 준다. 중장과 종장 사이에는 '지국총 지국총 어사와'라는 여음이 전편에 공통적으로 사용되고 있다. 그러나 초장 다음의 여음은 1수부터 10수까지 배의 출항에서 정박까지의 순서로 매겨져 있어서 각 수마다 서로 다르지만, 춘하추동 각 사에서는

> 반복적으로 사용되고 있다.
>
> (1) 초장 뒤의 여음을 아래와 같이 정리해 보자.
>   (생략)
> (2) 이 작품을 낭송해 보고, 여음이 주는 효과를 친구들과 함께 이야기해
>   보자.
>
> —김창원 외, 『문학』, 동아출판, 66-67면.

학습 활동 (1)이 작품의 의미 구조를 파악하기 위한 활동이라면, 이 단원에서 운율에 대한 학습을 담당하는 활동은 활동 (2)가 전부이다. 활동 (2)는 이 작품의 음악성 실현 요소인 여음에 주목하여 그 효과를 파악하는 활동으로, 음성 단위의 시적 효과에 학습의 초점이 있는 점은 바람직하나, 일단 운율에 대한 학습이 지나치게 소략하다. 그리고 그 소략함이 문제가 된다면 그것은 해당 『문학』 교과서 전체 가운데 현대시의 음성적 실현에 주목해 보게 만드는 학습이 설계되지 않았다는 점 때문이기도 하다. 도입부의 설명 부분에서 언급한 내재율에 관한 학습조차 기대하기 어려운 실정이다.

이처럼 시의 음악성에 대한 학습이 이 교과서의 설명 부분처럼 운율에 대해 분류학적으로만 접근한다든가, 혹은 소위 내재율이라고 하는 자유로운 리듬의 시적 효과에 대한 학습을 배제하는 방식으로 제한된다면 운율에 대한 교육이 학습 독자의 시 감상 활동을 심화하는 데 기여할 수 있을지 의문이다.

이번에는 2009 개정 교육과정에 따라 개발된 고등학교 『문학Ⅰ』 교과서의 경우를 중심으로 운율 교육의 또 다른 현황을 살펴보기로 하자.

'시'는 인간의 정서를 운율이 있는 언어로 형상화한 문학을 말한다. 여기서 운율이 있는 언어란, 압운이나 율조가 일정하게 포함된 언어를 뜻한다. 과거에는 어떤 규칙에 따라 운율을 지킨 '정형시'가 우세하였으나, 현대 시에서는 한 편의 시 작품 속에 시인 자신의 개성적 호흡을 반영하는 '자유시'가 대부분이다.

운율은 시의 의미를 강화하고, 고유한 분위기를 조성하며, 시를 시답게 만들어 주는 장치이다. 그리고 독자들에게는 노래를 듣는 듯한 즐거움을 주고, 일상의 무감각에서 깨어나게 하며, 예술 작품으로서의 가치를 경험하게 한다. 결국, 운율은 시의 음악적 속성으로써, 시의 가장 중요한 특성 가운데 하나이다.

—정재찬 외, 『문학Ⅰ』, 천재교과서, 88면.

운율에 대한 이 교과서의 설명은 앞서 살펴본 경우와는 달리, 운율의 분류를 강조하거나 좁은 개념에 초점을 두기보다는, 운율의 효과를 중심으로 제시되고 있다. 이 설명이 속해 있는 부분은 대단원 'Ⅱ. 문학의 갈래'의 중단원 '1. 서정 갈래' 내의 소단원 '(1) 운율과 형식' 도입부이다.

단원의 구성은 앞서 살펴본 교과서와 크게 다르지 않으나, 해당 소단원은 시조 「님이 오마 ᄒᆞ거늘 ~」과 시 「낡은 집」 두 편을 제재로 하고 있어 일단 운율 학습이 좀더 다각적으로 이루어질 가능성이 있다는 점이 주목된다. 또 학습 활동 제재로도 시조 「매화사」와 시 「해」, 그리고 「한국생명보험회사 송일환 씨의 어느 날」 등이 추가적으로 제시되어 있어 그 가능성이 더욱 배가된다. 뿐만 아니라 대단원 'Ⅰ. 문학의 개념과 역할', 중단원 '1. 문학의 개념', 소단원 '(1) 예술로서의 문학' 단원에서도 제재 「산도화」와 관련하여 다음과 같은 활동을 제시하고 있다.

이 교과서의 구성상 특징 중 하나는 학습 활동이 '작품 속으로' — '맥락 속으로' — '작품 너머로'의 순서로 제시된다는 점인데, 이는 이 교과서가 시 교육의 차원을 텍스트 중심, 콘텍스트 중심, 상호텍스트 중심의 세 차원으로 구조화하고 있음을 뜻한다. 그 중 텍스트 중심 활동에 해당하는 '작품 속으로' 부분에 제시된 위 활동은, 앞서 살펴본 김소월의 「산유화」처럼 전통적 운율에 대한 부분적 일탈의 층위에서 리듬의 의미 효과를 학습할 수 있도록 설계된 활동이다.

본격적으로 운율을 학습하는 '(1) 운율과 형식' 소단원에서 가장 핵심적인 활동은 사설시조 「님이 오마 ᄒ거늘 ~」을 안민영의 「매화사」, 박두진의 시 「해」와 각각 비교하는 활동 3, 4이다.

제시된 활동 3에서는 평시조와 사설시조의 운율상의 차이가 화자의 태도와 관련 있음을 파악하게 하고 있고, 활동 4에서는 두 작품의 운율적·형식적 특성이 갖는 의미 효과에 주목하게 하고 있다. 적어도 분류학적인 차원에서 제한된 운율 개념을 강조하는 교수·학습 실천의 방식은 아니라는 점, 그리고 운율이 야기하는 시적 의미 효과를 강조하고 있다는 점을 알 수 있다.

애석한 점은 이 교과서가 2009 교육과정기에 개발된 교과서라는 점인데, 앞서 살펴본 2011 교육과정기 교과서에서는 운율 교수·학습이 상대적으로 퇴보하였다는 판단이 가능하다. 이는 2009 교육과정과 2011 교육과정 문학 과목이 성취기준을 제시하는 밀도 및 내용 범위와 무관하지 않을 것이다. 실제로 각 교과서에서 운율 학습이 이루어지고 있는 단원에 적용된 교육과정 성취기준은 다음과 같은 차이를 갖는다.

- 2009 교육과정 : 1-(다)-① 문학 갈래의 개념과 그 특징을 이해한다.
- 2011 교육과정 : (9) 한국 문학 갈래의 전개과 구현 양상을 통하여 한국 문학의 개념과 범위를 이해한다.

두 시기 교육과정이 보여주는 가장 큰 차이는 갈래 학습의 초점이 보편적 갈래에 있느냐, 역사적 갈래에 있느냐 하는 점이다. 보편적 갈래로서의 서정 갈래의 특성을 이해하기 위한 학습에서 서정 갈래의 대표적 자질인 운율 학습이 밀도 있게 이루어지는 것은 자연스러운 일일 것이다. 문학 과목을 『문학Ⅰ』과 『문학Ⅱ』로 분리하고 있는 2009 교육과정의 경우가 문학 과목이 하나로 제한되어 있는 2011 교육과정의 경우에 비해 갈래 일반의 학습과 역사적 갈래의 학습을 분리하여 각각을 충실하게 교육할 수 있는 여지가 있는 것도 사실이다. 갈래 학습과 관련한 이와 같은 2011 교육과정의 한계는 2015 교육과정에서도 이어질 가능성이 적지 않다. 2015 교육과정의 해당 성취기준 또한 "[12문학03-03] 주요 작품을 중심으로 한국 문학의 갈래별 전개와 구현 양상을 탐구하고 감상한다."로 역사적 갈래 학습에 초점을 두고 있기 때문이다.

그렇다고 해서 2009 교육과정기의 운율 교수·학습이 충분히 의미 있다고 판단하기도 어렵다. 앞서 살펴본 「님이 오마 ᄒ거늘 ~」 단원의 학습 활동 중 평시조와 사설시조의 운율 차이에 주목하게 하는 학습 활동과 관련하여 해당 교과서의 지도서에서 제시하고 있는 예시답안을 중심으로 이를 살펴보자.

> [예시답안] '매화사'는 3장 6구 45자의 정형화된 4음보 운율을 지닌 평시조이며, '님이 오마 ᄒ거늘~'은 평시조보다 긴 사설로 이루어져 있고 정형화된 운율이 없이 **내재율**을 취하고 있는 사설시조이다. '매화사'의 화자는 어휘를 압축적으로 표현하여 매화를 고결한 성품을 지닌 존재로 예찬하고 있다. 반면 '님이 오마 ᄒ거늘~'의 화자는 임에 대한 간절한 기다림을 여러 행동들을 길게 열거하여 장황하고 구체적으로 서술하고 있다(강조 필자).

여기서 주목되는 것은 '내재율'이라는 용어의 사용이다. 주지하는 것처럼 내재율이라는 용어는 자유시로 변모된 현대시에 나타나는 운율적 특성을 설명하기 위해 도입된 용어이나, 이 답안에서는 '정형화된 운율'의 반대 개념으로 내재율의 개념을 규정하고 있음을 알 수 있다. 여전히 교수·학습 실천 장면에서 내재율을 위시한 현대시의 운율적 특성에 대한 학습은 명료하게 이루어지지 않고 있음을 알 수 있다.

2) 운율 교육의 방향 재탐색

지금까지 살펴본 운율에 대한 교수·학습 실천의 한계는 운율 개념을 리듬의 차원으로 확장하여 접근할 때 어느 정도 극복될 수 있다. 운율 개념의 확장을 통해 우리는 독자에 의해 음성으로 실현되는 과정에서 의미에 관여하는 음성적 자질 전반에 주목할 수 있기 때문이다. 또한 명료한 의미 규정 없이 사용하는 내재율이라는 개념 역시 독자의 음성적 실현을 전제로 상정할 수 있기 때문이다.

이쯤에서 다시 영화 <일 포스티노>에서 시인 네루다와 우체부 마리오의 대화한 장면을 들여다 보자.

> "이 시 어떤가?"
> "이상해요."
> "이상하다니, 무슨 뜻이야? 무서운 비평가로군."
> "아뇨, 시가 아니라요. 말씀하시는 목소리가 이상하다구요."
> "느낌이 어땠는데?"
> "모르겠어요. 단어가 왔다 갔다 하는 것 같아요."
> "바다처럼 말이지?"
> "맞아요. 바다처럼요."
> "그건 운율이라는 거야."
> "멀미까지 느꼈어요."
> "멀미?"
> "마치 배가 단어들로 이리저리 튕겨지는 느낌이었어요."

이 대화는 네루다가 잠시 머물고 있는 이탈리아 작은 섬의 바닷가에서 네루다가 바다의 아름다움을 시로 읊은 뒤에 이어지는 대화인데, 이 장면에서 마리오는 '시'가 아니라 '목소리'에 주목했다고 말한다. 영화에서는 운율이라고 번역되어 있는데, 정확히 말하자면 마리오에게 목소리로 지각된 것, 즉 시의 음성적 자질이 마리오에게 신체 반응에 가까운 모종의 일렁임을 경험하게 한 것이다. 시의 언어적 메시지를 넘어서는 신체적, 심리적 자극 경험을 통해 그는 궁극적으로 자신이 살고 있는 섬과 바다의 아름다움과 생명성을 온몸으로 느낀 셈이다.

운율의 교수·학습에서 중요한 것은 이처럼 능동적 **연행***을 통해 시를 목소리로 실현함으로써, 목소리의 물질성으로부터 신체적, 심리적 차원의 자극을 경험을 하게 하는 것이다. 가장 좁은 개념의 리듬에서부터 가장

알짬 연행(performance)

연행이란 일반적으로 언어의 운용에 있어 수행적인 측면을 강조하는 개념으로, 구비문학이나 연행 예술 분야에서 주로 사용되는 용어이다. 그러나 시 교육 장면에서 시 텍스트를 연행한다고 했을 때는 문자화된 텍스트 자체만으로는 구현되지 않는 음성적 자질을 구체적으로 실체화하는 행위를 말한다. 낭송이 대표적인 시 텍스트의 연행 방식이라고 할 수 있겠으나, 오히려 개인적 차원의 시 수용 과정에서는 내적으로 이루어지는 율독이 더 광범위하게 이루어지는 연행이라고 볼 수 있다.

넓은 개념의 리듬에 이르기까지 시의 음성적 자질을 민감하게 고려하며 내적 율독을 통해서든, 외적 낭송을 통해서든 시를 음성적으로 실현할 때 시적 감동은 배가될 수 있다.

또한 운율의 교수·학습에서 고려해 볼 필요가 있는 이슈는 음성적 자질의 연행에 정해진 모범이 있겠는가 하는 점이다. 좁게는 음보율부터 넓게는 분행과 분연, 특정 음상의 활용, 호흡의 조절을 유도하는 문장부호의 활용 등에 이르기까지 시에서 대부분의 음성적 자질은 시인에 의해 작품에 조건화되어 있는 것이 사실이지만, 시의 연행 주체인 개별 독자들의 음성 실현 방식에 따라 그 효과는 다르게 나타날 수 있다.

우리가 공리처럼 여기고 있는 「진달래꽃」의 3음보 율격도 독자의 연행에 따라서는 4음보로 실현될 수 있다. 중요한 것은 개별화된 음성적 실현이 시의 의미와 결합하여 독자의 시 수용을 심화, 확대하는 데 유의미하게 기여하여야 한다는 점이다. 가령 「진달래꽃」을 3음보로 읽는 독자가 그 과정에서 화자의 양가적 감정과 불안 정서를 느낄 수 있었다면, 그리고 4음보로 읽는 독자가 그 과정에서 이별에 대해 체념하고 수긍하는 차분한 슬픔의 정조를 경험했다면, 양자 모두 의미있는 시적 경험이 될 수 있기 때문이다.

정리 및 점검

✅ 지시에 따라 서술하면서 시에서 운율이 갖는 의미에 대해 이해합니다.

1 좁은 의미의 운율 개념을 운과 율로 구분하여 설명하시오.

2 현대시의 운율 교육을 리듬의 차원으로 확장할 때, 교수·학습 내용에 포함하여야 할 시의 음성적 자질을 세 가지 이상 제시하시오.

✅ 지시에 따라 주요 개념을 적용하면서 실천적 능력을 기릅니다.

1 다음 시를 읽으며 자신의 호흡과 느낌에 주목해 보고, 그 느낌이 시의 주제의식과 어떻게 연관되는지 서술하시오.

> 나는
> 오늘도 버스를 타고 먼지의 도시로 간다
> 나는 오늘도
> 버스를 타고 먼지의 도시로 간다
> 나는 오늘도 버스를
> 타고 먼지의 도시로 간다
> 나는 오늘도 버스를 타고

먼지의 도시로 간다
나는 오늘도 버스를 타고 먼지의
도시로 간다
나는 오늘도 버스를 타고 먼지의 도시로
간다
나는 오늘도 버스를 타고 먼지의 도시로 간다

—이가림, 「오랑캐꽃7—물거품의 나날」

2 다음 시를 교수·학습하면서 학생들로 하여금 시적 감동을 경험하게 하고자
할 때, 교수·학습의 비계로 작용할 수 있는 질문을 세 가지 이상 생성하시오.
단, 운율 교육의 차원에서 활용할 수 있는 질문을 하나 이상 포함할 것.

싸리꽃을 애무하는 산벌의 날갯짓소리 일곱 근

몰래 숨어 퍼뜨리는 칡꽃 향기 육십 평

꽃잎 열기 이틀 전 백도라지 줄기의 슬픈 미동 두 치 반

외딴집 양철지붕을 두드리는 소낙비의 오랏줄 칠만구천 발

한 차려 숨죽였다가 다시 우는 매미울음 서른 되

—안도현, 「공양」

제 6 장

반어와 역설 교육

인간이 살아가는 세상의 모습, 혹은 세상을 살아가는 인간의 모습을 담아내는 것이 문학의 기본적인 동력이라고 할 때, 문학에 담기게 되는 인간과 세상의 모습은 결코 단순 명료하지 않다. 순간과 압축성, 동일화의 상태를 지향하는 서정 장르의 경우에도 사정은 마찬가지다. 앞서 살펴본 이미지나 비유, 운율 등의 경우도 세상사의 복잡다기함을 시적 비전으로 수렴함으로써 독자의 의미 구성을 안내하고자 하는 문학적 시도라고 할 수 있다. 그러나 반어나 역설은 세상사의 복잡다기함을 애써 단일한 비전으로 수렴하기보다는 차라리 이중화함으로써 그 중층적 의미를 노골화하는 측면이 있다.

이 장에서는 이와 같은 반어와 역설을 주요한 시적 장치로 삼고 있는 시 텍스트를 독자가 만나게 될 때, 어떤 자세를 취해야 그 만남이 더 풍요로워질 수 있는지를 중심으로 반어와 역설에 대한 시 교육의 방향을 탐색해 보도록 한다.

1. 현대시 교육에서의 반어

반어와 역설은 기본적으로 이항대립적인 자질이 공존하는 언어적 장치이다(권혁웅, 2010 : 197). 우리는 흔히 언어의 표면적 의미와 심층적 의미가 반대일 때, 그와 같은 언어 사용을 반어라고 부른다. 그리고 언어의 표면에 이중의 의미, 다시 말해 모순된 의미가 동시에 존재함으로써 일견 자가당착적으로 보이지만, 그 모순이 오히려 상식을 깨는 참된 의미를 드러낼 때, 그와 같은 언어 사용을 역설이라고 부른다.

반어와 역설에서 중요한 것은, 대립적 의미 자질이 언어의 표면과 이면에 각각 존재하든, 언어의 표면에 동시에 존재하든 간에 그 각각의 의미를 동시에 고려하여야 시의 참된 의미 맥락을 구성할 수 있다는 점이다. 다시 말해 이중적으로 존재하는 의미 양자를 함께 읽어내야 시를 제대로 감상할 수 있다는 것이다.

이를 좀더 자세히 이해하기 위해 먼저 반어를 사용하여 시적 의미를 이중화하고 있는 구체적인 양상을 살펴보기로 한다.

1) 반어의 기본 원리

한때 유행했던 노래 중에 <거짓말>이라는 노래가 있다. 이 노래에는 두 개의 서로 다른 목소리가 동시에 등장한다. 한 목소리는 떠나는 임이 행복하기를 기원하며 자신의 꿋꿋함을 노래하지만, 겹쳐서 등장하는 또 다른 목소리는 그 노래의 이면에 담긴 본심, 즉 임이 떠나지 않기를 소망하는 마음과 자신의 심적 고통을 호소한다.

> 잘 가 (가지 마) 행복해 (떠나지 마)
> 나를 잊어 줘 잊고 살아가 줘 (나를 잊지 마)
> 나는 (그래 나는) 괜찮아 (아프잖아)
> 내 걱정은 하지 말고 떠나가 (제발 가지 마)
>
> —지오디, 〈거짓말〉 중

청자들은 이 노래를 들을 때 표면에 존재하는 목소리가 화자의 진심이 아니라는 것을 쉽게 알 수 있다. 애써 아무렇지 않은 척 임의 행복을 기원하는 목소리의 이면에 존재하는, 결별을 아파하는 절절한 진심의 소리가 함께 제시되고 있기 때문이다. 게다가 노래의 제목인 '거짓말' 역시, 먼저 제시되는 목소리가 진실이 아님을 알려주고 있다.

이 노래의 표면적 목소리는 속내와 다른 말을 하는 인물의 목소리로, 우리가 일상에서 어렵지 않게 접할 수 있는 반어 화자의 목소리에 해당한다. 일상에서 우리가 경험하는 반어적 말하기의 대부분이 발화 맥락을 통해 의미의 이중성을 파악하기 쉬운 것처럼, 이 노래에서는 이면의 목소리가 동시에 노출됨으로써 의미의 이중성이 쉽게 파악된다. 이와 같은 반어의 기본 원리는 시의 경우도 별반 다르지 않다.

> 내 그대를 생각함은 항상 그대가 앉아 있는 배경에서 해가 지고 바람이 부는 일처럼 사소한 일일 것이나 언젠가 그대가 한없이 괴로움 속을 헤매일 때에 오랫동안 전해 오던 그 사소함으로 그대를 불러 보리라.
>
> ─황동규, 「즐거운 편지」 부분

이 시에서 화자는 표면적으로 자신의 행동이 '사소한' 일임을 말하고 있으나, 우리는 그 행동, 그 기다림이 결코 사소한 일이 아님을 알고 있다. 오히려 절절하고, 소중하며, 변함이 없고, 깊이 있는 행위임을 인식하게 된다. '내 그대를 생각함'은 표면적으로는 우리의 일상에서 늘 반복되는 자연의 모습처럼 흔하디 흔한, 그래서 사소한 일이지만, 그 사소함은 '항상', '한없이', '오랫동안' 등의 수식어와 더불어 영속성, 불변, 혹은 소중함이라는 가치를 동반하는 의미로 이중화되기 때문이다.

'반어'는 이처럼 개별 언어 단위의 의미를 이중화하면서 독자, 혹은 청자에게 화자의 진심과 그 진심을 대체하여 드러내는 표면적 의미를 동시에 환기하는 시적 장치이다. 그리고 우리는 이를 흔히 '아이러니(irony)'라고 부른다.

그런데 어떤 특정한 대상을 우리가 '아니러니하다'라고 칭할 때는 그 성격이 그리 단순하지 않다. 우리는 대개 어떤 상황이 의도와는 다르게 귀결되어 조화롭지 않은 상태가 될 때, 그 상황을 '아이러니하다'라고 말한다. 일상적 용법으로 사용되는 '아이러니하다'의 뜻을 국어사전에서는 '모순된 점이 있다.'라고 풀이한다. 이는 앞서 살펴본 '반어'의 기본 원리에도 부합하는 것이기는 하나, 좀더 복합적인 작용과 관련이 있다.

가령 현진건의 「운수 좋은 날」의 경우, 앞에서처럼 언어 단위의 의미 자체에 주목해 보아도 제목의 표면적 의미와 실제 의미 사이의 모순과 대립이 존재함을 알 수 있지만, 의미 작용은 거기서 그치지 않는다. 인물의 기대와 상황의 전개가 배반하며 작품 전체에 긴장을 만들어 내는 동력 역시 둘 사이의 모순에서 비롯된다. 이처럼 작품 전체에 걸쳐 구조적으로 작용하는 모순의 상황은 세계를 비극적으로 인식하는 작가의 태도와 관련이 있기에, 대부분의 시론에서 '아이러니'는 세계에 대한 미학적 태도의 일종으로 설명된다.

아이러니라는 용어는 '변장'을 뜻하는 희랍어 '에이로네이아(eironeia)에서 유래하였다. 아리스토텔레스는 『윤리학』에서 자기를 실제 이상의 존재로 가장하는 인간과 자신을 실제보다 낮추어 말하는 인간을 진실한 인간과 구분한다. 고대 희극은 이 기만적인 두 부류의 인간에 각각 알라존(Alazon)과 에이런(Eiron)이라는 이름을 부여하여 주인공으로 채택하였다. 알라존은 강자지만 우둔하고, 에이런은 약자지만 현명하다. 그리고 이 양자의 대결에서 관객의 예상을 뒤엎고 약자인 에이런이 알라존을 물리치고 승리한다.

실제로 아이러니의 시에는 두 개의 시점, 즉 에이런의 시점과 알라존의 시점이 공존하며, 알라존은 표면에 나타나고 에이런은 뒤에 숨어 있는 경우가 많다. 사실 이와 같은 이중성은 대개 서사적 구조를 통해 실현될 가능성이 크다. 그런 점에서 아이러니의 정신은 서사적 비전, 혹은 실제의 세계를 분석하고 비판하는 산문 정신과 관련이 깊은 것으로 이해되어 왔다(김준오, 2014 : 306). 그러나 근대 이후 더 이상 동일화의 시적 비전을 기대하기 어려워진 시인들에 의해 세계를 인식하는 특수한 미학적 태도로 아이러니가 채택되기 시작하면서 시 작품에서도 폭넓게 나타나는 경향을 보이게 된 것이다.

> 아이들이 큰소리로 책을 읽는다
> 나는 물끄러미 그 소리를 듣고 있다
> "아니다 아니다"라고 읽으니
> "아니다 아니다" 따라서 읽는다
> "그렇다 그렇다"라고 읽으니

"그렇다 그렇다" 따라서 읽는다
외기도 좋아라 하급반 교과서
활자도 커다랗고 읽기에도 좋아라
목소리 하나도 흐트러지지 않고
한 아이가 읽는 대로 따라 읽는다

이 봄날 쓸쓸한 우리들의 책읽기여
우리나라 아이들의 목청들이여.

—김명수, 「하급반 교과서」

이 시의 첫 연에는 '외우기도 좋아라', '읽기에도 좋아라'라며 어린 학생들이 책을 읽는 장면을 명랑하게 전해주는 목소리가 등장한다. 4음보의 경쾌한 속성까지 더해져 시를 읽는 독자들은 덩달아 천진난만해지는 느낌을 받게 된다. 그러나 2연에서 그 느낌은 급히 하강하게 되는데, 이는 갑자기 '쓸쓸한'이라는 수식어가 등장하여 1연의 상황, 즉 '우리들의 책읽기'를 수식하면서 촉발된다. 2연에서는 1연의 순진무구한 목소리와는 전혀 다른 지적이고 어른스러운 목소리가 등장하여 1연의 발랄한 상황을 일거에 부정적인 상황으로 위축시켜 버린다.

이 시에 나타나는 두 목소리야말로 알라존의 그것과 에이런의 그것으로, 실제로 이 시의 화자를 대변하는 목소리, 즉 에이런의 목소리는 2연을 지배한다. 그러나 세상에 대해 아무것도 모르는 순진한 알라존을 1연에 내세움으로써, 이 시는 이 세계가 갖는 획일성과 허위성, 그리고 폭압성을 선명하게 폭로하고 있는 것이다.

이 시의 1연이 보여주는 장면은 영화 <설국열차>의 한 장면을 떠올리게 한다. 비현실적일 정도로 아름다운 색채감이 가득한 교육칸에서 잘 차려입은 어린 학생들이 선생님의 말을 앵무새처럼 따라서 합창하는 장면이다. 영화에서 열 살 정도 돼 보이는 여자아이 한 명은 꼬리칸 사람들이 더럽게 사는 것은 그들이 멍청하고 게을러서라고 당당하게 말한다. 그러나 교육칸의 이미지가 화사하면 할수록, 그 아이의 어조가 당당하면 할수록 우리는 그 이면의 메시지에 주목하게 된다. <설국열차>의 봉준호 감독 역시 「하급반 교과서」의 시인과 마찬가지로 사회의 부조리함, 그리고 세상의 부정적 이면을 보지 못하게 하는 지배 이데올로기의 음험함을 작품을 통해 드러내고자 하였던 것이다.

이처럼 상충되고 대립되는 것들을 동시에 떠올리게 함으로써 시인, 혹은 작가가 세계를 인식하는 특수한 태도를 드러내는 방식은 미학적 차원에 해당하는 것으로, 속마음과는 반대되는 표현을 드러내는 언어적 차원의 반어와는 그 작용 범위나 원리가 상이하다고 할 수 있다. 그로 인해 대부분의 시론서에서는 언어 단위의 표면과 이면에 이중성이 드러나는 반어의 경우를 '언어적 아이러니'라고 제한적으로 명시한다. 그리고 세계 인식의 양상 및 그것이 작용하는 층위를 고려하여 아이러니를 몇 가지 유형으로 구분하여 제시한다.

영화 <설국열차>의 한 장면

2) 반어의 유형

다음은 대표적인 시론서들이 아이러니를 유형화하고 있는 방식을 표로 정리한 것이다.

저자	서명	아이러니 유형
김용직	현대시원론	• 의미론적 아이러니 • 구조적 아이러니 • 상황적(극적) 아이러니
김준오	시론	• 언어적 아이러니 • 낭만적 아이러니 • 내적 아이러니 • 구조적 아이러니
문덕수	시론	• 언어의 아이러니 • 상황의 아이러니 　(극적, 구조적, 일반적, 낭만적 아이러니)
윤여탁 외	시와 함께 배우는 시론	• 언어적 아이러니 • 구조적 아이러니 • 극적(상황적) 아이러니 • 낭만적 아이러니
정한모	현대시론	• 의미론적 아이러니 • 극적(상황적) 아이러니 • 낭만적 아이러니 • 순진성 아이러니

우선 시론서들이 공통으로 상정하고 있는 아이러니의 유형은 '언어적 아이러니'임을 알 수 있다. 이는 앞서 밝힌 것처럼 언어의 표면과 이면에 이중성이 드러나는 경우, 즉 가장 기본적인 아이러니에 해당하는 유형이다. 논자에 따라 이를 '의미론적 아이러니'(김용직, 정한모), 또는 '언어의 아이러니'(문덕수)로 명명하기도 하나, 어느 경우이든 'verbal irony'의 다른 번역에 해당한다.

그러나 이를 제외하고는 아이러니의 유형에 대해 합의된 견해가 존재한다고 보기 어렵다. 논의의 혼란은 '구조적 아이러니'와 '극적 아이러니', '상황적 아이러니'의 차별성 문제, '낭만적 아이러니'의 별도 설정 여부, 그리고 특정 시론서에서만 제시하고 있는 '내적 아이러니'와 '순진성 아이러니'의 개념적 불명확성 등에서 나타난다. 더 근본적인 혼란은 위와 같은 유형화의 기준이 모호하고 각각 달라서 개념 간의 위계가 착종되어 있다는 점이다.

시에서 두드러지게 나타나는 아이러니를 중심으로 우리의 이해를 단순화하기 위해서는 우선 문덕수의 경우처럼 '언어적 아이러니'와 '상황의 아이러니'로 양대별하여 이해하는 것이 도움이 된다. 특정 발화 단위에 한하여 아이러니의 특성을 확인할 수 있는 언어적 아이러니와 달리 텍스트 전반에 걸쳐 시인의 세계 인식 태도가 드러난 아이러니를 구별할 필요가 있는 것이다.

무에크(D. C. Muecke)에 따르면 말의 아이러니, 즉 언어적 아이러니는 아이러니스트가 아이러니의 상태를 야기하는 아이러니이며, 상황의 아이러니는 어떤 일의 상태나 사건이 아이러니컬하다고 여겨지는 아이러니이다. 가령 앞서 살펴본 「하급반 교과서」의 경우처럼 텍스트 전반에 걸쳐 시인이 비판하고자 하는 특수한 상황이 전면화되고 그 상황에 대한 시인의 부정적 인식이 일종의 페이소스를 낳게 되는 경우 상황의 아이러니가 빚어지는 것이다.

물론 지적인 관찰자가 세계, 즉 외부의 대상을 비판하는 경우와 달리 비판의 방향이 화자 자신을 포함하는 다소 특수한 경우도 있는데, 김준오의 시론에서는 이를 여타의 아이러니와 구별하여 '내적 아이러니'라고 별도로 유형화하고 있다. 그러나 중요한 것은 '내적 아이러니'를 포함한 상황의 아이러니는 우리의 본성 내부에 존재하는 모순, 그리고 세계에 존재하는 모순을 놓치지 않는다는 점이다. 그 대상이 자기 자신이든 자신을 포함한 세계이든, 아니면 대상화된 세계이든 간에 텍스트 전반에서 드러나는 아이러닉한 태도는 사물에 어떤 근본적인 모순, 이성의 견지에서 바로잡기 어려운 부조리가 있다는 점에서 비롯된 것이다(Muecke, 1980 : 107).

다만 상황의 아이러니를 극적 아이러니와 동일 개념으로 상정하고 있는 일부 논자들(김용직, 윤여탁, 정한모)이 있어 다소 혼란스러운 측면이 있다. 하지만 문덕수

시론의 용례를 따라 아이러니의 유형을 언어적 아이러니와 상황의 아이러니로 양대별하여 후자에 속하는 하위 유형으로 극적 아이러니를 한정할 때 좀더 이해가 명료해진다. 극적 아이러니 역시 텍스트 전반에 걸쳐 모순적인 상황이 나타나기 때문이다.

극적 아이러니는 희곡의 플롯으로 구성되는 아이러니로 희곡적 플롯을 가진 모든 작품에 내재할 수 있다. 대표적으로는 희랍 비극에서 흔히 발견할 수 있는데, 주로 기대하는 것과 이루어지는 것 사이의 대조에 의해 긴장과 갈등이 고조되는 모습으로 나타난다. 가령 소포클레스의 비극 『오이디푸스 왕』의 경우, 등장인물이 자신의 운명에 대해 갖는 기대와 달리 이미 정해진 운명으로 인해 자신도 모르는 채로 파멸의 길을 걷게 되는 상황에서 이율배반적인 긴장이 초래된다. 그리고 관객들이 이와 같은 이율배반의 상황을 이미 감지하고 있기에 그 긴장이 더욱 고조된다.

극적 아이러니는 비극에서뿐 아니라 희극에서도 나타나는데, 희극에 흔히 등장하는 유치하거나 우둔한 인물에 의해 벌어지는 상황의 부조리함 역시 관객들에 의해 간파되게 마련이다. 정한모의 시론에서 유형화된 '순진성 아이러니' 또한 어린아이와 같이 천진하고 무지한 인물에 의해 현실의 부조리함이 부각되는 경우에 주목하고 있기에 넓게 보면 희극에 나타나는 극적 아이러니와 상통한다고 볼 수 있다.

김용직의 시론에서는 이처럼 천진한 화자나 주인공의 존재를 구조적 아이러니의 특징으로 꼽으면서 그 예로 소설 「사랑방 손님과 어머니」를 들고 있다. 그런데 시의 경우에는 대체로 플롯이나 극적 상황에 의해 아이러니가 발생하기보다는 대상에 대한 화자의 태도에 의해 이중적 의미 맥락이 발생하는 편이기 때문에, 구조적 아이러니는 희극에서 흔히 볼 수 있는 극적 아이러니와 구분된다. 다만, 이처럼 특정 화자의 역할로 인해 의미 맥락이 이중화되는 아이러니를 '순진성 아이러니'로 특칭할 경우 자연스럽게 천진하거나 무지한 화자의 존재를 상정하게 되는데, 실제로 구조적 아이러니가 나타나는 시의 대부분은 무지한 화자보다는

'짐짓 모르는 체하는 화자', 즉 가장(simulation)하는 화자를 의도적으로 설정한 경우가 많다. 가령 다음 시의 경우 화자는 무지하다기보다는 알면서도 짐짓 모르는 체하는 화자라고 볼 수 있다.

> 한 줄의 시는커녕
> 단 한 권의 소설도 읽은 바 없이
> 그는 한평생을 행복하게 살며
> 많은 돈을 벌었고
> 높은 자리에 올라
> 이처럼 훌륭한 비석을 남겼다.
> 그리고 어느 유명한 문인이
> 그를 기리는 묘비명을 여기에 썼다.
> 비록 이 세상이 잿더미가 된다 해도
> 불의 뜨거움 굳굳이 견디며
> 이 묘비는 살아남아
> 귀중한 사료가 될 것이니
> 역사는 도대체 무엇을 기록하며
> 시인은 어디에 무덤을 남길 것이냐

—김광규, 「묘비명」

이 시의 화자는 순진하다기보다는 지적이고 냉정한 관찰자로, 시의 표면에 묘사된 상황은 단순하다. 시나 소설과는 무관하게 살면서 돈과 지위를 얻은 어떤 사람이 죽어 비석을 세웠고 유명한 문인이 그 묘비명을 썼다는 것이다. 화자는 그러한 상황이 얼마나 비극적이고 부조리한 것인지 알고 있으나 짐짓 모르는 체하며 그 상황을 중립적으로 기록하고 있을 뿐이다. 다만 마지막 두 행에서 수사의문문을 통해 이 상황에 대한 화자의 부정적 인식이 드러나는데, 독자는 이를 단서로 시 전체에 지속되는 의미 맥락이 단순하지 않고 이중적임을 파악하게 된다. 이처럼 구조적 아이러니는 세계의 모순을 직시하는 지적 관찰자의 거리두기를 통해 의미 맥락상 이중의 구조가 발생하며, 그로 인해 독자의 참여를 강하게 요청하게 된다는 점에서 **아이러니의 특질***이 가장 전형적으로 드러나는 유형에 해당한다고 볼 수 있다.

이밖에 시에서 자주 나타나는 상황적 아이러니의 한 유형으로 '낭만적 아이러니'를 별도로 유형화하는 경우도 있기에, 다른 아이러니 유형과 비교해 볼 필요가 있다. 다음은 낭만적 아이러니가 잘 드러난 것으로 알려진 시 「깃발」이다.

알짬 아이러니의 특질
휠러는 아이러니의 특질을 다음과 같이 제시하고 있다. ① 참여 수용의 요소, ② 대조의 속성, ③ 이중 초점과 동시작용성, ④ 명백한 기호 체계 부재, ⑤ 축어역(逐語譯)과 함축성의 줄다리기, ⑥ 정서적 거리의 유지 등(김용직, 1988 : 256-258 참조).

> 이것은 소리 없는 아우성
> 저 푸른 해원을 향하여 흔드는
> 영원한 노스탈쟈의 손수건
> 순정은 물결같이 바람에 나부끼고
> 오로지 맑고 곧은 이념의 푯대 끝에
> 애수는 백로처럼 날개를 펴다
> 아! 누구인가?
> 이렇게 슬프고도 애닮은 마음을
> 맨 처음 공중에 달 줄을 안 그는.
>
> ─유치환, 「깃발」

이 시의 전반부에서 깃발은 무한한 것, 이상 세계에 대한 동경을 선명하게 드러내는 이미지이다. 그러나 '아! 누구인가?'에 이르러 화자는 깃발이 벗어날 수 없는 속박 상태에 놓여 있음을 인식하며 급격하게 심리적 좌절 상태에 이른다. 이처럼 낭만적 아이러니는 현실과 이상, 유한한 것과 무한한 것의 이원론적 대립을 기반으로 한다. 이 시에서처럼 동경 자체가 절망일 수밖에 없는 운명적 모순을 통해 인간 존재의 진실을 드러내는 시도는 독일 낭만주의자들에 의해 본격적으로 시도되었다. 독일 낭만주의자들이 그러했듯이 진실이 내포하고 있는 이중적 성격을 선명히 드러내기 위해 아이러니에 기댄 경우, 이를 낭만적 아이러니라고 한다.

지금까지 살펴 본 상황의 아이러니의 하위 유형에 해당하는 내적 아이러니, 극적 아이러니, 순진성 아이러니, 구조적 아이러니의 공통점은 모두 아이러니가 특정 언어 단위에 한정되어 나타나는 것이 아니라 작품 전체에 걸쳐 의미의 이중성을 견인해 낸다는 점이다. 사실 독자가 이와 같은 상황의 아이러니를 읽어낼 때 중요한 것은 작품에 드러난 아이러니의 유형을 따지는 것이 아니라, 작품 전반에 걸쳐 있는 아이러니 구조를 통해 세계의 이면, 인간사에 내재한 모순과 대립의 의미망을 포착하는 것이다. 이 과정에서 아이러니는 우리로 하여금 삶의 단면만을 보지 않고 폭넓은 비판을 가능하게 하는 이중적인 사유의 틀로 작용하게 된다.

2. 현대시 교육에서의 역설

시 텍스트에 나타나는 이중적 의미를 함께 고려해야 한다는 점에서 반어와 역설은 유사한 시적 원리라고 할 수 있다. 그러나 의미의 이중성을 언표화된 특정 발화에 한정하지 않고 상황의 아이러니까지 적극적으로 고려하여 파악하는 관점에서 볼 때, 반어와 역설은 세계 인식의 태도 자체에 근본적인 차이가 있다. 역설의 기본 원리를 중심으로 그 근본적 차이를 살펴보고자 한다.

1) 역설의 기본 원리

'지는 것이 이기는 것이다.', '모르는 것을 모른다고 하는 것이 아는 것이다.'와 같은 표현은 우리가 일상 생활에서 흔히 접할 수 있는 역설적 표현이다. 표면적으로는 모순되는 표현이지만 그 모순을 넘어서는 참된 의미가 내재해 있는 것이 역설의 본질이다. 역설, 즉 paradox라는 용어 자체가 para(over) + doxa(dogma)의 결합이므로, 논리를 초월한다는 뜻을 담고 있다.

아이러니의 경우 모순되는 의미가 표현의 이면에 잠복해 있는 데 반해 역설에서는 언어의 표면에 모순과 부조화가 그대로 드러난다. 중요한 것은 역설을 통해 모순되거나 양립할 수 없는 요소들이 동시에 결합되고 융합된다는 점이다. 아이러니는 겉으로는 중립적인 것처럼 생의 한 부면만을 드러내지만 실은 그 드러난 모습이 세계의 왜곡된 모습일 수 있음을 깨닫게 하고 말해지지 않은 이면의 진실에 주목하게 하는 데 반해, 역설은 모순되는 의미 내용들을 동시에 제시하여 더 큰 진리를 추구함으로써 양자의 모순을 화해하게 하고 극복하게 하는 데 초점이 있다. 세계 인식의 태도를 중심으로 비교하자면, 아이러니는 부정적이고 비판적인 세계 인식의 산물이고, 역설은 융합과 초월을 지향하는 세계 인식의 산물인 셈이다.

이처럼 역설을 통해 내면에 존재하는 심적 모순을 드러내고 양자를 모두 인정함으로써 심리적 고통을 감당하고자 모습은 김소월의 시편들에서 절절하게 잘 드러난다.

먼훗날 당신이 차즈시면
그때에 내말이 「니젓노라」

당신이 속으로 나무리면
무척 그리다가 「니젓노라」

그래도 당신이 나무리면
밋기지 않아서 「니젓노라」

오늘도 어제도 아니 잇고
먼훗날 그때에 「니젓노라」

—김소월, 「먼 후일」

이 시는 많은 중학교 국어 교과서에서 반어의 제재로 수록하고 있는 시이다. 중학교 수준에서는 '니젓노라'라는 표현이 속마음과는 반대된다는 데 초점을 두어 이 시를 통해 반어적 언어 사용의 특질에 대해 교수·학습하는 것이 가능하다. 그러나 시 전체를 통해 절절하게 드러나는 화자의 심리와 상황 인식에 공감하기 위해서는 이 시의 역설적 성격에 주목하지 않을 수 없다.

이 시에서 각 연의 1행들은 현재의 시점에서 현실적으로 불가능한 상황으로서의 미래, 즉 관념적 미래를 설정하고 있다. 이것은 이 행들이 가정법을 사용하고 있음을 보아 알 수 있다. 2행은 그 관념적 미래의 시점에서 과거로 의식이 지향하여 공통 핵심어인 '니젓노라'를 반복한다. 이 '니젓노라'는 미래적 과거라는 모순적인 시간 양상을 띠면서 절대 잊을 수 없다는 생각을 역설적으로 드러내어 준다(김준오, 1997 : 322).

그런데 사실 이 시에서 우리가 주목해야 할 것은 시간적 모순보다도 화자의 내적 진실이 무엇인가 하는 점이다. 실제로 이 시에서 화자는 자신의 인간적 존엄함을 잃지 않기 위해 이별한 임과의 조우 상황에서 '니젓노라'라고 발화하고 싶은 욕망을 가지고 있는 존재이다. 그러나 또한 명백한 것은 그와 동시에 '오늘도 어제도 아니잊'는다는 불가항력적인 내적 진실이 존재한다는 것이다. '잊지 않음'과 '잊음'이라는 모순되는 사실이 동시에 진실로 작용함으로써 이 시의 화자가 처해 있는 심리적 절실함이 극대화되고 있다.

다음은 스승이었던 안서 김억의 역시집 『망우초』를 받고 소월이 써 보낸 답장이다.

> 망우초는 근심을 잊어버린 망우초입니까, 잊어버리는 망우초입니까, 잊자하는
> 망우초입니까. 저의 생각 같아서는 이 마음 둘 데 없어 잊자하니 이리 불러 망우
> 초라 하였으면 좋겠다 하옵니다.

이 답장에 나타나는 기어코 '잊자'하는 소월의 모습은 '오늘도 어제도 아니 잊고 먼 후일 그때에 잊었노라' 하는 「먼 후일」의 화자의 모습과 겹친다. 자신의 내면에 '잊고자 하는 마음'과 '잊을 수 없는 마음', 혹은 '떠난 임에 대한 원망'과

'임을 잊지 못하는 미련'을 동시에 가지고 있는 모순적인 존재가 김소월 시에 두루 나타나는 화자의 모습인 것이다. 소월의 대표작인 「진달래꽃」이 이별의 슬픔을 바탕으로 하지 않고서는 사랑의 기쁨을 가시화할 수 없는 역설로 빚어낸 것이라는 해석(이어령, 2015 : 30) 역시 김소월 시의 전형적인 화자가 처해 있는 이중적이고 모순적인 심리 상태에 대한 통찰의 결과이다. 이처럼 역설은 이중화된 의미 모두를 내적 진리로 삼고 있다는 점에 그 기본 원리가 있는 시적 표현이라고 할 수 있다.

2) 역설의 유형

역설 역시 반어와 마찬가지로 의미상의 모순이 작용하는 지점이 특정 발화 단위인지, 작품 전체인지에 따라 몇 가지로 유형화된다. 다음은 기존의 시론서들이 역설을 유형화하고 있는 방식을 표로 정리한 것이다.

저자	서명	역설 유형
김용직	현대시원론	• 표층 역설 • 심층 역설 • 진술과 암시의 상호작용에 의한 경우
김준오	시론	• 표층적 역설 • 심층적 역설 • 시적 역설(구조적 역설)
문덕수	시론	• 모순어법 • 구조적 역설
윤여탁 외	시와 함께 배우는 시론	• 표층적 역설 • 심층적 역설(존재론적 역설, 시적 역설)
정한모	현대시론	• 표층적 역설 • 심층적 역설 • 표현과 암시의 역설적 상호작용

역설의 유형에 관한 논의는 상대적으로 덜 혼란스러운 편이다. 이는 대부분의 시론서들이 휠라이트(P. Wheelwright)의 역설 논의를 참조하였기 때문이다. 휠라이트는 시에 나타나는 역설을 'paradox of surface', 'paradox of depth', 'paradoxical interplay of statement and innuendo'(Wheelwright, 1954 : 70-73)로 나누어 설명하였는데, 각각의 연구자들은 이를 전거로 하여 역설의 유형을 재분류하는 양상을 보인다.

표에서 주목되는 것은 반어의 경우와 마찬가지로, 동일 범주에 대한 명명과 위계화가 다소 상이하다는 점이다. 역설의 경우에도, 가장 단순하다고 할 수 있는 어법상의 문제는 표층적 역설, 혹은 모순어법 등으로 범주화하고 있으며, 이 범주에 관한 한은 모든 시론서들이 일치된 개념을 제시하고 있다. 우리가 시에 나타난 역설적 표현에 주목할 때 흔히 거론되는 사례들인 '찬란한 슬픔의 봄'(김영랑, 「모란이 피기까지는」), '강철로 된 무지개'(이육사, 「절정」) 등의 경우처럼 모순되고 상반되는 어구가 결합함으로써 양자 모두 진실이면서 각각의 진실을 넘어서는 새로운 진실을 포착할 때 역설이 발생하는 유형에 해당한다.

그러나 휠라이트의 두 번째 유형과 세 번째 유형에 대해서는 문덕수의 경우처럼 양자를 동일 범주로 유형화하거나, 윤여탁 외의 경우처럼 범주의 위계를 재설정하는 차이를 보이기도 한다. 일단 두 번째 유형에 해당하는 '심층적 역설'을 별도로 구분해 보면, 역설적 언어 표현을 통해 새로이 포착되는 진실이 신비스럽고 초월적인 깨달음과 관련이 있는 경우라고 볼 수 있다. '색즉시공 공즉시색(色卽是空 空卽是色)' 같은 불교적 진리의 표현이 이에 해당하는데, 시의 경우에는 「님의 침묵」 등 한용운의 시편에서 주로 나타난다. 그런데 한용운의 시편들에서 알 수 있듯이 시에서 심층적 역설이 나타날 때에는 역설적 사유가 작품 전편에 작용하여 시적 통찰을 심화하고 작품 전체를 신비스럽고 초월적인 분위기로 고양하는 역할을 하기에, 특정 언어 단위에서 역설이 발생하는 표층적 역설의 경우와 명백하게 구분된다. 심층적 역설이 시에서 나타날 때 역설의 세 번째 유형과 동일 범주로 유형화되거나 동등한 층위에서 위계화되기도 하는 이유이다.

그럼에도 불구하고 휠라이트가 유형화한 세 번째 유형인 'paradoxical interplay of statement and innuendo', 즉 진술과 암시의 역설적 상호작용에 해당하는 경우와 관련하여서는, 상이한 입장들이 나타나는 것이 사실이다. 휠라이트는 이미지에 잠재된 암시가 직접적으로 진술된 내용과 모순될 때, 양자가 서로 상호작용하면서 세 번째 유형의 역설이 발생한다고 설명하고 있는데, 김준오와 문덕수의 경우에는 이를 각각 시적 역설, 구조적 역설이라고 범주화한 후, 아이러니와의 관련성을 언급하고 있다. 존재와 세계에 대한 역설적 인식이 작품 전편에 걸쳐 구조화된다는 점에서 심층적 역설의 시와 유사한 측면이 있으나, 심층적 역설이 초월적 진리를 지향하는 것과 달리 시적 역설은 모순의 수긍을 통해 내적 진실을 암시함으로써 시의 서정성을 심화하는 기능을 한다. 이와 같은 시적 역설의 효과는 앞서 살펴본 김소월의 시편들에서 가장 잘 드러난다.

사실 인간이라는 존재, 그리고 우리를 둘러싸고 있는 세계에는 근원적으로 모순과 부조화가 존재하기 마련이고, 시는 그 모순과 부조화를 외면하지 않고 드러냄으로써 삶의 진실을 풍부하게 포착해 낸다. 시가 갖는 이러한 정신적 기능을 효과적으로 파악하기 위해 역설의 개념에 주목한 것은 신비평가들로, 특히 브룩스(C. Brooks)는 좋은 시의 일반적 특질이 역설에 있다고까지 주장하였다. 브룩스에 따르면 역설은 과학과 상식이 빚어내는 좁은 시각에서 벗어나 포괄적 세계를 구축할 수 있게 하기에, 시인이 말하는 진리는 역설을 통해서만 존재할 수 있다는 것이다(Brooks, 1956).

이와 같은 브룩스의 견해를 확인하기 위해 인간 삶의 아프고도 아름다운 진실을 암시적으로 노래하고 있는 시 한 편을 살펴보기로 하자.

눈먼 손으로
나는 삶을 만져 보았네.
그건 가시투성이였어

가시투성이 삶의 온몸을 만지며
나는 미소 지었지.
이토록 가시가 많으니
곧 장미꽃이 피겠구나 하고.

장미꽃이 피어난다 해도
어찌 가시의 고통을 잊을 수 있을까
해도
장미꽃이 피기만 한다면
어찌 가시의 고통을 버리지 못하리요.

눈먼 손으로
삶을 어루만지며
나는 가시투성이를 지나
장미꽃을 기다렸네.

그의 몸에는 많은 가시가
돋아 있었지만, 그러나,
나는 한 송이의 장미꽃도 보지 못하였네.
그러니, 그대, 이제 말해 주오,
삶은 가시 장미인가 장미 가시인가
아니면 장미의 가시인가, 또는
장미와 가시인가를.

—김승희, 「장미와 가시」

　이 시에서 알 수 있는 것처럼 시적 역설의 가장 큰 힘은 어쩌면 생의 근원적
속성일 수도 있는 모순을 통찰하고 이를 넘어설 수 있게 하는 시적 사유와 인식

에 있을 것이다. 우리는 대체로 "곧 장미꽃이 피겠구나" 하는 소박한 희망으로 비루한 고통의 삶을 견뎌내고 있지만, 그 삶을 어루만지는 우리의 손은 눈 멀어 있고, 삶의 고통은 극심하기만 하며, 장미꽃은 피지 않는다. 그러나 오히려 장미가 피지 않는 우리의 삶, 가시 장미일 수도 있고 장미 가시일 수도 있고, 장미의 가시일 수도 있고, 장미와 가시일 수도 있는 우리의 삶은 그 자체로 슬프고도 아름다운 것이기에 의미가 있다. 삶의 모순적 속성을 통찰하고 이를 아프게 받아들이는 이러한 세계 인식의 태도는, 세계의 허위성을 직시하고 냉소하고 비판하는 반어의 세계 인식 태도와는 판이하게 다르다. 시에서 반어가 취하는 지향성이 일종의 반(反)서정에 가깝다면, 시적 역설은 이처럼 세계의 근원적 모순을 드러내면서도 그 모순 자체가 삶의 진리임을 수긍하게 한다는 점에서 서정성의 심화에 기여한다고 볼 수 있겠다.

3. 교수·학습의 실천과 탐색

1) 교육과정을 통해 본 반어와 역설 교육

반어와 역설에 대한 교육 내용이 성취기준 수준에서 국어과 교육과정 문서에 명시된 것은 6차 교육과정 이후이다. 교육과정 시기별로 반어와 역설 교육의 근거가 되는 내용 항목(또는 성취기준)과 교육 중점을 상세히 제시하고 있는 해설 부분을 먼저 확인해 볼 필요가 있다.

먼저 6차 교육과정의 경우, 고등학교 선택과목인 <문학> 과목의 교육과정 해설에서 근대 소설의 장르 특징 중 하나로 '아이러니'를 다루어야 한다는 취지를 명시하고 있음이 확인된다. 해당 교육 내용은 1) 문학의 본질과 기능 나) 문학의 갈래 중 ②번 항목인 "갈래상의 특성을 작품 이해에 적용할 수 있다."이다. 6차 교육과정은 내용 항목별로 매우 상세한 해설을 제시하고 있는데, 다음은 해당 항목의 해설 부분이다.

근대 소설의 장르 특징 가운데 하나는 결정론적 세계인식을 벗어난다는 점이다. 운명이라든지 절대의 이념 등은 근대적인 사유와는 거리가 있는 것들이다. 개인의 분명한 자기 인식과 자유로운 추구를 통해 세계와 대응해 나갈 수 있다는 것이 근대적인 인물의 사고 방식이고 행동 방식이다. 이러한 사고 방식이 소설에 반영될 때 소설의 결말이 비결정적이라는 특성을 보여 준다. 이는 루카치가 말하는 소설 형식의 아이러니 개념과 상통한다. "길이 시작되자 여행은 끝난다."는 비유가 그것이다. (중략) 이처럼 여행과 길이 불일치하는 가운데 소설 구조의 아이러니적 특성이 드러난다. 길이 시작되었으면 여행을 지속해서 성취를 해야 하는데 그렇지 못하고 성취의 가능성이 보이는 데서 추구를 중단해야 하는 것이다.

이 해설에서 알 수 있는 것은 6차 교육과정의 문학 과목에서 반어는 소설의 장르 특징을 교육할 때 도입되는 내용 요소라는 점이다. 현대시 교육에 바로 적용하게 되는 내용 항목은 아니나, 반어의 교육이 근대적 세계 인식과 관련하여 이루어져야 한다는 교육적 관점이 주목된다.

7차 교육과정에서 반어와 역설은 중학교 2학년, 즉 8학년 국어 과목 문학 영역의 교육 내용으로 제시되어 있다. 해당 항목은 "[8-문-(2)] 작가가 독자의 언어적 반응을 불러일으키기 위해 사용한 언어적 표현의 특징과 효과를 파악한다."로, 교육과정 해설에 따르면 이 내용은 비유나 상징, 반어, 역설 등의 표현 방법 알기, 작가의 언어적 표현상의 특징 파악하기, 작가가 작품에서 여러 가지 표현 방법을 사용한 이유 추론하기 등의 학습 요소를 담고 있다.

2007 개정 교육과정 역시 8학년 국어 과목 문학 영역에서 반어와 역설을 제시하고 있는데, 구체적 성취기준은 7차 교육과정과 상이하다. "[8-문학-(3)] 문학 작품의 세계가 누구의 눈을 통해 전달되는지를 파악한다."라는 성취기준과 관련하여 내용 요소의 예로, '반어(아이러니)와 풍자의 특성 이해하기'를 명시하고 있다. 그러나 아무래도 성취기준 자체가 시점 및 화자에 대한 교육에 초점이 있기

에, 반어나 역설에 대한 본격적 교육을 기대하기는 어려운 편이다.

현재 적용되고 있는 2011 개정 교육과정에서는 다시 7차 교육과정의 취지를 준용하여, 작가의 태도와 관련하여 반어와 역설을 교육하도록 제시하고 있음이 확인된다. 해당 성취기준은 중 1~3학년군 국어 과목 문학 영역의 "(4) 표현에 드러나는 작가의 태도에 주목하며 작품을 이해하고 표현한다."로, 다음의 성취기준 해설은 반어와 역설 교육의 취지가 선명하게 드러나 있기에 참조할 만하다.

> 반어, 역설, 풍자는 대상을 바라보는 작가의 태도가 특히 강조되는 표현 방식이다. 반어, 역설, 풍자 등의 표현 방식을 이해하는 데서 그치는 것이 아니라, 이러한 표현 방식에 내재된 작가의 태도는 무엇인지, 어떤 문학적 효과를 드러내며 나아가 작품 전체의 의미를 형성하는 데 어떻게 기여하는지 이해하는 데에 초점을 맞추도록 한다. 또한, 이러한 표현 방식을 활용하여 다양하게 표현할 수 있도록 지도한다.

인용한 성취기준 해설에 따르면, 현행 교육과정의 반어와 역설에 대한 교육은 기법 차원, 혹은 개념적 지식 차원에서 이루어지기보다는 작가의 태도를 중심으로 작품의 의미를 해석하는 데 기여할 수 있도록 초점화되어 있음을 알 수 있다.

마지막으로 2015 개정 교육과정에서는 반어와 역설에 대한 교육의 초점이 다소간 조정되어 있음을 확인할 수 있다. 해당 성취기준은 중 1~3학년군 국어 과목 문학 영역의 "[9국05-09] 자신의 가치 있는 경험을 개성적인 발상과 표현으로 형상화한다."인데, 명시된 성취기준 진술에서 예상할 수 있는 것은 반어와 역설에 대한 학습이 발상 및 표현 차원에서 강조되고 있다는 점이다. 이는 해당 성취기준의 해설 부분에 해당하는 다음 인용문에서 선명하게 확인된다.

> 이 성취기준은 학습자가 자신만의 독특한 개성을 살려 삶에서 가치를 발견하고 이를 창의적으로 표현하는 능력과 태도를 기르기 위해 설정하였다. 작가는 작품을 통해 자신의 고유한 생각, 취향, 가치관 등을 표현한다. 다양한 문학적 표현 방법 중 운율, 반어, 역설, 풍자의 원리와 그 효과에 대한 이해를 바탕으로 하여

학습자 스스로 자신의 개성을 살려 문학 창작 활동을 보다 풍요롭게 수행할 수 있도록 하는 데 중점을 둔다.

2015 개정 교육과정의 경우, 반어와 역설에 대한 이해를 개별 작품에 대한 감상 및 해석을 심화하는 데 적용하는 것이 아니라, 자신의 삶에서 가치를 발견하는 발상의 차원과 개성을 살린 표현 차원에서 적용하게 하는 데 학습의 초점이 있음을 알 수 있다.

서로 다른 다섯 시기의 교육과정을 검토한 결과, 반어와 역설에 대한 교육의 초점은 주목할 만한 변화를 보이고 있다. 아무래도 6차 교육과정의 경우, 비록 역설을 제외하고 반어만을 포함하고 있기는 하나, 고등학교급 선택 과목에서 반어를 교육 내용으로 도입하고 있기에, 세계관의 차원에서 반어에 접근할 수 있는 가능성을 갖는다. 7차 교육과정 이후 세 번의 교육과정에서는 주로 반어와 역설을 작품의 특성, 그리고 작가의 태도와 관련하여 파악하고 이해하는 데 중점을 두고 있다. 2015 개정 교육과정에서는 반어와 역설이 삶의 가치에 대한 표현 원리로 강조되고 있다.

현대시 교육 장면에서 반어 및 역설과 관련하여 가장 강조되고 있는 교육 내용은 반어 및 역설의 의미작용이라고 할 수 있다. 학습 독자들로 하여금 개별 작품에서 반어와 역설이 작가의 태도를 어떻게 드러내는지, 작품 전체의 의미에 어떻게 기여하는지를 중심으로 반어와 역설의 의미작용을 경험하게 하는 구체적 기제는 교과서의 학습 활동으로 구체화된다. 현행 중학교 교과서를 통해 반어와 역설의 교육 내용을 좀더 면밀하게 검토하고자 한다.

먼저 현행 중학교 국어 교과서 14종에서 반어와 역설을 가르칠 때 활용하는 현대시 제재를 확인해 보자.

출판사	집필자	반어 제재	역설 제재	수록 위치
교학사	남미영	넌 바보다	모란이 피기까지는	활동(반어, 역설)
두산동아	이삼형		못난 사과	본문
두산동아	전경원	먼 후일	땅끝	본문
미래엔	윤여탁	먼 후일	독은 아름답다	본문
비상	김태철	진달래꽃	못난 사과	본문
비상	이관규	먼 후일	봄길	본문
비상	한철우	먼 후일	봄길	본문
신사고	민현식	진달래꽃	봄길	본문
신사고	우한용	먼 후일	깃발	본문
지학사	방민호	먼 후일	모란이 피기까지는	본문(반어) 활동(역설)
창비	이도영	진달래꽃	진달래꽃	활동(반어, 역설)
천재	김종철	먼 후일	낙화	활동(반어) 본문(역설)
천재	노미숙	먼 후일	첫사랑	본문
천재	박영목	먼 후일	깃발	본문

앞서 미리 밝힌 것처럼 총 14종의 교과서 중 9종의 교과서에서 김소월의 「먼 후일」을 반어 학습의 제재로 활용하고 있다. 그리고 3종의 교과서에서 「진달래꽃」을 반어 학습의 제재로 활용하고 있다. 예외적으로 창비(이도영) 교과서의 경우 현대시 작품을 본문 제재로 활용하는 대신, 활동 제재로만 활용하여 반어와 역설을 부수적으로 학습하게 되어 있는데 그 제재가 「진달래꽃」인바, 「진달래꽃」의 반어적 특성과 역설적 특성을 함께 학습할 수 있도록 구성되어 있다.

「먼 후일」을 제재로 하여 구성된 단원에 특히 주목하지 않을 수 없는 이유는, 앞서 살펴본 시론서들에서는 「먼 후일」의 시적 특성을 역설로 설명하는 경우가 지배적이었는데, 교육의 장면에서는 일관되게 9종 교과서에서 반어의 시로 접근하고 있기 때문이다. 논의의 전개를 위하여, 교과서를 한 권 선정하여 학습활동을 살펴볼 필요가 있다.

1. 말하는 이와 관련하여 시를 감상해 보자.
(1) 말하는 이는 어떤 상황에 놓여 있는지 생각해 보자.
(2) 말하는 이에게 '당신'은 어떤 존재인지 생각해 보자.
(3) 말하는 이의 주된 정서가 어떠한지 이야기해 보자.

2. 시의 표현에 드러난 작가의 태도를 생각해 보자.
(1) 다음 구절에 담긴 말하는 이의 속마음을 이야기해 보자.

> 오늘도 어제도 아니 잊고
> 먼 훗날 그때에 '잊었노라.'

(2) (1)의 구절에 드러난 표현 방식의 특징을 설명해 보자.
(3) 시 전체에서 '잊었노라'를 반복하는 이유를 생각해 보자.
(4) 이 시의 표현에 담긴 작가의 태도를 생각해 보고, 그러한 표현 방식이
    어떤 효과가 있는지 정리해 보자.

3. <보기>와 같이 반어의 표현 방식을 활용하여 효과적으로 표현해 보자.

> <보기>
> • 상황 : 사랑하는 사람을 어쩔 수 없이 떠나보내고 있다.
> • 표현 : 난 네가 싫어졌어. 우리 그만 헤어져.

• 상황 :
• 표현 :

—노미숙 외, 『중학국어⑥』, 천재교육, 18-19면

이 교과서는 목표 학습에 해당하는 학습 활동 2를 통해 반어의 특성과 표현 효
과를 파악할 수 있도록 학습을 설계하고 있다. 그런데 기존 시론서들의 경우와는
달리, 시 전체의 구조에 주목하기보다는 '잊었노라'라는 반복되는 어절에 주목하
여, 이 진술이 속마음과 대비되는 표현임을 강조하고 있다. 그러나 앞서 살펴본
것처럼 이 시의 화자는 '임을 잊지 못하는 미련'과 '떠난 임에 대한 원망'이라는

모순된 감정을 동시에 가지고 있어, 시 전체에서 의미상의 모순이 배어나고 있으며, 그런 맥락에서 이 시는 역설적 작품으로 읽힐 수 있다. 그런데 현행 교과서들은 반어와 역설에 대한 유동적 시론의 스펙트럼과 시에 대한 다양한 해석을 고려하되, 학습자의 수준, 그리고 연계 학습 요소인 '반어의 표현 가능성' 등을 염두에 두고 특정 해석을 채택하는 경향을 보인 것이라 추측할 수 있다.

특히 학습 활동 3의 경우, 활동을 수행함으로써 학습자들은 '언어적 아이러니'에 한정하여 반어의 의미작용을 학습하게 되는데, 이는 대부분의 교과서가 채택하고 있는 교수·학습 설계 방식이다. 그리고 이는 대상 학습자가 중학교 3학년이라는 점, 그리고 '언어적 아이러니'가 가장 선명하게 개념화 가능한, 즉 이론의 여지가 별로 없는 반어에 해당한다는 점, 그리고 문학 언어와 일상 언어의 상호 조회를 중심으로 학습자의 표현 능력을 신장하는 것이 국어교육 차원에서 유의미하다는 점 등을 고려하면, 충분히 납득할 만한 교육적 접근일 것이다.

그러나 이와 같은 교육적 접근이 반어와 역설의 문학 작품을 통해 학습자들로 하여금 작가의 태도를 파악하게 하고, 인간과 세계를 성찰하게 하기에 충분한 접근인지는 재고해 볼 필요가 있다. 어차피 시론의 자장 내에서 구성되어야 하는 것이 시 교육 담론의 숙명이라면, 어떤 원칙을 중심에 놓고 유동적이고 불안정한 시론의 연구 결과를 채택하여 교육적 접근을 하여야 할지에 대해 의문이 생기지 않을 수 없다. 사정은 「진달래꽃」의 경우도 크게 다르지 않다. 이제 우리에게 남는 문제는 문학교육을 통해 제고해야 할 문학 능력의 본질과 맞닿아 있는 반어와 역설의 특성을 중심으로 교수·학습을 설계하고 실천하는 일일 것이다.

2) 반어와 역설 교육의 방향 재탐색

반어와 역설의 교수·학습이 지향해야 할 지점을 확인하기 위해 다음 시를 살펴 보자.

시에는 무슨 근사한 얘기가 있다고 믿는
낡은 사람들이
아직도 살고 있다. 시에는
아무것도 없다
조금도 근사하지 않은
우리의 생밖에

믿고 싶어 못 버리는 사람들의
무슨 근사한 이야기의 환상밖에는.
우리의 어리석음이 우리의 의지와 이상 속에 자라며 흔들리듯
그대의 사랑도 믿음도 나의 사기도 사기의 확실함도
확실한 그만큼 확실하지 않고
근사한 풀밭에는 잡초가 자란다.

확실하지 않음이나 사랑하는 게 어떤가.
시에는 아무것도 없다. 시에는
남아있는 우리의 생밖에.
남아있는 우리의 생은 우리와 늘 만난다
조금도 근사하지 않게.
믿고 싶지 않겠지만
조금도 근사하지 않게.

—오규원, 「용산에서」

 이 시에는 무수한 대립 자질이 공존하고 있다. 화자는 '시 / 생', '근사함 / 근사
하지 않음', '믿음 / 환상', '어리석음 / 의지와 이상', '사랑 / 사기' 등을 동시에
제시하며, 시와 세계에 대한 자신의 인식과 태도를 명료하게 드러내지 않는다. 독
자들은 이 시를 읽으며 끊임없이 스스로 질문하게 된다. '그래서 시는 근사한 것
인가, 그렇지 않은 것인가', '시에 생이 있다는 것은 그 자체로 의미 있는 것인가,
그렇지 않은가' 등, 처음부터 쉽게 대답할 수 있는 질문들이 아니다. 독자의 지적
이고 적극적인 참여가 요구되는 바, 스스로 묻고 답하는 과정에서 독자는 시와

세계에 대해 화자가 가지고 있는 냉소적 태도와, 그럼에도 불구하고 포기할 수 없는 시에 대한 기대 등을 동시에 느끼게 되는 것이다.

그렇다면 이 시에서 화자가 취하고 있는 태도는 반어적인 것인가, 역설적인 것인가. 사실 이 시에서 반어와 역설의 유형을 판정하는 일이 어떤 의미가 있을지 자문하지 않을 수 없다. 나아가 「진달래꽃」이나 「먼 후일」이 역설인지 반어인지 '합의'하는 것이 중요한 일인지도 자문해 보아야 한다. 문제는 시를 어떻게 읽었을 때 공감의 폭이 확장되는가 하는 점이다. 일상적인 어법에서라면 반어의 규정이 쉽지만 문학 작품의 내부로 들어가면 언어 기호들이 복잡 미묘하게 작용하면서 빚어지는 다의성 때문에 반어와 역설의 경계를 나누기 힘들게 된다.

반어냐 역설이냐를 판정하는 것보다 중요한 것은 이항대립적 자질들이 무수히 공존하는 시에서 의미의 이중화를 통해 드러나는 세계 인식의 태도를 파악하는 것이 아닐까 한다. 실제로 언어의 표면에도 있고 이면에도 있을 수 있는 대립적 의미 자질들은 시의 의미 맥락을 풍부하게 하는 데 기여함으로써 시 읽기의 즐거움을 배가하고 있음을 인정할 필요가 있는 것이다.

✅ 지시에 따라 서술하면서 반어와 역설의 교육에 대해 이해합니다.

1 반어와 역설의 공통점에 대해 설명하시오.

2 앞서 살펴본 오규원의 「용산에서」에 나타난 반어적 인식과 역설적 인식에 대해 설명하시오

✅ 지시에 따라 주요 개념을 적용하면서 실천적 능력을 기릅니다.

1 다음 시에 나타나는 화자의 인식이 시의 서정적 감동에 어떻게 기여하는지 토의해 보시오.

> 1.
> 화안한 꽃밭 같네 참.
> 눈이 부시어, 저것은 꽃진 것가 여겼더니
> 피는 것 지는 것을 같이한 그러한 꽃밭의

저것은 저승살이가 아닌 것가 참.
실로 언짢달 것가. 기쁘달 것가.
거기 정신없이 앉았는 섬을 보고 있으면,
우리가 살았닥 해도 그 많은 때는
죽은 사람과 산 사람이 숨소리를 나누고 있는
반짝이는 봄바다와도 같은 저승 어디쯤에
호젓이 밀린 섬이 되어있는 것이 아닌것가.

2.
우리가 소시적에, 우리까지를 사랑한 남편 문씨 부인은,
그러나 사랑하는 아무도 없어 한낮의 꽃밭 속에
치마를 쓰고 찬란한 목숨을 풀어혜쳤더란다.
확실히 그 때로부터였던가,
그 둘러썼던 비단치마를 새로 풀며
우리에게까지도 설레는 물결이라면
우리는 치마 안자락으로 코 훔쳐주던 때의
머언 향내 속으로 살달아 마음달아 젖는단 것가.

* 돛단배 두엇, 해동갑하여 그 참 흰나비 같네.

─박재삼, 「봄 바다에서」

2 다음은 앞서 살펴본 현행 국어 교과서의 반어 단원에 제시된 활동이다. 이 활동의 문제점을 지적하고, 대안적 활동을 구안하시오.

3. <보기>와 같이 반어의 표현 방식을 활용하여 효과적으로 표현해 보자.

> <보기>
> • 상황 : 사랑하는 사람을 어쩔 수 없이 떠나보내고 있다.
> • 표현 : 난 네가 싫어졌어. 우리 그만 헤어져.

제 3 부 콘텍스트 중심의 시 교육

제1장

표현론적 맥락에서의 시 교육

한 시인이 국어 교사들을 대상으로 한 특강에서 "내가 쓴 시가 나온 대입 문제를 풀어 봤는데 작가인 내가 모두 틀렸다. 작가의 의도를 묻는 문제를 진짜 작가가 모른 다면 누가 아는 건지 모르겠다."라고 말하면서 현행 문학교육의 문제점을 신랄하게 비판해 화제가 된 적이 있다. 특강에서 많은 이야기가 오갔지만 대중은 시인 자신의 생각과 문제의 정답이 다르다는 점에 주목했다. 여기에는 한 편의 시는 시인의 내면을 표현한 것이라는 전제가 깔려 있다. 시는 문학의 다른 어떤 장르보다 실제 작가와 내포 작가의 거리가 가까운 것으로 인식되기 때문에, 시인 자신이 표현 의도에 대해 언급하면 독자는 민감하게 반응할 수밖에 없다.

이 장에서는 표현론적 맥락에서의 시 교육을 다룬다. 먼저 표현론적 맥락의 개념에 대해 살펴보고 시의 수용과 생산 활동에서 표현론적 맥락이 어떻게 작용하는지 알아보기로 하자. 그리고 표현론적 맥락과 연관된 시 교육의 여러 쟁점들을 짚어보면서 표현론적 맥락에서 시의 교수·학습을 구상해 보도록 하자.

1. 표현론적 맥락의 이해

1) 표현론적 관점

시를 읽다 보면 종종 "이토록 예민한 감수성을 지닌 시인은 어떤 사람일까?" 같은 의문을 갖게 되고, 이러한 의문에 답하기 위해 시인의 생애에 관한 별도의 자료들을 찾아보게 된다. 고향은 어디인지, 어떤 취미를 가졌고 학창시절은 어떻게 보냈는지, 어떤 사람을 만나 어떻게 사랑하고 또 헤어졌는지 소박한 의문을 풀어가다 보면, 그래서 이 사람이 이런 시를 썼구나 하고 무릎을 치는 감격을 맛보기도 한다. 독자는 시인을 앎으로써 문면에 드러나지 않았던 시인의 의도를 발견하거나 시구의 또 다른 의미를 깨우치기도 하는 것이다. 물론 시적 화자를 시인과 동일 인물로 간주하거나 시의 의미를 시인의 생애에 비추어 해석하는 독법에만 얽매인다면 의도의 오류(intentional fallacy)를 범하게 될 수도 있다. 다시 말해 작가의 의도와 작품의 의미를 직결시킴으로써 작품을 잘못 이해하고 평가할 수 있다. 그러나 시인이 시에 대한 궁금증을 풀어나가는 유용한 통로라는 것을 부인하기 어렵다. 누가 뭐라 해도 시는 시인이 쓴 것이기 때문이다. 의도의 오류에 빠지는 것만큼이나 그것을 피하려다 작품의 의미를 작가나 사회 · 역사적 맥락으로부터 동떨어진 것으로 만들어 버리는 것 또한 경계해야 한다.

표현론적 관점은, 작가가 자신의 **영감(inspiration)*** 혹은 천재성을 창작이라는 활동을 통해 표출한 것이 문학이라고 본다(구인환 외, 2007 : 107-108). 다시 말해 표현론에 따르면 시는 사람의 감정과 정서, 지각 등의 내면 경험을 표현한 것이다. 이러한 사고는 **낭만주의***적 문학관에서 그 예를 확인할 수 있는데, "모든 훌륭한 시란 강렬한 감정이 저절로 넘쳐흐르는 것"(Wordsworth, 1989 : 159)이라는 워즈워드(W. Wordsworth)의 말은 시를 시인의 상상력이나 감정의 산물로 보는 표현론적 관점을 압축해서 보여준다. 그는 또한 같은 글에서 "시골 가난한 사람들의 스스로의 감정의 발로만이 진실된 것이며, 그들이 사용하는 소박하고 친근한 언어야말로 시에 알맞은 언어"라고 했다. 시는 시인 자신의 감정을 진실되게 담아내야 하며, 시의 표현 또한 그에 부합하는 것이어야 한다는 것이 영국 낭만주의를 대표하는 시인 워즈워드의 생각이었다.

워즈워드는 또한, 시골의 평범한 삶에서 소재를 찾고 가능한 한 사람들이 실제 사용하는 언어를 시의 언어로 선택하고자 한 이유에 대해 시골의 소박하고 촌스러운 삶에서는 슬픔, 기쁨, 고통, 분노, 즐거움과 같은 사람살이의 원초적인 감정이 아름다운 자연 형상과 통합되어 있기 때문이라고 말했다. 단순하고 자연스러운 표현으로 자신의 감정을 전달하는 시골 사람들의 언어가 가진 미덕을 칭송하고자 했던 것이다. 이와 연장선상에서 워즈워드는, 시는 보통 이상의 감수성을 지니고 있으며 오랫동안 깊이 생각한 사람에 의해서만 쓰여지는 것이라고 생각했다. 시인은 상상력을 통해 자기 내부의 어떤 감정을 불러낼 수 있어야 하고, 무질서한 상태로 놓여 있는 체험과 감정에 새로운 질서를 부여할 수 있어야 한다. 시인은 남다른 감수성과 함께 성찰과 상상을 통해 강렬한 날것의 감정을 정련해 가치 있는 것으로 고양시킬 수 있는 능력을 갖추어야 하는 것이다(오성호, 2006 : 334-335). 이 때문에 낭만주의적 시관은 천재성을 띤 시인만이 시를 쓸 수 있다는 입장으로 받아들여지면서 창작교육 불가론을 뒷받침하는 근거로 인식되기도 했다.

18세기 이후 표현론은 개인을 창작의 주체로 보는 관점을 확대하면서 문학 작품 창작의 주체로 민족이나 국가 단위의 집단을 고려하기 시작한다. 개인으로서의 작가가 집단의 대표이기도 하다는 점에 주목하게 되면, 문학이 개인의 사상과 감정의 표현이기만 한 것이 아니라 작가가 속해 있는 사회의 영향 하에 놓이는 것임을 인정하지 않을 수 없다. 작가의 개인적 체험이 당대의 사회·역사적 맥락 속에서 보편성을 획득하게 되는 면이 있기 때문이다. 이러한 맥락에서 골드만(L. Goldmann) 이후 한 편의 문학 작품은 개인의 창조물이면서 동시에 사회적 존재인 작가의 생산물이라고 보는 시각이 지지를 받고 있다.

2) 자기표현으로서의 시와 시인

특히 근대 서정시의 경우에는 시인 자신의 경험과 감정을 토로한 것으로, 작품 속의 '나'는 시인 자신인 것으로 간주된다. 시적 발화의 주체가 '나'가 아닌 경우조차도 발화의 주체를 시인 자신과 동일시해 읽는 것이 허용되기 때문에, 특정한 시 작품, 그리고 그 속에서 진술되는 모든 것은 시인 자신의 삶과 직접적으로 일치하는 것으로 보기도 한다(오성호, 2006 : 332). 이처럼 시를 '자기표현(self expression)'으로 본다면, 시를 정확하게 이해하기 위해서는 시인의 의도, 전기적(傳記的) 자료, 심리 상태 등 시인에 관한 모든 것과 연관시킬 수밖에 없다.

나 하늘로 돌아가리라
새벽빛 와 닿으면 스러지는
이슬 더불어 손에 손을 잡고,

나 하늘로 돌아가리라
노을빛 함께 단 둘이서
기슭에서 놀다가 구름 손짓하면은,

나 하늘로 돌아가리라
아름다운 이 세상 소풍 끝내는 날,
가서, 아름다웠더라고 말하리라……

—천상병, 「귀천」

　지나온 삶에 미련을 두거나 노여워하지 않고 죽음을 담담하게 받아들이는 '나'의 태도가 독자에게 잔잔한 감동을 전하는 이 시는 천상병 시인의 대표작이다. 1967년 동백림 사건에 연루되어 정보부에서 3개월, 교도소에서 3개월가량 고초를 겪고 풀려난 시인의 생애사적 사실을 모른다 하더라도 "나"의 "소풍"이 마냥 즐겁고 아름다운 것이었으리라 액면 그대로 받아들일 독자는 많지 않을 것이다. 이토록 가볍고 순수하게 세상과 이별할 수 있는 사람이라면 많이 가진 사람이기보다는 그 반대일 가능성이 크기 때문이다.

　막상 죽음을 앞두고도 두려워하지 않는 맑은 시심을 보여주는 이 시가, 순탄치 못한 삶을 살았던 천상병의 작품이라는 것을 아는 순간 우리는 경외에 가까운 무언가를 느끼게 된다. 전기고문을 세 번이나 당하고 아이도 낳지 못하게 된 몸으로 교도소에서 풀려난 이후 한때 행려병자로 떠돌기도 했던 그의 삶은 일반적인 시각으로 보면 비극에 가깝다. 그러나 시인은 그마저도 "아름다운 이 세상"에서의 "소풍"으로 받아들이고 만다. 그리하여 이 시는 막연하게 죽음을 담담하게 받아들이면서 삶의 아름다움을 이야기하는 데 그치지 않는다. 대신 고통으로 얼룩진 삶을 견뎌낸 후 마침내 죽음 앞에 서서는 한숨과 눈물 따위는 가볍게 털어버리고 모든 것을 달관한 듯 "가서, 아름다웠더라고 말하리라"고 말하는 시인 자신의 고백으로 읽힌다. 천상병의 그림자를 걷어내더라도 이 시는 죽음을 맞는 아름다운 자세를 독자에게 보여주고 있지만, 시에서 말하는 '나'와 실제 시인이 겹쳐지는 지점에서 시어 하나하나가 역설적으로 빛을 발하는 것을 부인하기는 어렵다.

2. 표현론적 맥락에서의 수용과 생산

1) 표현론적 맥락에서의 수용

가. 창작 배경과 시 읽기

마음을 울리는 예술 작품을 만났을 때 그것을 창조해 낸 작가에 대해 관심을 가지게 되는 것은 지극히 자연스러운 일이다. 작가의 손을 떠난 예술 작품이 독자와 만나면서 다채로운 해석의 향연이 펼쳐진다는 것을 인정한다 하더라도, 독자의 입장에서 예술 작품을 감상하면서 작품 너머에 가려져 있는 작가와 속 깊은 대화를 나누고 있다고 느끼고 작가가 건네는 말을 한 마디라도 더 듣기 위해 신경을 곤두세우는 것을 막을 수는 없다. 작품을 통해 독자에게 말을 걸어오는 작가가 실제 작가이건 독자의 관념 속에서 구성된 작가이건 간에 독자는 작품을 매개로 한 작가와의 대화에 기꺼이 참여하게 된다.

「자화상」처럼 분명하게 작가가 이것은 나의 이야기라고 명시하고 있는 경우가 아니더라도, 표현론적 관점에서 보면 한 편의 시는 그것을 쓴 작가를 떠나서 이해하기 어렵다. 시인의 성장, 교육, 가정 환경, 시대적 환경, 사상 등은 불가피하게 작품의 사상이나 내용에 직접 또는 간접적으로 반영되기 때문이다. 시인이 특정한 사회·역사적 맥락 속에서 태어나 그 시대의 문화적 자장 안에서 성장하고 자신의 내면을 시에 투영해 낸다면, 독자는 한 편의 시를 제대로 이해하기 위해서 필연적으로 시인의 생애에 관심을 기울이지 않을 수 없다. 정지용의 「유리창 1」처럼 태생적으로 시인의 개인사와 연결되어 있는 경우라면 더더욱 그렇다.

유리(琉璃)에 차고 슬픈것이 어린거린다.
열없이 붙어서서 입김을 흐리우니
길들은양 언날개를 파다거린다.
지우고 보고 지우고 보아도
새까만 밤이 밀려나가고 밀려와 부디치고,
물먹은 별이, 반짝, 보석(寶石)처럼 백힌다.
밤에 홀로 유리(琉璃)를 닦는것은
외로운 황홀한 심사이어니,
고운 폐혈관(肺血管)이 찢어진 채로
아아, 늬는 산(山)ㅅ새처럼 날러 갔구나!

—정지용, 「유리창 1」

시인의 또 다른 대표작 「향수」가 펼쳐 보이는 가난하지만 평화로운 농촌 마을이 충청북도 옥천 어디쯤의 풍경과 겹쳐질 것이라는 기대를 갖게 되는 것처럼, 「압천(鴨川)」을 읽으며 일본 유학 시절 그가 다녔다는 교토의 도시샤(同志社) 대학과 교토를 관통하는 가모가와(鴨川)를 떠올리지 않을 수 없는 것처럼, 「유리창 1」을 읽으며 독자는 그가 먼저 떠나보냈다는 어린 아들을 자연스레 생각하게 되는 것이다.

섬세하고 감각적인 시어로 참신하면서도 생생한 이미지를 형상화하여 한국 현대시의 수준을 끌어올렸다는 평가를 받는 정지용은, 1902년 옥천에서 농사와 한약상을 겸하던 집안에서 맏아들로 태어났다. 옥천공립보통학교를 다니던 1913년, 그러니까 우리 나이로 12세가 되던 해에 결혼을 했다. 17세이던 1918년에 상경해서 서울 휘문고등보통학교를 다녔고, 1923년에 도시샤 대학 영문과로 유학을 떠난다. 1929년 대학을 졸업하고 귀국하기까지 교토에 머물렀던 시기에 정지용은 조국을 잃은 이방인의 고독과 슬픔, 고향에 대한 그리움을 담은 시를 쓰기 시작했고, 『정지용 시집』(시문학사, 1935), 『백록담』(문장사, 1941) 등의 시집과 『문학독본』(박문서관, 1948) 등의 산문집을 남겼다. 그리고 한국전쟁 중 북한군에 끌려간 뒤 서대문형무소에서 평양 감옥으로 이감될 때 행방불명된 것으로 알려져 있다.

시인 자신이 "일즉이 나의 딸하나와 아들하나를 드린일이 있기에"(「비극」 부분)라고 밝힌 대로, 정지용에게는 어려서 세상을 떠난 자식들이 있었다고 한다. 그리고 정지용이 29세 되던 1930년 『조선지광』에 발표한 「유리창 1」은 폐렴으로 세상을 떠난 어린 아들을 생각하며 쓴 시로 알려져 있다. 감정을 절제하려 애썼지만 늦은 밤 유리에 어리는 "차고 슬픈것"의 이미지만으로도 아직은 젊은 아버지가 어두운 밤 유리창 앞에 서서 잃어버린 자식을 그리워하는 안타까운 마음을 짐작할 수 있다. 유리창에 입김을 불어 보아도 "차고 슬픈것"만이 어린다는 것은 주관적 감정을 배제하고 읽어내기 어려운 표현이다. 차가운 촉감과 슬픈 감정이 결합되면서 시인이 느끼는 감정이 선연한 이미지로 떠오르기 때문이다. 그러나 시인은 감정을 터트려 통곡하지 않고 차분히 자신의 내면을 객관화해 보여준다.

깜깜한 어둠 속에 보석처럼 박힌 "별"은 아버지의 마음에 자신의 아이인 듯 보였지만 아버지가 할 수 있는 것은 그 별을 놓칠 새라 자꾸만 김 서린 유리창을 닦는 것밖에는 없었을 것이다. 하지만 시인은 그립다 말하지 않고 자꾸만 지우고 보아도 보이는 별이라 돌려 말한다. 닿을 수 없는 아들과 아버지의 거리, 그러나 여전히 그립고 놓아 보내기 힘든 아들에 대한 그리움은 "물먹은"이라는 수식어에서 슬며시 드러날 뿐이다. 그렇기에 아들을 환상 속에서나마 만나고 있는 자신의 모습을 "외로운 황홀한 심사"로 표현해 낸 대목에서 독자 또한 울컥하는 감정을 느끼게 된다. 잠시라도 아들을 본 듯하여 황홀하나 볼 수 없어 외로운 서로 상반된 심리의 대비를 통해 아버지의 허전한 마음이 더 선명하게 읽히기 때문이다. 결핍의 고통은 충족된 순간과 대비될 때 더 극명하게 전해지는 법이다. 그리고 마지막 구절에 이르러 비로소 시인은 "고운 폐혈관이 찢어진 채로 / 아아, 늬는 산ㅅ새처럼 날러 갔구나!"라고 탄식한다. 정지용에게 어린 나이에 폐렴을 앓다 죽은 아들이 있었다는 전기적 사실과 일치하는 시적 표현은 독자에게 "늬"가 시인의 죽은 아들이라는 확신을 안기기에 충분하다.

시인이 몸소 참척의 한과 슬픔을 절감했음에도 불구하고 무너지지 않고 이토록 정제된 언어로, 선연한 이미지로 자신의 내면을 표현해 내었다는 것을 안다고 해서 「유리창 1」이 주는 감동이 줄어들지 않는다. 그래서 이렇게 썼구나가 되었든 그럼에도 불구하고 이렇게 썼구나가 되었든 작가의 실제 경험과 연루된 시를 읽을 때 독자의 입장에서는 시적 화자와 시인의 경계가 허물어지고 언어적 수사를 넘어 있는 그대로의 시인이 들려주는 고백을 듣는 듯한 느낌을 받게 된다. 작품이 보여주는 미적 완성도에 진정성이라는 평가 기준이 더해지면서 작품에 대한 독자의 해석과 감상의 결과가 달라질 뿐이다.

나. 시인의 성장 과정과 시 읽기

시의 창작 배경이 되는 특정한 사건이 아니라 시인의 성장, 교육, 가정 환경, 시대적 환경, 사상 전반에서 개별 작품 또는 작품 세계 전반에 대한 해석의 근거를 찾을 수도 있다. 우리나라에서 가장 사랑받는 시인 중 한 사람인 김소월의 시 세계 전반에 걸쳐 짙게 배인 한의 정서를, 그의 아버지가 정신 이상자였다는 사실과 연결 짓는 것이 대표적인 예이다.[13]

김소월은 1902년에 한국 근대화 과정에서 큰 몫을 담당했던 평안북도 정주의 외지고 한적한 농가 마을에서 공주 김씨 가문을 대표하는 장손으로 태어났다. 김소월이 세 살 되던 해, 그의 아버지 김성도가 김소월의 외가에 나들이를 가다가 철도 공사판의 일본인들에게 행패를 당하는 일이 일어난다. 그 폭행 사건으로 인해 김성도는 정신 이상 증세를 보이다 끝내는 폐인이 되어 평생을 불행하게 살았다. 아버지의 비정상적인 행위는 집안 전체를 우울하게 했을 뿐 아니라, 어린 김

---

13) 김소월의 생애에 관한 더 자세한 사항은 김학동(2013 : 194-252)을 참고할 수 있다.

소월에게 씻을 수 없는 상처를 남겼다. 소학교에 다니던 시절 김소월은, 아들의 행패를 견디다 못한 할아버지가 경찰의 도움을 받아 자신의 아버지를 매질하는 광경을 목격하고 산으로 달아나 밤늦게까지 홀로 울기도 했다고 한다. 굳이 오이디푸스 콤플렉스(Oedipus Complex)를 거론하지 않더라도 정신 이상으로 집안에 어두운 그림자를 드리우는 아버지에 대한 연민과 분노, 아버지를 그렇게 만든 일본인에 대한 원망, 아들을 대신해 어린 손주에게 가문의 성패를 걸었을 할아버지에 대한 두려움 등 어린 김소월이 짊어졌을 심적 무게가 상당했을 것임을 짐작하기란 어렵지 않다.

이 때문인지 김소월은 어릴 때 가깝게 지낸 친구가 별로 없었다. 대신 그는 첫째 숙모 계희영에게서 많은 영향을 받았다. 계희영의 친정은 평안북도 선천 지방의 토호로서 부자였으며 신학문에도 일찍 눈을 떠서 그녀에게 한글을 가르쳤다. 고소설과 설화를 탐독했던 계희영은 김소월에게 많은 옛이야기를 들려주었고, 숙모에게서 들은 옛이야기의 내용이나 민요의 가락, 슬픈 이야기에 담긴 정감은 김소월 문학의 바탕이 되었다.

접동
접동
아우래비접동

진두강(津頭江)가람까에 살든누나는
진두강압마을에
와서웁니다.

옛날, 우리나라
먼뒤쪽의
진두강가람까에 살든누나는
이붓어미싀샘에 죽엇습니다

누나라고 불너보랴
오오 불설워
싀새음에 몸이죽은 우리누나는
죽어서 접동새가 되엿습니다

아웁이나 남아되든 오랩동생을
죽어서도 못니저 참아못니저
야삼경(夜三更) 남다자는 밤이깁프면
이산(山) 저산(山) 올마가며 슬퍼웁니다.

—김소월, 「접동새」

"옛날 어느 부인이 아들 아홉과 딸 하나를 낳고 세상을 떠났다. 후처로 들어온 부인이 딸을 몹시 미워하여 늘 구박하였다. 처녀가 장성하여 시집갈 때가 되었으므로 많은 혼수를 장만하였는데, 갑자기 죽어버렸다. 아홉 오라버니가 슬퍼하면서 동생의 혼수를 마당에서 태우는데 계모가 주변을 돌면서 아까워하며 다 태우지 못하게 말렸다. 화가 난 오라버니들이 계모를 불 속에 넣고 태우니 까마귀가 되어 날아갔다. 처녀는 접동새가 되어 밤만 되면 오라버니들을 찾아와 울었다. 접동새가 밤에만 다니는 이유는 까마귀가 접동새를 보기만 하면 죽으므로 무서워서 그렇다고 한다.

이 설화는 까마귀와 접동새의 생태계 내의 관계와 접동새 울음소리를 설명하면서 전통적으로 널리 알려져 있는 못된 계모를 둘러싼 가정 비극을 보여주고 있다. 이러한 소재는 비단 설화에만 한정된 것이 아니라 여러 문학 작품의 중요한 원천으로 작용하여 많은 계모형 소설들을 형성하게 하는 데 큰 영향을 주었다. 특히, 이 유형은 김소월(金素月)의 시 「접동새」의 직접적인 소재적 원천으로서 우리 문학의 비극적 정서환기에 중요한 몫을 담당한다."(이응백·김원경·김선풍, 1998)

계희영은 회고록에서 이 시의 배경 설화인 **접동새 이야기***가 자신이 김소월에게 들려준 것이라고 말한 바 있는데, 이 이야기는 당시 서북 지방에 널리 유포되어 있었다. 김소월은 재미있는 이야기보다 슬픈 이야기를 더 좋아했다고 한다. 어린 시절 들었던 이야기를 잊지 않고 있다가 기억 속에서 되살려내어 시적 형식에 담아낸 것을 보면 접동새 이야기가 그에게 꽤 깊은 감동을 주었을 것이라 추측할 수 있다. 「접동새」의 근저에는 어머니의 상실이 자리하고 있고 그로 인해 시작된 가족의 불행은 누나의 한 맺힌 죽음으로 이어진다. 가족의 행복을 위해 반드시 있어야 할 어머니나 누나의 죽음은 김소월의 가정사를 떠올려 본다면 아버지의 비극적 삶과 죽음에 연결해 해석할 여지가 있고, 시대적 상황과 관련해서는 조국의 상실을 의미하는 것으로 해석해 볼 수 있다. 후자의 경우, 어머니가 있던 자리에 군림하면서 가족을 비극으로 몰아넣는 계모를 일본 제국주의에 대한 비유로, 누나와 오랍동생이 겪은 설움을 민족 전체의 그것으로 읽을 수 있다. 「접동새」로 인해 변방의 설화가 한의 정서를 응축하고 있는 민족의 서사로, 당대의 절망적인 현실에 대한 비유적 텍스트로 재탄생된 것이다.

〈EBS 지식채널e 1907년, 오산학교〉 중에서

아버지의 비극적 생애와 숙모와의 교류 외에 당시 근대적 민족교육의 요람이
었던 오산학교에서의 수학 경험도 김소월의 작품 세계에 영향을 끼쳤다. 김소월
은 오산학교에서 자신의 문학적 천재성을 알아준 안서 김억을 만났으며, 민족의
식을 북돋워준 당대의 선각자들을 만났다. 시인은 그 중 한 사람이었던 조만식에
게 「제이·엠·에스」라는 시를 헌정하기도 했다. 오산학교에서의 학업을 마무리
하고 고향으로 돌아온 김소월은 야학을 통해 아이들에게 일본에 대한 저항정신을
가르치고 단결력과 협동정신, 근로정신을 길러주고자 힘썼다. 이후 그는 배재고
보를 거쳐 일본 유학길에 올랐으나 관동대지진으로 학업을 마치지 못하고 다시
고향집으로 돌아온다. 귀향 이후의 삶도 그다지 행복하지 않았다. 생계 수단으로
시작했던 신문 사업의 실패와 일본 경찰의 감시로 인해 정신이 극도로 피폐해진
김소월은, 1934년 12월 23일 밤 만취 상태에서 아편을 먹고 생을 마감하고 만다.
아버지에게 닥친 불의의 사고가 김소월에게 드리웠던 불행의 그림자는 자살이라
는 시인 자신의 극단적인 선택으로 정점을 찍었고, 일제강점기 지식인들이 보편

적으로 겪었던 절망감이 더해지면서 그의 시 세계 전반에 걸친 한의 정서를 더욱 또렷하게 각인시키는 배경이 되었다.

2) 표현론적 맥락에서의 생산

가. 소통의 욕구와 시 창작

시인들은 왜 시를 쓰는 것일까? 시를 쓰는 행위는 본질적으로 '나'의 표현이면서 '너'와의 소통을 지향하는 것이다. 사람들은 누구나 생존을 위해 필요한 것들을 얻고 싶어 하고 그 욕구를 해소하기 위해 다양한 언어적 표현을 시도한다. 문학과 예술의 시작이 더 많은, 더 큰 동물을 사냥하고 싶었던 원시인들의 원초적 욕구에서 비롯되었음은 주지의 사실이다. 그리고 모든 개인의 욕구는 언제나 대상과의 관계 속에서 생겨나고 표현되며 소통된다. 바꿔 말하면 시를 쓰는 누구나 자기 내면의 무엇인가를 표현하려 하고, 누군가가 자신의 시를 읽어주기를 바란다.

그러나 시를 왜 쓰냐는 질문에 대한 보다 구체적인 답은 시인들마다 다양해서, 어떤 이는 단순히 사랑하는 사람에게 자신의 마음을 전하기 위해서, 어떤 이는 아름다운 우리말과 우리 노래의 가락을 지켜나가기 위해서, 또 어떤 이는 부조리한 세상을 바꾸기 위해서 시를 쓴다고 답할 것이다. 그리고 시를 쓰는 이유가 다른 만큼 그들이 쓴 시도 서로 다른 내용과 형식을 지닌다.

예를 들어, 다음의 시에서 우리는 한 시인의 시관을 읽어낼 수 있다.

> 노래는 심장에, 이야기는 뇌수에 박힌다.
> 처용이 밤늦게 돌아와, 노래로써
> 아내를 범한 귀신을 꿇어 엎드리게 했다지만
> 막상 목청을 떼어내고 남은 가사는
> 베개에 떨어뜨린 머리카락 하나 건드리지 못한다

하지만 처용의 이야기는 살아 남아
새로운 노래와 풍속을 짓고 유전해 가리라
정간보다 오선지로 바뀌고
이제 아무도 시집에 악보를 그리지 않는다
노래하고 싶은 시인은 말 속에
은밀히 심장의 박동을 골라 넣는다
그러나 내 격정의 상처는 노래에 쉬이 덧나
다스리는 처방은 이야기일 뿐
이야기로 하필 시를 쓰며
뇌수와 심장이 가장 긴밀히 결합되길 바란다.

—최두석, 「노래와 이야기」

최두석은, 사회 현실의 문제를 제대로 드러내는 것이 문학의 중요한 과제이며 **이야기시*** 형식을 취함으로써 사람살이의 문제에 충실하게 대응할 수 있다고 주장했다. 이러한 시관은 시의 첫 구절에서 이미 암시된다. 노래가 사람의 마음을 울릴 수 있다면 이야기는 현실에 대한 인식이나 사상을 드러내는 데 능하다는 것인데, 시인은 그 둘 다를 놓치고 싶지 않기에 시의 마지막에 이르러 "이야기로 하필 시를 쓰"면서 노래와 이야기가 "가장 긴밀히 결합되길 바란다." 이야기시라는 형식에 귀신의 마음조차 움직일 수 있었던 노래의 힘과 "아무도 시집에 악보를 그리지 않"는 그때에도 살아남아 전해질 이야기의 힘을 모두 실을 수 있을 것이라는 시인의 생각은 관념에 그치지 않고 「성에꽃」, 「낡은 집」 등의 대표작을 만들어 냈다. "격정의 상처"에 함몰되지 않겠다는 다짐대로 현실에 가깝고 깊게 밀착해 있으면서도 감성과 지성 어느 한 쪽으로 기울지 않는 최두석의 작품 세계는 시인 자신이 펼쳤던 이야기시론과 매우 긴밀하게 연결되어 있다.

얄짤 이야기시

최두석은 이 용어를 새롭게 도입하면서, 이야기시는 "처음과 끝이 있으면서 어떤 변화 발전하는 사건이 한 편의 시를 구성하고 있는 시"라고 정의했다. 이야기를 시적 형식에 담았다는 점에서 서사시와 공통점을 지니지만 장편인 서사시와 달리 줄거리가 있는 짧은 시를 이야기시로 구분해 지칭한 것이다. 이야기를 지닌 짧은 시 일반을 포괄한다는 점에서 '서술시'와 유사한 용어이며, 서사적 장치를 차용하고 시의 소재를 프롤레타리아의 의식과 생활에서 취했던 '단편 서사시'에 비해 포괄적인 개념을 담고 있다.

나. 표현의 힘, 치유로서의 시 쓰기

시를 쓰는 것 자체를 삶에의 충동과 연결시켜 설명한 시인도 있다. 김광섭은 시를 쓰고 싶은 열망과 살고 싶은 열망이 하나가 되었던 경험을 이야기한 바 있다. 1905년 함경북도 경성에서 태어난 김광섭은 환갑을 맞던 1965년 4월 22일 지인과 함께 서울운동장에 고려대학교와 경희대학교 간의 야구 경기를 보러 갔다가 뇌출혈로 인해 정신을 잃고 쓰러지고 말았다. 이후 의식은 회복했지만 중풍 증세를 보이면서 병원 신세를 지게 되자, "이제 수족을 못 쓰는 산송장"이라는 생각에 "하고한 나날을 울며 세월을 보냈다."(김광섭, 2005 : 17) 그러나 김광섭은 삶에 대한 열망과 강한 의지로 병마와 싸웠으며 1977년 세상을 떠날 때까지 창작 활동을 계속했다.

> 시를 쓰는 동안만은 죽음을 잊어버렸다는 귀중한 사실을 알아냈다. 나의 병상의 시들은 그렇게 하여 다음다음으로 이루어진 것으로 죽음 속에서 파낸 생명같은 기록들이다. 살고 싶은 열망으로 나는 시를 썼다. (중략) 그 길밖에는 나의 생을 표현할 방법이 없었다. 생이 표시되는 방법에도 여러 가지가 있다. 하나는 외형적인 활동, 육체적인 활동이고 다른 하나는 내부에 잠재하여 보이지 않는 영혼의 움직임이다.
> 그러므로 시는 단순한 슬픔이거나 절망이 아니고 광명을 보는 희망이 되었다
> (김광섭, 2005 : 49-50).

병과 싸우면서 자신이 왜 살아야 하는가를 시로 증명하고자 했다는 시인의 절절한 고백은 시 쓰기가 가진 치유의 힘을 보여주는 명백한 증거라고 할 수 있다. 문학치료는 독서치료와 글쓰기치료로 나뉘는데,[14] 글쓰기치료에 참여한 사람들은 글을 쓰는 동안 자신과의 대화를 통해 자신에 대해 구체적으로 이해하고 자전적 경험에 대해 글을 쓰면서 부정적 정서가 감소하는 경향을 보인다고 한다. 시를 통해 자신의 내면에 응어리진 감정을 충분히 표현하고 치료사와 충분히 공감적 상호작용을 하면 마음이 정화되고 심리적 상처가 치유될 수 있음을 보여주는

---

14) 문학치료에 대한 보다 상세한 설명은 이 책의 제3부 제3장을 참고할 것.

임상 사례들도 어렵지 않게 찾을 수 있다. 시가 시인의 감정을 털어내는 일종의 독백이라고 본다면, 이는 지극히 자연스럽다. 많은 시인들이 사랑하는 이를 잃은 극도의 슬픔을 시의 소재로 삼은 것은 시 쓰기의 치료적 효능과 무관하지 않을 것이다.

3. 교수·학습의 실천과 탐색

1) 교육과정을 통해 본 표현론적 관점

2015 개정 국어과 교육과정에서 표현론적 관점과 관련이 있는 성취 기준은 "[9국05-09] 자신의 가치 있는 경험을 개성적인 발상과 표현으로 형상화한다."와 "[12문학02-02] 작품을 작가, 사회·문화적 배경, 상호 텍스트성 등 다양한 맥락에서 이해하고 감상한다." 등이다. 전자는 수용보다는 생산의 측면에서 표현의 의의와 방법에 주목한 것이고, 후자는 작품을 이해하고 감상하는 방법 중 하나로 '작가'에 초점을 맞춘 것이다.

표현론적 관점은 이보다는 문학 작품에 나타난 작가의 개성에 주목하는 2007 개정 국어과 교육과정의 다음 성취 기준에 잘 나타나 있다.

> [10-문학-(2)] 문학 작품에 드러난 작가의 개성을 이해한다.
> [내용 요소의 예]
> • 작가의 성격, 취미, 인생관 등이 드러난 부분 찾기
> • 작가의 개성을 자신의 체험에 비추어 이해하기
> • 여러 작가의 작품을 읽고 성격, 취미, 인생관 등을 비교하기
>
> [작품의 수준과 범위]
> • 작가의 개성이 잘 드러나는 작품

- 다양한 해석의 가능성이 열려 있는 작품
- 인물의 내면세계나 내적 갈등이 드러나는 작품

한 편의 문학 작품을 읽으면서 작가의 성격, 취미, 인생관 등이 드러난 부분을 찾는 것은, 작품이 작가 개인의 표현 활동의 산물이라고 전제하기 때문에 의미 있는 활동이 된다. 문학적 표현은 작가의 개성과 밀접하게 관련되어 있으며 그 표현의 원천에는 작가의 인격이 놓인다고 보면, 작가의 인격에 대한 이해는 작품 이해에 중요한 영향을 미친다. 작가의 개성을 이해하기 위해서는 작가의 성격, 취미, 인생관 등이 드러난 부분 찾기, 학습자가 자신의 체험에 비추어 작가의 개성을 이해하기, 여러 작가의 작품을 읽고 성격, 취미, 인생관 등을 비교하기와 같은 활동을 할 수 있다. 그리고 이러한 활동을 위해서는 작가의 개성이 두드러지게 발현된 작품, 작가의 문체적 특징이 잘 드러난 작품을 제재로 활용할 수 있을 것이다.

김혜순의 「납작납작─박수근 화법을 위하여」를 제재로 선정하여 이 성취 기준을 구현한 교과서의 사례를 좀 더 구체적으로 살펴보도록 하자.

드문드문 세상을 끊어 내어
한 며칠 눌렀다가
벽에 걸어 놓고 바라본다.
흰 하늘과 쭈그린 아낙네 둘이
벽 위에 납작하게 뻗어 있다.
가끔 심심하면
여편네와 아이들도
한 며칠 눌렀다가 벽에 붙여 놓고
하나님 보시기 어떻습니까?
조심스럽게 물어본다.

발바닥도 없이 서성서성.
입술도 없이 슬그머니.
표정도 없이 슬그머니.
그렇게 웃고 나서
피도 눈물도 없이 바짝 마르기.
그리곤 드디어 납작해진

천지 만물을 한 줄에 꿰어 놓고
가이없이 한없이 펄렁펄렁.
하나님, 보시니 마땅합니까?

—김혜순, 「납작납작—박수근 화법을 위하여」

1. 이 시에는 '박수근 화법을 위하여'라는 부제가 붙어 있다. 작가는 다음
   과 같은 '박수근 화법'을 어떻게 시로 형상화하고 있는지 정리해 보자.

박수근 화법	시로 형상화한 부분
서민들의 일상을 그림의 소재로 다룬다.	
인물들을 평면적으로 표현한다.	
대상을 극도로 단순 명료한 형태로 보여 준다.	

2. '피도 눈물도 없이 바짝 마르기. / 그리곤 드디어 납작해진 / 천지 만물'
   에서 작가는 현실의 모습을 어떻게 인식하고 있는지 말해 보자.

3. 박수근의 그림에 대한 자신의 생각을 정리해 보고, 이를 작가의 생각과
   비교해 보자.

—윤여탁 외, 『고등국어(하)』, 미래엔, 161-162면.

박수근, 〈세 여인〉(1960, 캔버스에 유채, GALLERY HYUNDAI)

이 시에는 박수근의 그림을 시로 표현한 시인의 독특한 발상과 현실의 비극적 양상을 바라보는 시인의 관점이 잘 나타나 있다. 박수근은 서민들의 일상을 포착해 그들의 삶의 애환을 드러내는 작품을 주로 그렸는데, 그의 그림 속 인물들은, 시인의 표현을 빌리자면 "세상을 끊어 내어 / 한 며칠 눌렀다가" 꺼낸 형상을 하고 있다. "쭈그린 아낙네 둘이 / 벽 위에 납작하게 뻗어 있"고 발바닥도, 입술도, 표정도 없이 "피도 눈물도 없이 바짝" 말라서는 "드디어 납작해진" 아낙네들의 모습을 그들이 감당해야 하는 삶의 무게와 연결시키는 발상은 박수근의 그림에 대한 시인의 주관적 감상에서 비롯된 것이다. 그렇지 않아도 납작납작한 박수근의 그림 속 인물들은 시인의 눈을 통과하면서 더욱 건조하고 삭막하게 대상화되고, 독자는 화가의 의도와 시인의 의도를 모두 의식하면서 그 인물들을 바라보게 된다. 1연의 "하나님 보시기 어떻습니까?"와 2연의 "하나님, 보시기 마땅합니까?"라는 질문은 독자의 마음에 파문을 일으키면서 그림 속 형상을 응시하도록 한다.

이 시에 대한 활동 1은 시인이 박수근의 화법을 어떻게 형상화하고 있는지를 정리해 보는 것으로, 박수근의 화법을 먼저 제시함으로써 그것을 포착해 내는 시인의 관점을 확인할 수 있도록 안내하고 있다. 활동 2는 시에 나타난 시인의 세계관에 대해 생각해 보게 한다. 시적 표현에는 현실의 모습에 대한 작가의 인식이 드러나 있기 때문인데, "피도 눈물도 없이 바짝 마르기. / 그리곤 드디어 납작해진 / 천지 만물"이라는 구절에는 현실의 비극적 양상에 대한 시인의 부정적 인식과 그 비극의 무게를 감내하며 살아가는 서민들에 대한 연민이 함께 담겨 있다. 이에 대한 이해를 바탕으로 활동 3에서는 박수근의 그림에 대한 독자 자신의 생각과 작가의 생각을 비교해 보는 활동을 하도록 한다. 독자 자신과 작가의 생각을 비교해 봄으로써 작가의 개성을 더 선명하게 파악할 수 있기 때문이다.

작가가 어떤 의도나 의미를 전달하기 위해 작품을 창작한다는 것을 전제로, 작품에 드러난 사회·문화적 상황과 창작 동기를 관련시켜 이해할 것을 요구하는 다음의 성취 기준도 표현론적 관점에 토대를 두고 있다.

[9-문학-(2)] 문학 작품에 나타난 사회·문화적 상황과 관련지어 창작 동기와 의도를 파악한다.
[내용 요소의 예]
• 작품이 사회·문화적 상황의 산물임을 이해하기
• 작가의 창작 동기와 의도 추론하기
• 작품의 창작 의도와 사회·문화적 상황 관련짓기

[작품의 수준과 범위]
• 사회·문화적 상황이 잘 드러나는 작품
• 인간 삶에 대한 성찰이 잘 드러나는 작품

한 편의 시에 나타난 사회·문화적 상황은 대개 시인 자신의 전기적 생애와 관련이 있다. 시인의 창작 의도는 작품의 배경이 되는 시대의 사회·문화적 배경과 긴밀하게 관련되어 있기 때문에, 시인에 대한 지식을 구조화해 활용하는 것이 시를 깊이 있게 해석하는 유용한 방법이 될 수 있다. 창작 동기나 의도를 작품을 통해 추론해 내는 활동을 위해서는, 작가가 맞닥뜨렸던 시대에 대한 대응 방식을 분명히 보여주는 작품이나 작가의 전기적 상황과 작품 내용의 대응 관계가 나름대로 선명하게 드러나는 작품을 제재로 선정하는 것이 적절한 것이다.

2) 시 창작의 교육적 의미와 방법

작가의 개성이나 체험과 문학 작품을 관련짓는 표현론적 관점은, 2015 개정 국어과 교육과정의 "[9국05-09] 자신의 가치 있는 경험을 개성적인 발상과 표현으로 형상화한다."와 같이 학습자 자신이 글을 써 보는 활동과 관련된 성취 기준에 잘 나타나 있다.

시 창작과 관련한 교육 내용은 학습자 개인의 생각이나 느낌을 시적 형식에 담아 표현해 보는 활동을 중심으로 구성된다는 점에서 표현론적 관점과 관련이 있다. 제7차 교육과정 이후 국어과 교육과정에서는 '문학' 영역의 교육 내용을 제시하는 주된 목적이 문학적 국어 사용 능력의 향상에 있다고 보고 '문학의 창작'에 관한 내용을 보완하여 문학 독서와 창작을 통합적으로 수행하는 능력을 길러주고자 한다. 이른바 창작교육을 통해 학습자의 문학 읽기와 쓰기 능력이 통합적으로 길러질 수 있으며 문제 해결 능력, 구성 능력, 수사적 능력, 자신의 글에 대한 자율조정 능력과 감수성, 상상력, 형상화 능력 등이 길러질 수 있기 때문이다(문학과 문학교육연구소, 2001 : 36-40).

그런데 창작교육에서 말하는 '창작'은 천부적인 재능을 타고 태어난 작가의 전문적인 예술 행위를 가리키는 기존의 창작과는 개념적으로 차이가 있다. 문학교육의 맥락에서 '창작'은 학습자가 수행하는 문학적 글쓰기의 과정과 결과를 가리킨다. 창작교육은 직업 시인이나 소설가를 길러내는 것이 아니라 문학 작품의 생산 과정에 참여시킴으로써 학습자의 문학 경험을 심화하는 것에 목표를 둔다. 따라서 창작 수업에서는 학습자로 하여금 문학 작품을 쓰는 일이 어떤 특별한 능력을 요구하는 어려운 작업이 아님을 깨닫고 자신감을 가지고 수업에 참여하도록 하는 것이 중요하다.

전문적인 가수만이 노래를 부르고 화가만이 그림을 그리는 것이 아니라, 보통의 사람들도 노래를 즐겨 부르고 심심할 때 종이에 이것저것 낙서도 하고 그림도 끄적거리듯이, 전문적인 작가가 아니더라도 사람은 누구나 자신의 삶 속에 하고 싶은 말을 가지고 있으며, 그것을 표현하고자 하는 욕구를 가지고 있다 학교에서의 창작교육은 이런 보통의 학습자들이 가지고 있는 표현의 욕구를 보다 자연스럽고 진실되고 쉽게, 그리고 더 나아가 보다 효과적이고 세련되게 드러낼 수 있도록 도와주는 역할을 수행해야 할 것이다(문학과문학교육연구소, 2001 : 119).

이는 시 교육의 영역에도 마찬가지로 적용된다. 시를 창작하는 경험 자체가 학습자들에게 즐거운 것이어야 하고 예술적으로 뛰어난 작품을 완성하는 것보다는 학습자 자신의 살아있는 경험에 토대를 둔 시를 써 보도록 하는 데 초점을 맞추는 것이 좋다. 여느 글쓰기 활동에서와 같이 시 쓰기 활동에서도 자기 자신의 생각과 느낌을 솔직하게 담은 시를 써 볼 수 있도록 해야 한다. 그런 점에서 시 쓰기 수업에서 중요한 것은 시적 형식의 엄격한 적용보다는 소박하더라도 실제적인 학습자의 경험을 시적인 형식에 담아 표현해 보는 활동 그 자체이다. 같은 맥락에서 **패러디 시 쓰기***나 집단 창작 등 학습자의 부담을 줄이면서 자연스럽게 즐거운 창작 활동을 경험할 수 있도록 하는 교수·학습 설계가 필요할 것이다.

예컨대, 아래의 교과서는 원작품인 김춘수의 「꽃」과 이에 대한 패러디 작품으로 널리 알려진 장정일의 시 「라디오같이 사랑을 끄고 켤 수 있다면」을 비교하여 달라진 부분을 파악하도록 하고, 이를 토대로 학습자가 자기 나름대로 새로운 텍스트를 써 보도록 활동을 구성하였다. 기존의 문학 작품을 재구성하는 활동은 비판적·창조적으로 작품을 수용하는 동시에 창작하는 활동이다. 또한 기존 작품의 내용과 형식, 갈래, 맥락, 매체 등을 바꾸어 쓰는 활동은 교육적 맥락에서 문학 창작을 위한 기초 활동으로서 의미를 지닌다.

알짬 패러디 시 쓰기

원래 패러디(parody)는 문학·음악·미술 등의 예술 분야에서 해학이나 풍자적 효과를 노리고 원작의 표현이나 문체를 작품에 차용하는 형식을 가리키며 패러디 시란 그러한 형식을 띤 시를 지칭한다. 원론적으로 패러디는, 패러디의 대상이 된 작품과 패러디를 한 작품이 모두 새로운 의미를 가지게 된다는 점에서 단순한 모방이나 표절과 구별된다. 그러나 최근 대중적으로는 패러디의 개념이 원작품을 모방하거나 차용해 새로운 작품을 만드는 행위 일반을 가리키는 것으로 확장되어 있기도 하고, 시 교육의 장에서는 학습자들에게 패러디의 원래 개념에 부합하는 높은 수준의 비판 의식을 요구하기 어려운 면이 있다. 이 때문에 패러디 시 쓰기는 학습자에게 시작의 출발점으로서 기존의 시 형식을 모방하거나 차용하도록 하는 시작 활동 일반을 아우르는 용어로 포괄적으로 쓰이고 있다.

(가) 내가 그의 이름을 불러 주기 전에는 / 그는 다만 / 하나의 몸짓에 지나지 않았다. // 내가 그의 이름을 불러 주었을 때 / 그는 나에게로 와서 / 꽃이 되었다. // 내가 그의 이름을 불러 준 것처럼 / 나의 이 빛깔과 향기에 알맞은

/ 누가 나의 이름을 불러다오. / 그에게로 가서 나도 / 그의 꽃이 되고 싶다. // 우리들은 모두/ 무엇이 되고 싶다. / 너는 나에게 나는 너에게 // 잊혀지지 않는 하나의 눈짓이 되고 싶다.

　(나) 내가 단추를 눌러 주기 전에는 / 그는 다만 / 하나의 라디오에 지나지 않았다. // 내가 그의 단추를 눌러 주었을 때 / 그는 나에게로 와서 / 전파가 되었다. // 내가 그의 단추를 눌러 준 것처럼 / 누가 와서 나의/ 굳어 버린 핏줄기와 황량한 가슴속 버튼을 눌러 다오 / 그에게로 가서 나도 / 그의 전파가 되고 싶다. // 우리들은 모두 / 사랑이 되고 싶다. / 끄고 싶을 때 끄고 켜고 싶을 때 켤 수 있는 / 라디오가 되고 싶다.

■학습 활동

▸(가)는 김춘수의 시 '꽃'이고 (나)는 이를 바꾸어 쓴 장정일의 시 '라디오 같이 사랑을 끄고 켤 수 있다면'이다. 내용이 어떻게 바뀌었는지 살펴보자.

1. 내용이 어떻게 바뀌었는지 비교해 보자.

	(가)	(나)
(1) 제재		
(2) 화자의 행동		
(3) 화자의 행동에 따른 제재의 변화		
(4) 화자의 바람과 태도		

▸앞에 제시된 시 (나)를 참고하여, 김춘수의 '꽃'을 바꾸어 써 보자.

(1) 제재	
(2) 화자의 행동	
(3) 화자의 행동에 따른 제재의 변화	
(4) 화자의 바람과 태도	

—김윤식 외, 『문학Ⅰ』, 천재교육, 157면.

3) 표현론적 관점의 재탐색

가. 시와 시인 사이의 거리

표현론적 관점의 시 읽기를 통해 독자는 시 해석의 중요한 단서들을 얻을 수 있지만, 한편으로 시인 자신의 창작 의도나 생애사적 사실에 얽매이게 되면 시의 의미를 능동적이고 확산적으로 해석할 수 있는 여지가 줄어들 가능성도 있다. 김소월의 생애가 비극적이지 않았더라면 「진달래꽃」이 담아낸 애절한 이별의 순간을 마주하고도 슬프지 않았을 것이라고 말할 수 있을까? 천상병이 순탄치 않은 삶을 살았다는 사실을 모른 채, 또는 시인이 누구인지 모른 채 「귀천」을 읽었다고 해서 죽음을 맞는 순간을 "아름다운 이 세상, 소풍 끝나는 날"이라 말하는 겸허한 삶의 자세가 무화되고 말 것이라고 말할 수 있을까? 오히려 시인의 생애를 괄호 친 채로 시를 읽는 독자에게 이들 작품이 특수가 아닌 보편의 이야기로, 혹은 독자 자신의 경험에 밀착한 작품으로 감동의 순간을 열어줄 수 있지 않을까? 앞서 우리가 정지용의 전기적인 사실을 근거로 세상을 떠난 어린 아들에 대한 그리움과 슬픔을 담은 시라고 받아들였던 「유리창 1」에 대한 아래의 글을 참고해 보자.

> 이 시에서 '산새처럼 날아간'(죽은) 사람이 현실적으로 누구냐 하는 것은 큰 문제가 될 수 없다. 중요한 것은 시의 문맥에서 그가 화자와 어떤 관계에 있으며 그의 죽음을 노래한 때가 시대적으로 어떤 상황 아래 놓여 있었는가 하는 점이다.
> 이 시에서 '산새처럼 날아간 너'(죽은 사람)는 물론 화자가 사랑한 사람이다. 시인(정지용)의 전기적인 사실에 비추어 볼 때 그는 아마도 유년의 나이에 폐렴으로 죽은 그의 첫 아이였을지도 모른다. 그러나 이런 전기적 사실이 시를 작위적 해석으로 몰고 가는 것은 바람직하지 않다. 일단 쓰여진 시는 이미 시인의 것이 아니며 시 해석이란 시의 문법을 따라야 하기 때문이다. 그러므로 독자의 텍스트 수용 입장에서 보면 이 시의 '산새처럼 날아간 너' 죽은 자는 지용의 아들

일 수도, 지용의 연인일 수도, 혹은 그에 비견되는 지용의 어떤 지고한 가치-가령 어떤 이념이나 조국과 같은 것일 수도 있다. 그러나 우리는 이 중에서 어느하나를 선택적으로 지목해서는 안된다. 다만 그가-이 시에서 형상화된 바 그의사랑의 대상에 비유될 수 있는, 절대 지고한 가치를 상실했다는 점, 그리고 그것을 일제 식민지 치하에서 노래하고 있다는 점을 주목할 뿐이다(오세영, 1998 : 121).

사실 이 시에 대해서는 "산새처럼 날아"간 아이가 정지용의 첫 아들이었는지에 대한 논란도 있고, 정지용이 앞서 보낸 자식이 딸 하나 아들 하나인지 아들 셋이었는지에 대해서도 서로 다른 견해가 충돌하고 있다. 시의 문면만 놓고 본다면윗글의 해석처럼 "늬"는 시인의 자식일 수도, 사랑하는 사람일 수도, 상실된 조국일 수도 있으며, 그 중 어떤 해석을 택하느냐에 따라 이 시에 드리운 슬픔의 실체도 달리 읽힐 수 있다. 일제 강점기에 창작된 작품에서 '상실'의 의미를 '조국의상실'로 보는 보편적인 독법이 허락된다면 「유리창 1」은 나라를 빼앗긴 비통한현실에 대한 나지막한 탄식으로 해석될 수 있는 것이다. 제 나라의 가엾은 백성조차 돌보지 못하고 힘없이 무너진 조국에 대한 연민과 그 조국을 그리워하는 것말고는 할 수 있는 것이 없는 나약한 시인의 모습이 당대의 시대적 분위기를 전달하기에 충분하다. 「유리창 1」이 창작되었던 시대로부터 훌쩍 벗어나서 그냥 사랑하는 연인이나 배우자와 사별한 이의 "외로운 황홀한 심사"를 읽어내고 그 아픔에 깊이 공감한다고 해서 틀린 해석이라 할 수도 없다. 시인과 시의 관계를 어디까지 인정하고 시를 해석하는 데 있어 시인의 전기적 사실을 얼마나 활용할 것인지를 결정하는 것은 결국 독자의 선택에 달렸다.

나. 인간적 과오와 예술적 성취

시와 시인의 관계를 불가분한 것으로 보는 관점은 시 교육의 맥락에서 또 다른논란거리를 만든다. 그 대표적인 예가 친일 행적이 뚜렷이 드러난 서정주의 시를문학 교실에서 가르쳐도 좋은가 하는 문제이다. 서정주의 시가 갖는 시사적 의의

가 크지 않았다면 이런 논란 자체가 불필요했겠지만, 문제는 그의 시적 성취가 살아생전 우리나라 작가들 중 노벨문학상 수상에 가장 근접했다는 평을 받았을 만큼 뛰어난 수준에 도달했다는 데 있다. 그간 「오장 마쓰이 송가」와 같은 노골적인 **친일시*** 를 썼던 행적을 이유로 교과서에서 몰아내야 할 대표적인 시인으로 거론되어 왔음에도 불구하고 국정이 아닌 검정 교과서에서는 서정주의 시를 찾아볼 수 있었던 것은 그의 시가 보여준 탁월한 예술성 때문이었다.

> 한 송이의 국화꽃을 피우기 위해
> 봄부터 소쩍새는
> 그렇게 울었나 보다.
>
> 한 송이의 국화꽃을 피우기 위해
> 천둥은 먹구름 속에서
> 또 그렇게 울었나 보다.
>
> 그립고 아쉬움에 가슴 조이던
> 머언 먼 젊음의 뒤안길에서
> 인제는 돌아와 거울 앞에 선
> 내 누님같이 생긴 꽃이여.
>
> 노오란 네 꽃잎이 피려고
> 간밤엔 무서리가 저리 내리고
> 내게는 잠도 오지 않았나 보다.
>
> ─서정주, 「국화 옆에서」

이 시에 대해서는 일본 천황을 찬양한 시(김환희, 2001)라거나 이승만을 찬양한 시로 폄하하는 의견도 있지만 한 송이 국화꽃을 피우기 위해 봄부터 소쩍새가 울

알쌈 친일시

친일문학(親日文學)은 일제 강점기 동안 일본의 침략전쟁이나, 황국 신민화 정책을 찬양한 문학을 의미하며, 친일시는 그러한 시를 가리킨다. 1937년 5월 조선문예회가 결성된 이후, 많은 문인들이 조선인들에게 일제의 식민지 정책을 선전하고 대륙침략전쟁과 태평양전쟁에 부역하도록 선동하는 작품들을 창작하는 오점을 남겼다. 서정주의 「오장 마쓰이 송가」와 노천명의 「님의 부르심을 받들고서」 등이 대표적인 친일시이다. 「오장 마쓰이 송가」는 가미카제가 되어 죽은 조선인 청년 마쓰이 히데오를 미화한 시로, 작품의 일부를 소개하면 다음과 같다.

마쓰이 히데오!
그대는 우리의 가미가제 특별공격대원
구국대원
구국대원의 푸른 영혼은
살아서 벌써 우리게로 왔느니
우리 숨 쉬는 이 나라의 하늘 위에 조용히 조용히 돌아왔느니
우리의 동포들이 밤과 낮으로
정성껏 만들어 보낸 비행기 한 채에
그대, 몸을 실어 날았다간 내리는 곳
소리 있이 벌이는 고흔 꽃처럼
오히려 기쁜 몸짓 하며 내리는 곳
쪼각쪼각 부서지는 산더미 같은 미국 군함!
수백 척의 비행기와
대포와 폭발탄과
머리털이 샛노란 벌레 같은 병정을 싣고
우리의 땅과 목숨을 뺏으러 온
원수 영미의 항공모함을
그대
몸둥이로 내려쳐서 깨었는가?
깨뜨리며 깨뜨리며 자네도 깨졌는가
장하도다
　　　　　─서정주, 「오장 마쓰이 송가」 부분

고 여름에는 천둥이 먹구름 속에서 울었으며 간밤에는 무서리가 내렸다는 시적 표현의 근저에는 "세상 만물이 독립적으로 존재하는 것이 아니라 서로 연결되어 있다고 보는 태도"(이승원, 2008a : 244)가 깔려 있다. 특별하지 않은 국화 한 송이를 피우는 데도 계절의 변화와 그에 따른 시련이 필요한데, 우리의 삶이 성숙한 경지에 이르기 위해서 "젊음의 뒤안길"에서의 방황과 시련이 필요한 것은 지극히 당연하다. 모든 시련을 인내하고 "인제는 돌아와 거울 앞에 선 / 내 누님"의 경지를 우리는 계절의 순환에 따른 대자연의 변화를 온몸으로 받아낸 국화꽃을 통해서 짐작할 수 있을 따름이다. 화려한 빛깔과 모양으로 사람들의 시선을 끌지는 못하지만 가을 서리 속에서 조용히 자신이 지나온 지난날을 증명하는 국화꽃이라는 존재를 통해서 말이다.

시인의 개인적 이력과 국화가 일본의 황실을 상징하는 점을 근거로 모든 독자들에게 "누님"과 "국화꽃"이 유기적으로 관련되면서 만들어지는 시적 감동을 버리라고 한다면, 나아가 서정주의 시 세계를 전면 부정한다면 그로 인해 우리의 시사와 시 교육이 잃는 것과 얻는 것이 무엇인지에 대한 진지한 고민이 필요하다. 서정주의 시 세계가 갖는 예술적 성취를 인정하는 것과 그의 시를 교과서에 수록해 가르치는 것 사이에는 쉽게 넘나들 수 없는 벽이 있다. 시의 예술적 가치와 교육적 가치가 항상 일치하지는 않기 때문이다.

미적인 작품을 만들어내는 창조 활동을 예술이라고 본다면, 어떤 작품의 '예술적 가치'란 미적인 견지에서 볼 때 그 작품이 얼마나 뛰어난가에 대한 평가와 관련이 있다. 예술적 가치를 지나치게 협소하게 지향하다 보면 부정적인 의미에서의 예술지상주의로 흐를 수 있다. 한편 작품의 '교육적 가치'란 그것이 가르칠 만한 것인지, 가르침으로써 얻을 수 있는 것이 무엇인지에 대한 평가와 관련이 있다. 예컨대 또래의 학생이 쓴 평범한 시 한 편은 전문 작가가 쓴 시에 비해 예술적 가치는 떨어질 수 있으나 교육적 관점에서 본다면 학생들에게 공감의 경험, 적극적인 감상과 비평의 경험을 제공하며 창작에 대한 적극적인 태도를 이끌어낼 수 있다는 점에서 충분히 가르칠 만한 가치가 있다.

그렇다면 서정주 시의 교육적 가치는 어떻게 평가할 수 있을까? 교실에서라면 시를 가르치면서 시인의 삶에 대해서도 당연히 설명하게 될 터인데 학습자들에게 인생의 사표가 될 만한 시인들을 두고 굳이 서정주의 시를 가르칠 필요가 있을까? 정반대로 시와 시인은 떼려야 뗄 수 없는 관계에 있지만 시인의 생애가 시를 해석하거나 평가하는 절대적 기준이 아니라면, 학습자들에게 '친일시인'이라는 낙인이 붙지 않은 서정주를 만나게 해 주는 것도 가능하지 않을까? 서정주를 교실에서 다룬다면 그의 모든 시가 대상이 될 수 있을까, 명백한 친일시를 제외한 나머지 시들을 가르쳐야 할까, 아니면 친일 행적을 보이기 이전의 시만 제한적으로 가르쳐야 할까?

이 지점에서 기자 출신의 비평가 라이히라니츠키(Marcel Reich-Ranicki)가 독일 태생의 작곡가 아이슬러(Hanns Eisler)와 나누었던 대화를 참고해 볼 수 있을 것이다. 1958년 3월 바르샤바에서 만난 그들이 나치에 부역했다는 혐의로부터 자유롭지 못한 바그너를 두고 나눈 대화에 대해 라이히라니츠키는 다음과 같이 적고 있다.

> 얼마 지나지 않아 그는 바그너 얘기를, 아니 정확히 말하면 욕을 하기 시작했다. 그야말로 휘황찬란했다. 그는 바그너를 가리켜 완전히 비열한 협잡꾼, 최악의 저질, 천박한 거드름쟁이라고 비난했다.
> (중략) 마침내 욕의 향연이 더는 들어주기 힘든 지경에 이르렀다. 나는 입을 열었다. "네, 그래요, 아이슬러 씨, 다 지당하신 말씀 같군요. 하지만 이 끔찍한 바그너가, 그래도 말이지요—이때 등장하는 나의 조커!—어쨌든 <트리스탄>을 쓰지 않았습니까?" 아이슬러는 꿀 먹은 벙어리가 되었다. 방 안에 일순 정적이 흘렀다. 그러더니 그가 기어들어가는 목소리로 말했다. "그건 전혀 다른 얘기요. 그건 음악이니까."(Reich-Ranicki, 김지선 옮김, 2013)

그로부터 4년 뒤, 인용문의 저자는 신문 지면을 통해 아이슬러의 부음을 접했다고 한다. 위대한 음악가이자 유대인이었던 아이슬러는 임종 직전에 <트리스탄과 이졸데>의 총보를 가져다 달라고 했다는 소식과 함께 말이다. 바그너(Richard Wagner)를 격렬하게 비난하는 아이슬러의 앞에서 그를 옹호했던 라이히라니츠키

역시 유대인이었다. 두 사람은 바그너의 역사적 과오에 대해 잘 알고 있었고 그것이 비난 받아 마땅한 일임도 알고 있었으며, 나치 정권의 횡포에 직접적인 피해를 입었으나 바그너가 남긴 음악의 가치를 평가할 만한 안목 또한 갖추고 있었다. <트리스탄과 이졸데>를 썼다고 해서 바그너의 모든 과오조차 용서할 수는 없겠지만 "어쨌든 <트리스탄>을 쓰지 않았습니까?"라고, "그건 음악이니까."라고 말한 것은 바그너의 예술적 성취까지 외면하기는 어렵다는 공감대를 보여준다. 아이슬러가 바그너를 그토록 미워할 수밖에 없었던 이유가 역설적이게도 생을 마감하는 순간 <트리스탄과 이졸데>를 찾을 만큼 바그너의 음악을 사랑했기 때문이라는 사실에서 작가와 작품의 관계를 바라보는 복잡 미묘한 시선을 엿볼 수 있다.

오페라 <트리스탄과 이졸데>의 한 장면

정리 및 점검

✓ 지시에 따라 서술하면서 표현론적 맥락에서의 시 교육을 이해합니다.

1 낭만주의 문학을 소개하고 그 교육적 의의와 한계에 대해 설명하시오.

2 표현론적 관점에서 시와 시인의 관계를 설명하시오.

3 시 창작교육의 필요성에 대해 설명하시오.

✓ 지시에 따라 주요 개념을 적용하면서 실천적 능력을 기릅니다.

1-1　(가) 시만 먼저 읽고 밑줄 친 시구의 의미를 해석해 본 다음, (나) 글을
　　　읽고 난 후 밑줄 친 시구를 다시 해석해 보시오.

(가)

옛날에 통제사가 있었다는 낡은 항구의 처녀들에겐

아직 옛날이 가지 않은 천희(千姬)라는 이름이 많다

미역오리같이 말라서 굴껍지처럼 말없이 사랑하다 죽는다는

<u>이 천희의 하나</u>를 나는 어느 오랜 객주집의 생선 가시가 있는 마루방에서 만났다

저문 유월의 바닷가에선 조개도 울을 저녁 소라방등이 불그레한 마당에 김냄새 나는 비가 나렸다

　　　　　　　　　　　　　　　　　—백석, 「통영」

(나)

1935년 6월, 경성의 조선일보사에 근무하던 스물네 살의 백석은 통영 출신 이화여고 학생 란을 만나게 됩니다. 북방 출신이었던 백석에게 해풍을 머금고 자란 란은 무척 이국적인 소녀로 보였을 겁니다. 바로 란이라는 여성이 시인의 첫사랑이었습니다.

그녀를 얼마나 사랑했던지 백석은 그녀가 살았던 통영을 직접 방문했고, 그때마다 아름다운 시를 지었지요. 「통영」이란 제목의 시가 세 편이나 있습니다. 그 가운데 가장 중요한 것이 아마 1935년 6월에 쓴 것으로 보이는 첫 번째 「통영」이란 시입니다. 시에는 "저문 유월의 바닷가"라는 표현이 나옵니다. 란을 보고 한눈에 반했던 백석은 그녀를 조금이라도 더 알기 위해서 같은 달에 혼자 통영을 내려가본 것 같습니다. 사랑에 빠지면 상대방을 알려는 욕망이 강해지는 법이니까요. 그렇지만 불행히도 시인은 그녀에게 자신의 뜨거운 속내를 고백하지도 못합니다. 사실 란은 친구의 애인이었기 때문입니다(강신주, 2011 : 211–212).

■ (가) 시만 읽고 난 후 :

■ (나) 글도 읽고 난 후 :

1-2 1-1에서 (나) 글을 읽기 전후에 "이 천희의 하나"에 대한 해석이 어떻게
    달라졌는지 설명한 다음, 시 읽기 수업에서 그러한 차이를 효과적으로
    활용할 수 있는 방안을 제시하시오.

제 2 장

반영론적 맥락에서의 시 교육

2014년 노벨문학상 수상자인 프랑스의 파트릭 모디아노는 수상 연설문에서 예이츠의 시를 인용하며 이렇게 이야기한다. "백조는 19세기의 시에도 곧잘 등장합니다. 보들레르나 말라르메에서 볼 수 있듯 말이지요. 하지만 예이츠의 이 시는 19세기에는 쓰일 수 없었을 것입니다. 이 시가 품은 저만의 리듬과 우수(憂愁)는 20세기에, 특히나 시가 쓰인 바로 그해에 속한 것입니다."

시는 시인의 예민한 감성의 표출이고, 깊은 내면의 울림을 밖으로 꺼내어 다른 이들과 나누는 언어활동이지만, 그러나 한 편의 시는 그 시를 둘러싼 시대와 사회 속에서 탄생하는 것이기도 하다. 시의 의미는 시인의 의도로만 환원되지 않으며 심층의 거대한 사회 역사적 맥락의 에너지가 낳는 의미들이 함께 살펴져야 한다.

이 장에서는 반영론적 맥락에서의 시 교육을 다룬다. 먼저 반영론적 맥락의 개념에 대해 살펴보고, 시를 읽을 때 시의 맥락을 어떻게 고려하며 읽을 것인지, 또 시를 쓰는 입장에서 시와 현실의 관계를 어떻게 파악할지 살펴본다. 그리고 반영론적 맥락과 연관된 시 교육의 쟁점들을 짚어보면서 반영론적 맥락에서 시의 교수·학습을 구상해 보도록 하자.

1. 반영론적 맥락의 이해

1) 콘텍스트로서의 사회·역사적 현실

문학은 인간의 정신 행위의 산물이지만 작품을 쓰고 읽는 데에는 매우 여러 요인이 작용한다. 대표적으로 작가, 작가가 처한 현실, 관련을 맺는 여러 다른 작품들, 그리고 작품을 읽는 독자를 생각할 수 있는데, 이 여러 요인들 가운데 특히 문학을 둘러싼 현실에 초점을 맞추어 문학의 수용과 생산을 이해하는 것이 반영론적 관점이다. 앞서 표현론적 맥락에서의 시 교육에서 주로 시를 쓴 시인에 초점을 맞추었다면, 이번 절에서는 한 편의 시 텍스트를 둘러싼 사회·역사적 상황에 초점을 맞추어 살펴볼 것이다.

시는 일차적으로 그 시를 쓴 시인의 감정과 사고의 결과물이다. 그렇지만 그 시는 온전히 한 개인의 정신세계로만 환원될 수 없으며, 그 시를 낳게 한 사회·역사적 현실의 맥락 속에 놓인다는 점을 놓쳐서는 안 된다. 물론 시는 소설이나 희곡에 비해 작품의 응축성이 높고 상대적으로 작품을 쓰는 사람의 내면에 더 밀착해 있기 때문에 사회·역사적 현실을 작품 속에 직접 담아내는 강도가 상대적으로 덜하다고 할 수 있다. 그렇지만 시라는 장르 역시 사회·역사적 상황과 무관할 수 없으며, 응축된 상징이나 우회적 표현을 통해 당대의 모습을 예민하게 반영하는 경우가 적지 않다. 그러므로 작품의 표면을 읽는 데에서 그치지 말고, 작가의 내면세계를 살피는 심층적 읽기와 함께 시대 상황과 사회적 배경을 함께 읽는 거시적인 읽기를 수행할 때 작품의 의미를 온전히 이해할 수 있다.

근대 이후 문학을 사회·역사적 현실과 관련 지어 이해하는 것을 중시하는 반영론적 관점이 본격적으로 확립되었는데, 그 근간을 이루는 것은 마르크스주의적 세계관을 바탕으로 한 문예 이론이었다. 마르크스주의적 관점에서 볼 때 교육, 과학기술, 학문, 철학, 그리고 예술에 이르는 인간의 모든 정신적 활동인 상부구조(superstructure)는 그것을 조건 짓는 경제적 현실인 토대(base)에 의해 규정된다. 인간을 둘러싼 경제적 조건이 '물질적 환경'이고, 이 물질적인 조건에 따라 형성된 사회적, 정치적 이데올로기적 정세는 '역사적 상황'이며, 인간의 모든 행위에는 그 행위를 낳은 물질적 환경과 역사적 상황이 작용한다.

정신분석학을 통해 인간의 행위가 이성적인 판단과 의도만이 아니라 심층의 무의식의 작용에 의한 산물이기도 하다는 사실을 알게 된 것처럼, 우리는 마르크스주의를 통해 인간의 행위가 한 개인의 정신 활동에 그치지 않고 물질적 환경과 역사적 상황이라는 거시적 조건 속에서 이루어진 것이라는 점을 알게 되었다. 문학 작품 역시 당대 사회·역사적 조건 속에서 만들어진 산물이므로, 내용과 형식면에서 어떤 방식으로든 사회·역사적 현실을 반영하고 있기 마련이다. 의식적으로 현실을 있는 그대로 그려내고 기록하기 위해 애쓰는 문학도 있고, 절망적인 현실을 넘어선 미래의 희망을 암시적으로 숨겨 놓은 문학도 있으며, 급격하게 변하는 사상과 감정을 반영하기 위해 낡은 틀을 버리고 새로운 형식이나 갈래를 시도하는 문학도 있다. 작품의 수만큼 그 반영의 방식은 다양하겠지만, 하나의 문학 작품은 언제나 그 작품을 둘러싼 사회·역사적인 맥락 속에서 태어난다.

2) 시에서의 현실 반영

인간의 모든 행위를 사회·역사적 조건의 산물로 바라보고, 문학 작품 역시 사회·역사적 맥락 속에서 이해하는 것이 문학을 바라보는 반영론적 관점의 기본적인 시각이다. 그리고 여기에서 조금 더 나아가면 반영론적 관점은 작가가 당대 현실을 가급적 있는 그대로 반영하겠다는 의도를 가지고 사회의 모순이나 갈등, 공동체의 문제 등을 작품으로 구현하는 창작 방법을 의미하게 된다.

현실 **반영***이 용이한 장르는 아무래도 소설일 수밖에 없다. 문제 상황을 집약한 전형성을 띤 인물을 만들어 내고, 그 인물들을 중심으로 경제 권력을 향한 투쟁이나 계급 간의 갈등을 담아내기 위해서는 일정한 시공간 속의 인물들과 사건들을 통한 서사가 요구되기 때문이다.

반면 한 개인의 서정을 노래하는 시는 현실 반영에 그다지 적합하지 않은 것으로 인식되었다. 사회·역사적 현실을 '객관적'으로 그려내기에 시는 너무 '주관적'인 장르이기 때문이다. 또 시는 언어 자체에 대한 예민한 의식을 가지고 끊임없이 형식을 실험하고 언어 자체에 대한 비판적 성찰을 보이는데, 이러한 실험과 성찰의 장치들은 세계를 있는 그대로 재현하기보다는 난해하게 뒤틀고 낯설게 왜곡하는 양상을 보이기 때문에 시에서의 현실 반영은 쉽지 않은 일로 생각되었다.

알짬 반영(Reflection)

인간의 의식은 객관적으로 의식 외부에 존재하는 세계의 반영에 의해 형성된다는 관점으로 문학예술 작품에 작가의 의식 밖에 존재하는 사회·문화적 현실을 담는 행위를 말한다.

자칫 반영을 지나치게 강조하면 예술작품은 사회 현실의 기계적인 복사나 베낌에 그치게 되고, 사회 현실과 예술이 주종(主從) 관계에 놓이게 된다. 그러나 기계적 반영이나 속류 사회학주의에 거리를 두는 비판적 반영론은 문학예술의 상대적 자율성을 중시하며, 작가의 비판정신과 통찰이 개인적 한계를 넘어 시대의 본질을 꿰뚫는 데 이를 수 있다고 본다.

반영의 핵심은 한 시대의 여러 모순을 집약하여 보여줄 수 있는 전형적 인물과 상황이다. 구체적인 인물들과 상황들을 창조하고, 그 구체성 속에서 한 시대의 여러 문제들을 온전히 들여다볼 수 있는 총체성을 작품에 구현하는 데 힘을 기울인다.

그렇지만 짧은 분량 속에서도 당대의 전형적 상황과 인물을 창조하는 것이 불가능하지 않으며, 시는 시 나름대로의 서사성을 구현할 수 있다는 점 등을 토대로 하여 시를 통한 현실 반영의 가능성을 모색한 다양한 논의들이 진행되어 온바 있다. 우리 근·현대문학사를 살펴볼 때, 1920년대 카프시에서 시작된 이 현실 반영의 움직임은 임화의 단편서사시, 신동엽의 장시, 박노해·백무산 등의 노동시, 최두석의 이야기시 등으로 이어지면서 비교적 명확한 현실 반영에의 의지를 담았고, 그에 상응하는 시적 성과를 거두었다. 이러한 의도적 노력들을 통해 우리 시는 단형 서정시라는 틀을 넘어서 의식적인 현실 반영과 보다 강력한 현실 대응으로서의 시의 가능성을 넓혀 왔다.

> 그리고 옵바……
> 저뿐이 사랑하는 옵바를 일코 永男이뿐이 굿세인 兄님을 보낸것 이겟슴닛가
> 슬지도 안코 외롭지도 안습니다
> 世上에 고마운 靑年 오바의 無數한 偉大한 친구가 잇고 옵바와 兄님을 일흔 數 없는 계집아히와 동생 저의들의 貴한 동무가 잇습니다
> 그리하야 이다음 일은 只수 섭섭한 慣한 事件을 안꼬잇는 우리 동무 손에서 싸와질 것입니다
> 옵바 오날밤을 새어 二萬장을 부치면 사흘뒤엔 새솜 옷이 옵바의 떨니는 몸에 입혀질 것입니다
> 이러케 世上의 누이동생과 아우는 健康히 오늘 날마다를 싸흠에서 보냄니다
> 永男이는 엿해 잡니다 밤이 느젓세요
>
> —임화, 「우리 옵바와 火爐」 부분

이 시의 어린 삼남매는 모두 공장 노동자로서 일제 강점기 식민지 체제 아래에서 매우 어려운 생활을 이어가고 있는 상황에 놓여 있다. 국권 상실과 제국주의적 수탈이라는 이중의 고통을 겪는 식민지 노동자들의 현실이 구체적으로 그려지고 있고, 나이 어린 소녀를 시적 주체로 형상화함으로써 시 속 인물들이 겪고 있는 곤경의 참담함을 실감나게 보여 주고 있다. 강고한 현실에 비해 화자인 소녀의 당찬 다짐이

너무 쉽게 낙관적으로 이루어지는 것 같은 한계도 없지 않지만, 이 시를 통해 당시 제국주의의 압제와 자본의 수탈이라는 현실, 그리고 그에 저항하는 노동자의 모습을 구체적으로 만나볼 수 있다는 점에서 이 시의 현실 반영의 지향을 확인할 수 있다.

내가 지금부터 이야기하려는
그 가슴 두근거리는 큰 역사를
몸으로 겪은 사람들이 그땐
그 오포 부는 하늘 아래 더러 살고 있었단다.

앞마을 뒷동산 해만 뜨면
철없는 강아지처럼 뛰어 다니는 기억 속에
그래서 그분들은 이따금
이야기의 씨를 심어주고 싶었던 것이리.

그 이야기의 씨들은
떡잎이 솟고 가지가 갈라져
어느 가을 무성하게 꽃피리라.

그래서 그분들은 예감했던 걸까.
그래서 눈보라치는 동짓달
콩강개 묻힌 아랫목에서
숨막히는 삼복(三伏) 순이 엄마 목매었던
그 정자나무 근처에서 부채로 매미 소리
날리며 조심조심 이야기했던 걸까.

배꼽 내놓고
아랫배 긁는
그 코흘리개 꼬마들에게.

—신동엽, 「금강」 부분

「우리 오빠와 화로」가 한 편의 시에 약간의 서사성을 부여하면서 당대 현실을 시에 반영하고자 하였다면, 이 「금강」은 총 4,800여 행에 달하는 긴 분량의 장시(長詩)로서 동학 운동과 3·1 운동, 그리고 4·19를 잇는 근현대 민족의 역사를 한 편의 시에 담아내고자 한 장편서사시이다. 외세에 의해 초래된 분단 현실을 고발하고, 민중들의 힘으로 생명을 존중하는 평화적 통일을 지향하는 이 시는 우리 시사에서 역사적 현실을 시라는 형식에 담아낸 대표적인 작품이다. 실제 역사 속 인물들과 겹쳐 보이는 허구의 인물들을 창조하고, 그들이 만들어내는 서사를 리듬 있는 언어로 담아내어 우리 시에서 장편 서사의 가능성을 넓혔다는 점에서 의의를 찾을 수 있다.

1920-30년대의 카프시와 1960년대의 참여시의 시대를 지나 1980년대에 이르러 본격적인 민중시가 다수 창작되었다. 이전 시기의 현실 반영 지향 시들이 주로 지식인들이 선각자의 의식으로 자신의 사상과 창작 이념을 작품에 투영하는 민중 지향적 시였다면 1980년대의 민중시는 지식인이 아닌 민중들이 직접 자신의 이야기를 본격적으로 시에 담아내기 시작했다는 점에서 시와 현실이 만나는 또 하나의 양상을 보여 준다.

전쟁 같은 밤일을 마치고 난
새벽 쓰린 가슴 위로
찬 소주를 붓는다
아
이러다가 오래 못 가지
이러다가 끝내 못 가지

설은 세 그릇 짬밥으로
기름투성이 체력전을
전력을 다 짜내어 바둥치는
이 전쟁 같은 노동일을
오래 못 가도

끝내 못 가도
어쩔 수 없지

(중략)

어쩔 수 없는 이 절망의 벽을
기어코 깨뜨려 솟구칠
거치른 땀방울, 피눈물 속에
새근새근 숨쉬며 자라는
우리들의 사랑
우리들의 분노
우리들의 희망과 단결을 위해
새벽 쓰린 가슴 위로
차거운 소줏잔을
돌리며 돌리며 붓는다
노동자의 햇새벽이
솟아오를 때까지

—박노해, 「노동의 새벽」 부분

    박노해의 시집 『노동의 새벽』은 특별한 재주를 타고 태어난 시인이나 문학적 소양이 높은 지식인의 전유물 같았던 근대의 시 장르에 이제 민중의 자리를 마련해야 함을 선언하였다. 피와 땀이 서린 노동자의 목소리가 날것 그대로 들어와서 고통의 비명과 저항의 절규, 그리고 놓칠 수 없는 희망을 노래하였다. 못 가진 자와 가진 자가 그대로 선과 악이 되는 도식적 이분법, 사상과 감정의 직설적 토로가 만드는 시적 긴장의 이완 등이 한계로 지적되지 않은 것은 아니다. 그러나 박노해의 시는 민중의 현실을 매우 실감나게 구체적으로 형상화하고 있고, 체험의 진실성에 바탕을 둔 서정성을 수반하고 있으며, 개인의 감정을 넘어서는 노동자 계급의 집단적 정서를 대변하고 있다는 점에서 근대 시문학사에서 일찍이 보기 어려웠던 시의 리얼리즘적 성취를 보여 주었다고 평가받는다. 같은 시기의 박영근(『취업 공고판 앞에서』, 1984), 백무산(『만국의 노동자여』, 1988) 등의 노동자 시인들이 이러한 민중시의 경향을 확대하였고, 이후 황규관(『철산동 우체국』, 1998;『패배는 나의 힘』, 2007), 송경동(『꿀잠』, 2006;『사소한 물음들에 답함』, 2009) 같은 시인들에 의해 열악한 민중의 현실을 시 속에 직접 담아내고자 하는 문학적 흐름이 계속 이어져 오고 있다. 동구권의 몰락과 후기 자본주의의 사회의 더욱 공고해진 지배 체제 속에서 민중시는 1980년대 민중시들이 보였던 고발과 저항의 집단적 목소리보다는 신자유주의 시대에 더욱 견고해진 현실의 벽과 개인들의 파편화된 일상에 초점을 맞추며 개별화된 목소리로 이야기하는 등 시 속에 당대의 현실을 담기 위한 방식을 모색하며 진화 중이다.

> 셋방 부엌창 열고
> 샷시문 때리는 빗소리 듣다
> 아욱, 아욱국이 먹고 싶어
> 슈퍼집 외상 장부 위에
> 또 하루치의 일기를 쓴다
> 오늘은 오백 원어치의 아욱과
> 천 원어치 갱조개
> 매운 매운 삼백 원어치의 마늘 맛이었다고
> 쓴다. 서러운 날이면
> 혼자라도 한 솥 가득 밥을 짓고
> 외로운 날이면 꾹꾹 누른
> 한 양푼의 돼지고기를 볶는다고 쓴다
> 시다 덕기가 신라면 두 개라고 써둔
> 뒷장에 쓰고, 바름이 아빠
> 소주 한 병에 참치캔 하나라고 쓴
> 앞장에 쓴다
> 민주주의여 만세라고는 쓰지 못하고
> 해방 평등이라고는 쓰지 못하고
> 피골이 상접한 하루살이 날파리가 말라붙어 있는
> 슈퍼집 외상장부 위에

쓰린 가슴 위에
쓰고 또 쓴다
눈물국에 아욱향
갱조개에 파뿌리
쓸벅 나간 손 끝
배어나온 따뜻한 피 위에
꾸물꾸물
쓰고 또 쓴다

—송경동, 「외상일기」

 낯익은 구절들을 곳곳에 배치한 이 시는 "민주주의여 만세"(김지하, 「타는 목마름으로」)를 외치던 시절이 있었고, 힘이 들더라도 동지들과 "쓰린 가슴 위"로 찬 소주를 붓던 시절(박노해, 「노동의 새벽」)이 있음을 알고 있다. 그러나 앞선 시대의 민중 지향적 시들이 쓰일 수 있었던 때와는 다른 현실 앞에서 이제 그 시의 구절들은 동일하게 반복되지 못한다. 시의 화자는 민주주의여 만세라고는 쓰지 못하고 있고, 해방 평등을 외치며 희망과 단결을 위해 찬 소주를 붓는 대신 슈퍼집 외상장부에 자신의 외상 품목을 기록하느라 쓰린 가슴이 더욱 쓰리다. 어느새 민주주의를 열망하는 민중들의 외침은 아련하고, 함성을 외치며 광장을 메웠던 사람들은 이제 광장 대신 동네 슈퍼마켓 외상장부의 한 면을 차지하고 근근이 자신의 일상을 외상일기로 써 가고 있을 뿐이다. 민중 해방을 외쳤으나 민중은 해방되지 못했고, 그 외침마저도 공허한 과거가 된 것이다. 그러나 이 사회에 소외된 이들은 계속하여 존재하고 있고, 무차별적이고 무제한적인 자본주의의 위력은 날로 더하여 간다. 이 앞에서 무기력해진 시는 종종 개인의 내면세계와 난해한 언어의 무질서 속으로 파고들기도 한다. 그러나 현실 속에서 인간다움의 자리를 확보하기 위한 노력을 여전히 회피하지 않는 이 시는 비록 보잘것없는 이들의 외상장부일망정 그 하루치의 일기를 기록하는 행위를 멈추지 않는다. 혁명 대신 일상을, 구호 대신 계속 쓰기를, 그리고 거대한 희망의 서사 대신 일상의 사소함에 대한 기록을 추구함으로써 더욱 교묘하고 강해진 현실에 맞서는 새로운 현실 반영의 방법을 모색하고 있다.

앞에서 살펴본바, 시에서의 현실 반영은 서사성을 추구하고, 전형적 인물을 창조하는 움직임을 축으로 하는 가운데 역사적 원근법이나 현실 인식, 그리고 창작의 주체에 따라 다양한 양상으로 이루어져 왔음을 볼 수 있다. 앞으로도 여전히 시의 현실 반영은 어려운 과제일 수밖에 없으나, 시의 현실 반영은 객관적인 현실을 얼마나 그럴듯하게 담아내는가의 문제로만 판단할 수 없다는 점에 유의할 필요가 있다. 시로써 현실을 반영하려는 주체가 관념적 구호나 상투적인 인물형, 미래에 대한 지나친 낙관에 의존하지 않고, 자신 또는 집단의 언어가 생생하게 살아 있게 되는 현실의 국면을 날카롭게 포착하여 그것을 시어로 끌어올 때 비로소 시의 현실 반영의 독자적인 영역이 열리게 될 것이다.

2. 반영론적 맥락에서의 수용과 생산

1) 반영론적 맥락을 고려한 수용

가. 문학으로 읽는 역사의 의미

대부분의 시에는 시인 개인의 감정과 생각을 넘어서서 당대의 여러 요인들이 복합적으로 작용한다. 여기서 말하는 시 창작 당대의 요인에는 당시의 사회적 상황, 역사적 흐름, 시인의 계급이나 계층, 창작 당시의 문화적 상황 등을 들 수 있다. 이러한 요인들은 다양한 방식으로 작품에 직·간접적으로 반영된다.

역사서 역시 그 나름의 가치 기준으로 역사적 사건을 선별하고 기록한다. 그리고 많은 문학 작품들도 역사서에서 중요하게 다루어진 사건들을 다시 문학으로 형상화하여 의미를 새롭게 부여하기도 하고, 역사 속의 선과 악, 정의와 불의를 다시 생각해 보기도 한다. 그러나 문학에 반영된 당대 현실이 역사와 다른 점은, 그것이 추상화된 역사적 기록이 아니라 생생하게 살아 있는 사람들의 구체적인 이야기라는 점이다. 그 구체성이 역사서와는 다른 방식으로, 즉 행동을 하고 감정을 나타내는 인간을 통해 어떤 시대를 다시 경험하게 하는 것이다.

역사적 사건을 직접 시에 끌어들이거나, 특정 시기의 실제 경험을 시에 분명하게 밝힘으로써 문학을 통한 성찰적 회상을 통해 그 역사적 사건의 의미를 다시 생각해 보는 작품들의 경우에는 보다 적극적으로 그 시대를 다시 생각해 볼 것을 요청한다.

> 1947년 봄
> 深夜
> 황해도 해주의 바다
> 이남과 이북의 경계선 용당포
>
> 사공은 조심 조심 노를 저어가고 있었다.
> 울음을 터뜨린 한 嬰兒를 삼킨 곳.
> 스무 몇 해나 지나서도 누구나 그 水深을 모른다.
>
> ―김종삼, 「민간인」

역사적으로 보면 1945년 8월 광복, 1945년 9월 미·소의 남북분할점령, 1946년 7월 38선 통행금지, 1948년 5월 남한 단독 총선, 1948년 8월 대한민국 정부 수립, 9월 북한 정부 수립으로 이어지는 격변의 시대 한가운데가 바로 이 시의 시간적 배경인 1947년 봄이다. 짧은 시이지만, '이남과 이북의 경계선'이 그어진 이후 민족의 분단이 이념을 매우 중요하게 생각했던 이들에게는 어떤 의미였을지 모르나, 그 충돌의 소용돌이 속에서 목숨을 부지해야 했던 '민간인'에게는 과연 그 이념의 대립이 무슨 의미였을지, 이 시만큼 서늘하면서도 날카롭게 묻고 있는 작품도 드물다.

시는 역사를 대체할 수 없지만, 시는 역사가 다 전하지 못한 무수한 삶들을 시간의 제약 없이 언제든 다시 살려낼 수 있다. 역사책의 기록이 그 시대의 골조를 정확하게 짜 놓는 것이라면, 시는 그 건물의 방마다 살고 있었을 당대 사람들의 구체적인 삶과 정서를 되살려 내는 일이다. 그러므로 어떤 역사적 사건이나 특정한 시기를 드러내어 반영하고 있는 작품을 감상할 때에는 그 시기에 어떤 일들이 있었는지, 그리고 다루어지고 있는 시기의 일이 역사적으로 어떤 의미를 가지고 있었는지 떠올려 보고, 시가 초점을 맞추고 있는 지점이 일반적인 역사적 평가와 얼마나 같고 다른지 살펴보는 것도 작품을 심도 있게 이해하는 데 중요한 사항이다.

> 나는 온몸에 풋내를 띠고
> 푸른 웃음 푸른 설움이 어우러진 사이로
> 다리를 절며 하루를 걷는다 아마도 봄 신령이 지폈나 보다.
> 그러나 지금은 — 들을 빼앗겨 봄조차 빼앗기겠네
>
> —이상화, 「빼앗긴 들에도 봄은 오는가」 부분

> 산과 산이 마주 향하고 믿음이 없는 얼굴과 얼굴이 마주 향한 항시 어두움 속에서 꼭 한 번은 천둥 같은 화산이 일어날 것을 알면서 요런 자세로 꽃이 되어야 쓰는가.
>
> —박봉우, 「휴전선」 부분

> 꽃이 진다고 그대를 잊은 적 없다
> 별이 진다고 그대를 잊은 적 없다
> 그대를 만나러 팽목항으로 가는 길에는 아직 길이 없고
> 그대를 만나러 기차를 타고 가는 길에는 아직 선로가 없어도
> 오늘도 그대를 만나러 간다
>
> —정호승, 「꽃이 진다고 그대를 잊은 적 없다」 부분

국권 상실의 상황, 전쟁의 폐허, 믿을 수 없는 죽음 …… 이 모든 현실 앞에서

시인들은 자신이 마주한 시대를 시로 기록하고, 그 시대를 마주하게 되는 개인의 심정을 진솔하게 담아내며, 그 일의 의미를 다각도로 되새긴다. 추상적인 역사의 기록만도 아니며, 그렇다고 한 개인의 격한 감정의 토로에만 그치지도 않는 균형 속에서 한 시대를 노래하는 시들은 크게 일렁이는 공감과 무겁게 자리하는 역사 의식을 함께 독자에게 전한다.

이와 같이 적극적으로 당대 현실을 담아내고자 하는 시들을 읽을 때에 독자들은 자신과 작품 사이의 거리를 가늠하고, 그 거리로 인해 생기는 공백과 차이를 메우기 위한 조정을 수행해야 한다. 그것은 일차적으로 '지식'을 요구하는 일이지만, 그러나 해당 시기의 사건이나 기록을 찾는 것만으로 그 조정이 충분히 이루어질 수는 없다. 오히려 중요한 것은 시간적 거리가 있는 낯선 시대에 대한 기본적인 앎을 바탕으로, 당시에 사람들이 어떤 감정을 느끼고 어떤 생각을 하며 살았을까를 마음 깊이 상상하는 것이다. 어떤 시대에 대한 앎을 기반으로 한 공감의 상상을 통해 우리는 한 시대를 담고 있는 시와 온전히 공명하게 된다. 그리고 그렇게 문학이 기록한 역사, 문학으로 읽는 역사를 살펴봄으로써 자신이 살고 있는 시대를 새롭게 보게 될 것이다.

나. 역사로 읽는 문학의 의미

작품이 쓰일 때의 사회·역사적 맥락이 중요하다는 점을 여러 번 확인하지만, 그렇다고 정말 모든 작품에 똑같은 수준으로 그 중요성이 적용되는 것은 아니다. 그리고 그러한 맥락을 모두 다 알아야만 즐거운 감상이 되는 것도 아니기에 이것이 무슨 강제성을 띨 이유는 없다.

그런데 작품의 발표 연대, 수록 시집이나 발표지의 특성, 그리고 창작 당시 시대 상황이나 사건 등에 관한 지식을 동원하거나 새로운 조사를 통해 이러한 요인들이 가지는 의미를 함께 고려하면서 작품을 수용하면, 그렇지 않을 때에 비해 훨씬 많은 의미를 시로부터 읽어낼 수 있는 경우들이 있다. 독자가 보다 능동적으로 사회·역사적 맥락을 충분히 살피지 않는다면, 시의 표면만을 보고 그것을 작품의 전부라고 섣부르게 생각하는 아쉬운 읽기가 될 수밖에 없다.

어머니
당신은 그 먼 나라를 알으십니까?

오월 하늘에 비둘기 멀리 날고
오늘처럼 촐촐히 비가 나리면
꿩소리도 유난히 한가롭게 들리리다
서리가마귀 높이 날아 산국화 더욱 곱고
노란 은행잎이 한들한들 푸른 하늘에 날리는
가을이면 어머니! 그 나라에서
양지밭 과수원에 꿀벌이 잉잉거릴 때
나와 함께 고 새빨간 능금을 또옥 똑 따지 않으렵니까?

　　　　　　　　　　　　　　　—신석정, 「그 먼 나라를 알으십니까」 부분

　이 시를 처음 대하는 독자라면 어떤 식으로 시를 읽게 될 것인가? 텍스트의 구조에 초점을 맞추어 비둘기, 꿩, 산국화, 은행잎, 꿀벌, 능금 등의 시어들이 형성하는 의미의 계열체를 놓고 다른 요소들과의 관계 속에서 그 의미를 도출하는 읽기를 할 수도 있겠다. 그런가 하면 어머니를 계속 반복해서 부르는 것이 인상적으로 느껴져서 시인의 전기적 사실을 찾아보고 시인의 무의식 세계를 파헤쳐 볼 수도 있다. 또한 이 시의 발표 연도를 모르는 상태에서 물질적으로 크게 아쉬울 것 없는 현대의 독자가 자신의 처지를 대입하여 읽는다면, 지나친 풍요로 지구를 파괴하고 있는 현대의 인간 문명을 지양하고, 어머니와 먼 나라, 그리고 그 먼 나라의 새빨간 능금으로 상징되는 소박한 이상향에서 살고 싶다고 이야기하는 시로 읽을 수도 있을 것이다.

　이렇게 다양한 방식의 시 읽기는 독자들에게 적극적으로 권장되어야 한다. 그리고 이와 함께 시인이 작품을 쓸 당시에 무슨 일이 있었고 어떤 환경이었는가 하는 점도 살피는 것이 필요하다. 시에 여러 층으로 겹쳐 있는 시대와 문화의 흔적들을 정확하게 파악하는 것은 **해석의 다양성***을 해석의 무정부주의로 넘어가지 않게 하는 의미 있는 전제이기 때문이다.

1939년 한반도에서 국권을 상실하고 언어조차 빼앗긴 상태의 시인이 썼다는 점을 고려하면서 이 시를 읽는다면 먼 나라의 거리는 훨씬 더 아득하게 멀어지고, 그 먼 나라의 풍광 하나하나는 매우 간절하고 소중하게 느껴진다. 이 시가 쓰인 시대는 시 속의 그 먼 나라가 보여 주는 밝고 환하고 아름답고 평화로운 세계와는 너무나 거리가 멀다. 같은 시집에서 "밤이 왔습니다 / 그 검고 무서운 밤이 또 왔습니다 // 태양이 가고 / 빛나는 모든 것이 가고 / 어둠은 아름다운 전설과 신화까지도 먹칠하였습니다"(신석정, 「이 밤이 너무나 길지 않습니까?」, 『촛불』, 1939 부분)라고밖에는 말할 수 없었던 시대였고, 미래를 예견할 수 없는 암담한 상황이었다. 그러나 그러한 절망적 현실 속에서도 '그 나라'를 아느냐고 반복해서 묻는 것은 '그 나라'를 잊어서는 안 된다는 다짐이며, 독자에게도 '그 나라'가 비록 멀리 있더라도 포기하지 말고 다시 그 먼 나라에 갈 날을 기다려야 한다는 조용하면서도 강렬한 호소이다. 반영론적 관점에서 사회·역사적 상황 맥락을 고려하며 읽음으로써 「그 먼 나라를 알으십니까」는 단지 목가(牧歌) 풍의 낭만적인 노래에 그치지 않게 되며, 창씨개명을 거부하고 <문장>지 폐간 등 조선어 사용이 금지된 후 절필로써 저항했던 시인 신석정이 시를 쓰며 생각했을 심층의 의미에 제대로 가까이 다가갈 수 있게 된다.

그 먼 나라를 염원한 시인들의 노래가 헛되지 않아서 국권을 회복하고 모국어를 되찾게 되었다. 그러나 그 나라가 곧바로 양지밭 과수원이 되기는 어려운 일이라, 시인들은 여전히 아름다운 목가 대신 모순에 찬 현실을 시 속에 담아내기 위한 모색을 계속 한다.

저것은 벽
어쩔 수 없는 벽이라고 우리가 느낄 때

알짬 해석의 다양성

해석은 수용자가 자신의 경험과 지식을 바탕으로 텍스트의 의미를 실현하는 행위이다. 동일한 악보를 연주자마다 다른 느낌과 방식으로 연주하는 것처럼, 하나의 텍스트에 대해서도 개별 수용자의 경험과 지식, 그리고 수용자가 살고 있는 시대와 그 사회의 영향이 수용자마다 다르기 때문에 엄밀히 말해 모든 해석은 다 다르다고 할 수 있다.

물론 텍스트의 구조를 임의로 벗어나거나, 텍스트의 생산 맥락을 전혀 고려하지 않는 해석은 해당 텍스트에 대한 온전한 해석이라고 할 수 없기 때문에 모든 해석이 다 옳다고 볼 수는 없다. 이른바 '오독의 경계'는 분명히 존재한다. 예를 들어 1968년에 쓰인 김수영의 「풀」을 읽으면서 이 시의 '바람'을 일본 제국주의의 억압적 통치로 해석하는 것은 명백한 오독인 것이다.

적어도 '작가-텍스트-독자'로 이루어지는 소통을 염두에 두는 한, 어떤 텍스트에 대한 해석이 무한한 다양성을 가진다는 것은 이 오독의 경계 안에서 이루어지는 해석의 다양성으로 이해해야 한다.

그때
담쟁이는 말없이 그 벽을 오른다
물 한 방울 없고 씨앗 한 톨 살아남을 수 없는
저것은 절망의 벽이라고 말할 때
담쟁이는 서두르지 않고 앞으로 나아간다
한 뼘이라도 꼭 여럿이 함께 손을 잡고 올라간다
푸르게 절망을 다 덮을 때까지
저것은 넘을 수 없는 벽이라고 고개를 떨구고 있을 때
담쟁이잎 하나는 담쟁이잎 수천 개를 이끌고
결국 그 벽을 넘는다.

— 도종환, 「담쟁이」

이 시는 담쟁이를 섬세하게 관찰하고 담쟁이를 인간의 삶에 연관 지어 생각한 문학적 상상력의 소산이다. 식물은 기본적으로 한 자리에 붙박여 있을 뿐 식물이 스스로 담을 타 넘을 수는 없는 일이며, 담벼락은 사실 넝쿨이 위로 옆으로 뻗어 나가는 성장에 버팀목이 되는 것이기에 담쟁이는 그 성장 과정 동안 벽의 도움을 받고 벽에 빚을 진다고 보는 것이 오히려 더 사실에 부합할지도 모른다. 그러나 이 시적 공간에서 담쟁이는 높은 절망의 벽에 뭇 존재들이 고개를 떨구고 있을 때, 굴하지 않고 천천히, 그렇지만 여럿이 함께 포기하지 않고 도전을 하여 결국 장애물을 넘어서는 존재로 그려진다.

이 시를 외국 독자들이 번역으로 읽게 된다면 아마 느리지만 거대한 담쟁이의 움직임으로부터 여러 사람들이 힘을 모아 역경을 극복하는 일의 위대함을 읽을 것이다. 또 절망적 상황에서도 포기하지 않고 끝까지 매달리는 자세의 소중함도 발견할 수 있을 것이다. 우리나라의 독자도 기본적으로는 크게 다르지 않을 것이 지만, 그러나 질곡의 현대사를 거쳐 온 한국의 독자들은 이 시를 읽으면서 자연 스럽게 1987년의 민주화 운동이나 1960년의 4·19에서 보았던 거대한 민중의 물 결을, 그리고 그 물결의 힘을 떠올리게 된다.

물론 이 시에서는 리얼리즘 시론에서 언급하였던 전형적 인물이나 전형적 상황이 구현하는 '총체성'을 확인하기는 어려우며, 서사적 구성으로 역사적 사실들을 담아내고 있는 것도 아니다. 그러나 이 시는 창작된 시기의 사회·역사적 맥락을 고려할 때 1980년대 후반~1990년대 초반의 한국 사회를 달구었던 민주화의 열기나 민중의 주체적인 '일어남'의 성과를 반영하고 있다. 시집의 간행 연도로 볼 때, 이 시는 시인이 전국교직원노동조합 창립과 관련하여 옥고를 치르던 중 창작된 것으로 보인다. 감옥에 갇혀 이동의 자유를 빼앗긴 수형자의 처지는 어느 한 곳에 뿌리를 박고 움직일 수 없는 식물의 모습과 겹친다. 이 점에 주목한다면, 절망의 벽을 결국 오르고 마는 담쟁이처럼 '우리'도 좌절하지 말고 벽을 넘어서는 일을 포기하지 않아야 하며 여럿의 힘으로 그 벽을 푸르게 덮는 노력을 지속하겠다는 다짐, 그리고 그것이 혼자의 일이 아니라 민중 전체의 힘으로 해 나가야 하는 일이라는 현실적 자각을 읽어낼 수 있다.

1987년 6월 항쟁(민주열사박종철기념사업회)

이상에서 살펴본 바와 같이 반영론적 관점에서 시를 읽는 것은 작품이 쓰인 시대와 사회·역사적 맥락을 고려하면서 시에 반영된 당대 사회와 그 시대 사람들의 삶을 보는 것이다. 반영론적 관점에서 시를 읽음으로써 우리는 현실이 시에 반영되는 양상을 경험하는 한편, 시가 현실에 미치는 영향력도 확인할 수 있게 된다. 시에 반영된 세계를 파악하면서 텍스트 이면에 있는 심층적 의미나 시가 전하는 사회적 메시지를 읽어내게 된다. 시는 분명히 섬세하게 만들어진 언어의 조직체이지만, 그것을 지나치게 텍스트 안의 세계에만 한정하여 이해하는 것은 자칫 시를 현실과 동떨어진 채 빚어진 죽은 언어의 구조물로 보게 될 우려가 있다. 시는 미학적으로 잘 구조화된 언어의 직조물이기도 하지만, 그 언어는 늘 현실 속에서 치열하게 살아가고 있는 이들의 삶이 반영되어 있는 언어이며, 시는 그렇게 생생하게 살아 있는 언어들이 소설이나 희곡과는 다른 방식으로 부딪치고 빛나는 공간이라는 점에 유의하며 시를 읽는 자세를 가지는 것이 중요하다.

2) 반영론적 맥락에서 본 시의 생산

독자의 입장에서 시의 사회·역사적 맥락을 고려하며 시를 읽는 것과 마찬가지로, 시인의 입장에서 시를 창작할 때에도 당시 사회를 어떤 방식으로 시에 반영할 것인가는 중요한 문제가 된다. 시의 현실 반영은 당대 사회의 인물이나 사건을 직접 작품에 끌고 들어오는 방식으로 이루어지기도 하지만, 예민한 감각으로 그 시대의 감성들을 포착하여 새로운 이미지를 만들어 내기도 하고, 시대의 새로움에 어울리는 형식을 모색하면서 간접적으로 당대 사회를 반영하기도 한다. 우리 근현대사의 한 지점들을 포착하여 반영하고 있는 몇 편의 시를 통해 시가 사회를 반영하는 양상을 살펴보도록 하자.

가. 계몽적 시가의 현실 반영

근대 초기 우리 시가는 신문물과 새로운 사상을 널리 알리려는 목적에 충실하였고, 그 주체들이 가진 근대적 인식을 바탕으로 새로운 시 형식을 다양하게 탐색하였다. 개화 가사, 창가, 신체시 등은 창작자들이 당대 현실을 선도하고자 하는 뚜렷한 목적의식을 가지고 그러한 형식에 대한 모색을 한 결과라 할 수 있으며, 독립된 주권 국가로서의 자주권 확보, 근대식 교육을 통한 사회 변혁, 새로운 문물과 제도에 대한 동경 등 당대 사회의 급변하는 현실을 다양하게 반영하였다.

개화 가사는 4·4조 4음보의 형식으로 <독립신문>(1896-1899), <대한매일신보>(1904-1910) 등의 신문을 통해 주로 발표되었고, 문명개화를 찬미하는 가운데 불합리한 현실이나 냉혹한 국제 질서에 대한 각성을 촉구하는 내용을 담았다. 최돈성의 「서울 슌쳥골 최돈성의 글」, 이필균의 「애국하는 노래」, 이중원의 「동심가」 등이 대표적이다.

> 대죠선국 건양원년 주쥬독닙 깃버ᄒ세
> 텬디간에 사롭되야 진츙보국 데일이니
> 님군끠 츙성ᄒ고 정부를 보호ᄒ세
> 인민들을 ᄉ랑ᄒ고 나라긔를 놉히달세
>
> —최돈성, 「서울 슌쳥골 최돈성의 글」 부분

개화 가사에 이어 서양식 악곡에 붙여 노래로 불렀던 창가가 등장하였다. 그 율격은 초기에는 4·4조, 이후에는 6·5조, 8·5조 등으로 다양하였고, 문명개화의 시대적 필연성, 새 시대를 향한 기대와 희망, 새로운 세상을 건설하기 위한 의욕, 청년들의 진취적 기상 등을 담았으며, 찬송가의 보급, 근대 교육 제도의 확대 등을 통해 한동안 널리 유포되었다. 최병헌의 「독립가」, 김유탁의 「운동가」, 최남선의 「경부텰도노래」, 「세계 일주가」 등이 있다.

우렁탸게 토하난 긔뎍 소리에
남대문을 등디고 쩌나 나가서
쌜리 부난 바람의 형세 갓흐니
날개 가딘 새라도 못 짜르겟네

늙은이와 덟은이 셕겨 안졋고
우리네와 외국인 갓티 탓스나
내외 틴소 다갓티 익히 디내니
됴고마한 쏜 세상 뎔노 일윗네

—최남선, 「경부텰도노래」 부분

　개화 가사 「서울 순청골 최돈성의 글」은 '자주독립', '진충보국' 등의 계몽적
이념을 담고 있고, 창가 「경부텰도노래」의 인용된 부분은 기차라는 근대 문물이
가져다주는 놀라움과 그러한 근대 문물을 통해 만들어지는 새로운 사회와 문화의
양상을 그려내고 있다. 당대 사회의 지배적 가치와 이념, 그리고 사회의 변화 양
상이 4·4조, 7·5조의 새로운 시가 형식으로 표현되어 있으며, 개인의 서정보다
는 급변하는 당시의 현실을 널리 알리는 데 중점을 두고 내용과 형식 모두의 새
로움으로 그러한 현실을 노래로 만들고자 노력하였다.

　이 시기의 시들은 현실 세계의 변화를 시의 주된 내용으로 삼고 있기는 하지만
이는 엄밀한 의미에서의 현실 반영, 즉 문학적 형상화를 통해 당대 사회의 모순
을 파헤치고 새로운 인식에 도달하게 하는 리얼리즘 문학에서의 반영과는 성격이
다르다고 할 수 있다. 계몽적이고 교술적인 목적으로 시에 도입된 현실은 대개
일방적인 찬양의 대상이거나 당위의 가치로 부여되는 경우가 많기 때문에 문학적
긴장이 완화되어 시적 형상화의 감동은 약화되기 쉽다. 다만 짧은 시간에 많은
수의 사람들에게 현실의 변화에 대한 인식을 퍼뜨리고 새로운 사상을 전파하기
위한 목적의식이 분명한 이 시들은 읽는 시가 아니라 부르는 노래의 가사로 쓰인
것이라는 생산의 맥락을 고려할 필요가 있으며, 당시의 사회적 요구에 충실한 기
능을 수행하였다고 평가할 수 있다.

나. 전형적 인물과 상황의 창조를 통한 현실 반영

문학의 현실 반영에서 제일 중요한 것은 당대 현실을 실감 나게 재현할 수 있는 전형적 인물과 상황을 창조하는 것이다. 이때의 '재현'은 실제 있었던 일을 있는 그대로 기록하는 것과는 다른 차원의 일이다. 이 세계에 실제로 존재했던 한 사람, 그리고 그가 겪었던 사건이나 그 사람을 둘러싼 여건을 있는 그대로 기록하는 것도 현실을 문자화하는 것이기는 하지만, 그것은 그 한 사람만의 개별성을 벗어나지 못한다. 문학의 현실 반영은 실제 인물이나 사건의 기록이 가질 수 없는 그 보편성을 추구하기 위해 허구이어야만 한다. 실제 존재했던 어떤 한 사람의 개별성이 아니라 각 개인들의 개별성을 넘어서는 보편성, 즉 당대의 많은 사람들이 다양하게 각자 다른 방식으로 살아가고 있는 가운데 그들의 삶의 핵심을 관통하는 어떤 보편적 속성을 작품에 보여 주어야 하는 것이다. 그러나 이 보편성은 개별성의 산술적 총합일 수도 없고, 한 개별성의 극대화일 수도 없으며, 공통점에 대한 추상적 진술이어서도 안 된다. 왜냐하면 그 보편성은 어디까지나 문학 작품 속의 살아 있는 한 인간으로 '구체화'되어야 하기 때문이다. 어떤 시기 어떤 집단의 속성을 추상적 개념으로 정리하는 것도 아니고, 그 집단의 한 개인의 삶을 있는 그대로 기록하는 것도 아닌, 보편적이면서 구체적이어야 하는 이 모순적 과제가 문학의 현실 반영의 과제이다.

이 보편성과 구체성을 한 인물에 구현하기 위해서는 역시 장편소설이 가장 유리하다고 할 수 있다. 긴 분량의 서사를 통해 한 인물의 성장과정을 밀도 있게 그려 보일 수도 있고, 다양한 사건들을 통해 한 인물의 성격을 시대적 보편성에 근접하게 만들어 갈 수 있기 때문이다. 이에 비해 시에서는 대개 1인칭의 서정을 압축적이고 상징적이며 리듬감 있는 언어로 표현하기 때문에 시대의 보편성을 반영하는 한 인물을 구체적으로 창조하기란 매우 어렵다. 그래서 시에서의 현실 반영을 추구하다보면 거의 대부분 장형화, 서사화의 경향을 보이게 된다.

그렇지만 짧은 분량의 시에서 상황과 인물의 전형성을 구현하는 것이 불가능하다고 말할 수는 없을 것이다. 염상섭의 『삼대』의 조덕기, 이기영의 『고향』의 김희준 같은 인물이 보여 주는 구체성과 보편성에는 미치기 어렵다 하더라도 당대 상황을 극명하게 나타내 주는 극적인 상황과 그 상황 속의 인물이 보여 주는 순간적 모습 속에서도 당대 현실을 생생히 경험할 수 있게 하는 시들이 있기 때문이다.

집도 많은 집도 많은 남대문턱 움 속에서 두 손 오구려 혹 혹 입김 불며 이따금씩 쳐다보는 하늘이사 아마 하늘이기 혼자만 곱구나

거북네는 만주서 왔단다. 두터운 얼음장과 거센 바람 속을 세월은 흘러 거북이는 만주서 나고 할배는 만주에 묻히고 세월이 무심찮아 봄을 본다고 쫓겨서 울면서 가던 길 돌아왔단다.

띠팡(地方)을 떠날 때 강을 건널 때 조선으로 돌아가면 빼앗겼던 땅에서 농사지으며 가 갸 거 겨 배운다더니 조선으로 돌아와도 집도 고향도 없고

거북이는 배추 꼬리를 씹으며 달디달구나 배추 꼬리를 씹으며 꺼무테테한 아배의 얼굴을 바라보면서 배추 꼬리를 씹으며 거북이는 무엇을 생각하누

첫눈 이미 내리고 이윽고 새해가 온다는데 집도 많은 집도 많은 남대문턱 움 속에서 이따금씩 쳐다보는 하늘이사 아마 하늘이기 혼자만 곱구나.

—이용악, 「하늘만 곱구나」

이 시는 일제 강점기에 한반도에서 삶을 이어가기 어려워 만주로 갔던 '거북네'의 귀향을 소재로 하고 있다. 한반도를 떠나 만주로 이주하였던 거북이의 할아버지는 결국 고향으로 돌아오지 못한 채 만주에서 죽었고, 만주에서 태어난 거북이는 고생으로 얼굴이 검게 그을린 아버지를 따라 고향으로 돌아온다. 타향살이를 정리하고 돌아오던 유이민들의 기대는, 빼앗겼던 땅을 회복하고 그 위에서 경제 활동과 교육을 다시 시작하는 것이었다. 그러나 현실은 기대와 달라서, 밥

대신 배추꼬리를 먹고 집 대신 움막에서 지내는 비참한 생활이 이어진다. 고향에 돌아와도 그리던 고향이 아닌 현실, 그래서 움막 속에 앉아서 이따금씩 바라보는 하늘은 지상의 거북네 가족들의 신산한 삶과는 대조적으로, "혼자만 곱"다.

분량은 짧은 시이지만, 거북이네가 만주로 갔다 다시 돌아와 서울 남대문에 머물게 되는 탈향과 환향의 사건을 압축적으로 제시함으로써 당대 민중들의 삶을 시 속에 반영하고자 하였다. 이 시의 '거북이'는 몇 살인지, 그리고 어떤 인물인지 구체적으로 그려져 있지는 않다. 그렇지만 세세한 묘사가 없어도 거북이의 할아버지, 아버지, 거북이로 이어지는 이 삼대의 유랑의 세월은 짐작이 가고도 남음이 있으며, 특히 부푼 꿈과 기대를 가지고 돌아온 서울에서 겪는 고초가 매우 감각적으로 그려져 있어서 거북네를 비롯한 당시 민중들의 힘든 삶이 생생하게 전해져 온다. '집도 많은 집도 많은'의 반복은 이들의 집 없음을 더욱 비참하게 만들고, 추위에 곱은 손을 호호 불며 움막 속에서 올려다 본 하늘의 고운 빛은 이들의 빈궁한 삶과 극명한 대조를 이루면서 '해방'이 과연 누구를 어떻게 행복하게 하는가에 대한 날카로운 물음을 던지고 있다.

이 시는 해방 직후 민중들의 곤고한 삶을 실감나는 상황과 인물의 설정을 통해 보여 줌으로써, 국권 회복의 기쁨으로 가득했을 것 같은 시기의 그늘진 곳을 예리하게 조명하였다. 짧은 분량이지만 '거북네' 삼대의 모습과 그들이 처한 상황을 보면서 우리는 당시 민중들의 고통스러운 삶을 실감나게 느끼게 된다. 그리고 이 시를 통해 우리는, 인물과 사건의 전형성을 시 나름의 방식으로 구현함으로써 가능하게 되는 시의 현실 반영의 한 예를 확인하게 된다.

다. 시의 서사 지향과 현실 반영

시에서의 현실 반영은 앞서 살펴본 전형적 인물과 상황을 창조하는 것과 함께 압축적으로나마 시에 서사를 도입하는 양상으로 많이 나타난다. 이때의 서사는 서정, 서사, 극과 같은 장르로서의 서사가 아니라 "인간의 행위에 관한 기술" 정도의 의미를 가지며, 서사를 기술하는 서술자의 측면 역시 시에서는 시적 주체와의 밀접한 관계 속에서 구사된다(최두석, 1996 : 143).

시는 내용을 전달하는 언어의 서술적 측면과 언어 조직체로서의 효과를 발휘하게 하는 언어의 작용적 측면 사이의 긴장 속에 놓여 있는 예술이다. 한 개인의 감정의 동요와 서정적 합일의 순간을 언어로 전하고자 할 때 리듬과 시적 형상화를 통한 언어의 작용적 측면이 보다 두드러진다면, 이와 반대로 현실의 어떤 국면이나 시적 주체를 둘러싸고 있는 이 사회와 세계를 작품 속에 많이 담고자 할수록 언어의 서술적 측면의 비중이 커지게 된다. 그리고 그 서술적 측면은 대개 산문적이고 서사적인 확장을 수반하게 된다.

그렇지만 시의 서사화라고 해서 그런 시들이 모두 객관적 거리를 취한 채 무미건조한 서사적 확장만 추구하는 것은 아니다. 서사를 담고 있으면서도 압축적인 형상화와 리드미컬한 언어를 구사하고, 각 시의 내용을 하나로 집약하는 강렬한 이미지들을 포착하며, 시의 시간적 구성을 실제의 시간 구성과 다르게 하는 변화를 줄 수 있다. 또 시의 화자와 서사의 서술자가 일치하는 듯하다가 다른 인물의 목소리가 섞이기도 하는 등 다양한 시적 장치들을 활용함으로써 서사적 확장과 시적 함축 간의 긴장을 잃지 않으며 당대 현실을 시 속에 반영하고자 한다.

> 시계전 끝께에서 술장사를 하는
> 김막내 할머니는 이 길로 쉰 해째다
> 청춘에 혼자 되어 아이 하나 기르면서
> 멀쩡하던 사내 하룻밤 새 송장 되는
> 차마 못 견딜 험한 꼴도 보고
> 죽자 사자던 뜨내기 해우채 되챙겨
> 줄행랑놓았을 때는 하늘이 온통 노랬지만
> 전쟁통에는 너른 치마폭에 싸잡아
> 살린 남정네만도 여럿, 지내놓고 나니
> 세상은 서럽기만 한 것도 아니더란다
> 어차피 한세상 눈물은 동무해 사는 것
> 마음은 약하고 몸은 헤펐지만

때로는 한숨보다 더 단 노래도 없더란다
이제 대신 술청을 드나드는 며느리한테
그녀는 아무 할말이 없다
돈 못 번다고 게으름 핀다고 아들 닦달하고
외상값 안 갚는다고 손님한테 포악 떨어도
손녀가 캐온 철이른 씀바귀 다듬으며
그녀는 한숨처럼 눈물처럼 중얼거린다
세상은 그렇게 얕은 것도 아니라고
세상은 또 그렇게 깊은 것도 아니라고

—신경림, 「김막내 할머니—안의15)에서」

　　이 시는 덕유산 아래 안의라는 곳에서 평생 술장사를 한 김막내 할머니의 삶을 시에 담아낸다. 김막내 할머니는 청춘에 과부가 되고, 아이 하나 기르기 위해 술장사를 하며 차마 못 견딜 험한 꼴도 많이 겪은 노인이지만, 이제 자신의 삶을 돌아보며 눈물은 동무로 삼고 한숨을 노래로 생각하며 살아왔노라고 술회하면서, 지내고 보니 세상은 그렇게 얕은 것도 아니고 또 그렇게 깊은 것도 아니라고 말하는 달관의 모습을 보여 준다.

　　이 시는 시인이 시골의 어느 술집에서 만난 '김막내 할머니'의 개인사를 담고 있어서 어찌 보면 그저 다른 사람들과는 무관한 김막내 할머니만의 이야기로 보이기도 한다. 그러나 시인이 굳이 이 할머니의 삶을 시로 쓰게 된 동인은 이 할머니의 삶 속에 같은 시기를 살아온 많은 이들의 삶이 겹쳐 있음을 보았기 때문일 것이다. 물론 50년째 술집을 지켜온 할머니의 삶이 여염집 아낙네의 삶과 같지는 않았을 것이기에 시의 소재로 삼을 만한 특별함이 있는 것은 사실이다. 그렇지만 김막내 할머니의 이야기는 한국전쟁으로 대표되는 격변의 세월을 살아 온 세대의 삶, 특히 젊은 나이에 남편을 잃고 혼자 되어 아이를 키우며 억척으로 살아온 많

---

15) 안의는 덕유산 아래의 함양땅이다.

은 여인들의 삶과 크게 다르지 않은 보편성을 가지고 있기도 하다. 그리고 수시로 아군과 적군이 바뀌는 그 혼란한 전쟁에서 두려움에 떨면서도 치마폭에 감추어 남정네들을 여럿 살려낸 자비와 사랑 역시 그것이 일회적인 특수한 사건이기보다는 한국의 민중들이 그 혹독한 세월을 견디며 나누었던 서로의 온기를 상징적으로 보여 준다.

이 시는 한 할머니의 일생을 압축적으로 서사화함으로써 시가 한 개인의 체험을 정리하는 데 머물지 않고 당대 현실을 구체적으로 반영하는 계기를 만들고 있다. 전체적으로는 '시적 현재―과거의 순차적 전개―시적 현재'의 회귀적 구성을 취하고 있는데, 이는 시의 화자가 자신이 아닌 다른 인물의 이야기를 시에 삽입하는 일반적 구성으로, 이용악의 「낡은 집」과 같이 서사성을 지향하는 시에서 자주 볼 수 있는 방식이다.

이와 함께 이 시에서는 1인칭의 목소리와는 다른, 김막내 할머니의 말을 그대로 들을 수 있게 한다. 구체적으로 살펴보면, 중간에 "세상은 서럽기만 한 것도 아니더란다", "한숨보다 더 단 노래도 없더란다"와 같이 할머니의 구술을 시에 옮겨 오는 간접화법을 사용하고 있는데, 이렇게 하면 이 말을 인용하고 있는 시적 화자의 말이 아니라, 시가 초점을 맞추고 있는 김막내 할머니의 말을 간접적으로나마 구별하여 들을 수 있게 되므로, 인물의 생각이나 감정을 1인칭 화자라는 프리즘의 굴절 없이 직접 경험할 수 있게 된다. 물론 "세상은 서럽기만 한 것도 아니여", "한숨보다 더 단 노래도 없더라구"와 같은 직접인용이라면 그 효과는 더 크겠으나, 간접인용만으로도 대개의 서정시가 가지는 1인칭 화자의 목소리와는 다른 '인물의 목소리'를 듣게 되므로 시의 서사성을 더 강하게 느끼게 된다.

시의 현실 반영과 서사성을 논할 때 자주 언급되는 시 한 편을 더 보기로 한다.

> 여승은 합장하고 절을 했다
> 가지취의 내음새가 났다
> 쓸쓸한 낯이 옛날같이 늙었다

나는 불경(佛經)처럼 서러워졌다

평안도의 어느 산 깊은 금점판
나는 파리한 여인에게서 옥수수를 샀다
여인은 나어린 딸아이를 때리며 가을밤같이 차게 울었다

섶벌같이 나아간 지아비 기다려 십 년이 갔다
지아비는 돌아오지 않고
어린 딸은 도라지꽃이 좋아 돌무덤으로 갔다

산꿩도 섧게 울은 슬픈 날이 있었다
산절의 마당귀에 여인의 머리오리가 눈물방울과 같이 떨어진 날이 있었다

—백석, 「여승」

중학교나 고등학교 교과서에 적지 않게 수록된 이 시는 학생들에게 이 시를 가르치는 교사들이 실제 사건이 일어난 순서대로 연을 재배치해 보게 하거나 1, 2, 3, 4연의 시간적 순서가 4-1-2-3이라고 외우게 할 정도로 사건과 시간의 역전적 구성이 두드러져 보이는 시이다. 이 시는 이러한 구성을 통해 일제 강점기에 가난 속에 남편과 자식을 잃고 출가를 하게 된 한 여인의 일대기를 짧은 분량의 시에 압축적으로 서사화함으로써 당대 민중의 전형적인 모습을 잘 포착하고 그 시대를 효과적으로 반영하였다는 평가를 받는다.

평안도 금점판에서 만났던 옥수수 팔던 여인을 오랜 시간이 지나 어느 절에서 우연히 다시 만나게 된 것이 이 시의 기본 줄거리이다. 여인은 이제 "쓸쓸한 낯이 옛날같이 늙었"고, 그 모습을 본 나는 "불경처럼 서러워"졌는데, 화자는 그 여인의 애처로운 모습에 안타까운 마음을 이기지 못하고 합장하고 절을 한 후 여승과 이야기를 나누며 지나온 이야기를 들었을 터이다. 시인은 시 속 화자가 그렇게 들었을 이야기를 3연과 4연에 옮겨 오는데, 앞서 「김막내 할머니」와는 달리 "~했단다"와 같은 인용이나 간접화법을 쓰지 않고, 마치 소설의 서술자가 말하

는 방식으로 화자가 그녀 옆에서 지켜본 것처럼 이야기를 서술하거나 사건과 상황을 묘사하였다. 이렇게 함으로써 이 시는 전체적으로는 현재 여승이 된 한 여인의 결혼 이후의 일대기를 압축적으로 담아내는 한편, 시의 후반부의 주체를 여인으로 놓음으로써 여인의 슬픔이 가지는 서정성을 부각시키는 효과를 보이고 있다. 한 인물의 일대기를 담는 서사가 이 시의 기본 축이지만, 사건의 재배열과 후반부에서는 전달자인 시적 화자의 감정 대신 여인의 슬픔에 밀착함으로써 서정도 부각시키는 구성을 취함으로써 서사성을 통해 현실을 반영한 시 가운데 독특한 양상을 보이고 있다.

이상에서 살펴본바, 시의 서사 추구는 한 인물의 일대기를 압축적으로 삽입하거나 인물의 몇몇 특정 시기를 강조하여 부각하는 방식으로 이루어기도 하고, 시적 화자와는 다른 층위에 인물의 목소리를 직접 인용하거나 간접적으로 끌고 들어오는 등의 방법으로 이루어지기도 한다. 이러한 방법을 통해 시는 일정 부분 서사성을 획득하게 되며, 이러한 서사성을 통해 특정한 시대를 살아가는 인물들의 살아 있는 모습을 담아내고, 당대 현실의 여러 국면들을 포착하는 것이 가능해진다.

3. 교수·학습의 실천과 탐색

1) 교육과정을 통해 본 반영론적 관점

2015년 개정 국어과 교육과정의 성취기준 가운데 반영론적 관점에서 시를 수용·생산하는 능력과 관련하여 마련된 성취기준은 다음과 같이 정리할 수 있다.

구분	성취기준
중학교 〈국어〉	[9국05-05] 작품이 창작된 사회·문화적 배경을 바탕으로 작품을 이해한다. [9국05-06] 과거의 삶이 반영된 작품을 오늘날의 삶에 비추어 감상한다.
고등학교 〈국어〉	[10국05-04] 문학의 수용과 생산 활동을 통해 다양한 사회·문화적 가치를 이해하고 평가한다.
고등학교 〈문학〉	[12문학02-02] 작품을 작가, 사회·문화적 배경, 상호 텍스트성 등 다양한 맥락에서 이해하고 감상한다. [12문학03-04] 한국 문학 작품에 반영된 시대 상황을 이해하고 문학과 역사의 상호 영향 관계를 탐구한다.

약간의 변화가 없었던 것은 아니지만, 이전 교육과정에서도 큰 변화 없이 지속되어 온 이 성취기준들은 문학이 작가와 독자를 둘러싼 사회 문화적 배경, 시대 상황, 역사 등의 맥락 속에 놓임을 분명히 하고 있다. 학습자는 문학의 이러한 맥락 요인을 정확히 알고, 그 맥락 요인이 작품의 이해, 감상, 평가에 어떻게 작용하는지 고려하면서 작품을 대해야 한다.

박목월의 「임」이라는 작품을 제재로 하여 마련된 학습 활동을 예로 하여 교육과정의 반영론적 관점의 성취기준 학습에 대해 보다 구체적으로 살펴보도록 한다.

> 가위에 눌린 것처럼 억압만 느끼던 절망적인 일제 말기의, 언제 밝을지 모르는 '기인 밤' 같은 시절에 몇 줄의 시를 써 스스로 자기를 달래던 이 '애달픈 꿈을 꾸는 사람'. 그것은 가련한 나의 모습이었다.
>
> 그리고 '밤마다 홀로 바위를 가는' 것이야말로 이 작품의 초점이다. '밤마다'는 낮이 기울고 오는 밤이 아니라 오히려 낮이 없는 영원한 밤 ─ 바로 '암흑한 시대' 그것이다. 그 암흑한 시대에 '하늘과 임'을 희구하는 꿈을 지님으로써 한결 절망은 짙었고 또한 한결 높이 솟은 절벽같이 느껴지는 그 시대와의 아득한 거리감, 그것이 '바위'라는 것이다.

그 바위에 절망과 눈물에 비벼 새긴 꿈.

"어느 날에사 어둡고 아득한 바위에 절로 임과 하늘이 비치리오." 하고, 영혼의 자유로운 나라, 임ー조국의 광복을 애절하게 바랐던 것이다. 그러므로 그 당시의 나 자신은 둔중한 바위를 갈아, 그것에 아름답고 섬세한 무늬를 피어나게 하는 마석사(磨石師)련듯 암흑한 시대의 절망으로 말미암아 한결 애절하게 그리워지는 꿈 ― 그 꿈으로 인연해서 한층 섬세하고 아름답게 '하늘과 임' 안에서 나를 이룩하게 하는 것이라 믿었다.

ー박목월, 『보라빛 소묘』(1958)

1. 시 '임'을 읽고 다음 활동을 해 보자.
(1) 이 시의 시적 화자가 말하는 '애달픈 꿈'은 어떤 것일지 말해 보자.
(2) 제목을 생각하면서 시인이 이 시를 쓴 이유를 말해 보자.

2. 다음 글은 「임」이라는 시에 대해 시인이 쓴 글이다. 이 글을 읽고 활동을 해 보자.

> 냇사 애달픈 꿈꾸는 사람
> 냇사 애달픈 꿈꾸는 사람
>
> 밤마다 홀로
> 눈물로 가는 바위가 있기로
>
> 기인 한밤을
> 눈물로 가는 바위가 있기로
>
> 어느날에사
> 어둡고 아득한 바위에
> 절로 임과 하늘이 비치리오.
>
> ー박목월, 「임」, 『청록집』(1946)

(1) 이 글을 통해 볼 때, 시인은 '임'이라는 시를 통해 어떤 점을 표현하고
자 했는지 그 의도를 이야기해 보자.
(2) 위 (1)에서 이야기한 내용을 짧은 산문으로 쓸 수도 있었을 텐데, 시인
이 굳이 '꿈', '밤', '눈물', '바위', '임', '하늘' 등의 말이 등장하는 시를
쓴 까닭은 무엇일지 이야기해 보자.

—윤여탁 외, 『중학국어④』, 미래엔, 53면.

이 활동이 속해 있는 대단원의 제목은 '1. 작품의 의도와 맥락'이고, 이 대단원
의 학습 목표와 연관된 성취기준은 2011 국어과 교육과정의 중학교 문학 7번 "작
품의 창작 의도와 소통 맥락을 고려하며 작품을 수용한다."이다.

박목월의 「임」은 적극적으로 당대의 사회·역사적 현실을 반영한 시는 아니다.
오히려 서사적 요소나 객관적 현실 반영의 요소를 찾아보기 어려운 전형적인 서정
시이다. 그러나 작품의 창작을 둘러싼 시대 상황을 고려할 때에는 시 읽기의 결과가
달라질 수 있다는 점에서 이 성취기준을 학습하는 데에 적절한 시라고 볼 수 있다.

시가 쓰인 시대에 대한 정보가 별로 없거나 시인의 의도를 잘 모르는 상태로 「임」
을 읽는다면, 이 시는 시적 화자가 홀로 밤을 지새우며 임을 그리워하는 전형적
인 이별의 시로 읽힌다. 학습활동 1번은 텍스트 바깥에 있는 작가나 당시의 사
회·역사적 맥락을 고려하지 말고 작품 내에 있는 요소들의 관계만으로 시의 의
미를 생각해 보게 하는 활동으로, 이 활동을 통해 우선 학습자들은 작품을 둘러
싼 여러 맥락을 고려하기 전에 텍스트의 부분 부분들을 꼼꼼하게 읽는 활동의 중
요성을 느끼면서 작품에 대한 기본적인 이해에 도달하게 된다. '애달픈 꿈', '홀
로', '바위', '눈물', '어느날', '임'과 같은 시어들이 환기하는 정서와 시적 화자의
태도를 고려하면서 시적 화자가 홀로 밤을 새워 바위를 가는 행위의 의미, 그리
고 화자가 꾸는 애달픈 꿈이 어떤 것일지 생각해 보아야 한다.

비록 성취기준은 텍스트를 둘러싼 여러 '맥락'과 관련지어 작품을 읽는 능력을
신장하는 데 초점을 맞추고 있지만, 이와 같이 텍스트 내의 각 요소들을 빠짐없이

살피고, 그 요소들의 관계를 바탕으로 텍스트의 기본적이고 일차적인 이해에 도달하는 힘을 기르게 하는 활동을 배제하거나 소홀히 할 수는 없다. 이는 시 이해에 관한 모든 단원에서 지속적으로 반복하면서 그 수준을 높이는 쪽으로 설계되어야 한다.

이어 단원에 연관된 성취기준을 직접적으로 구현하고 있는 2번 활동에서는 학습자들로 하여금 작가의 의도와 당시 사회적 상황을 알 수 있는 시인의 글을 제시하면서 한 작품을 둘러싼 여러 층위의 맥락을 고려하는 활동을 수행한다. 시인의 말을 통해 '억압'과 '절망'이 가득한 일제 말기가 이 시에서 '기인 한밤'으로 표현된 밤의 의미라는 것을 알 수 있다. 밤은 단지 화자가 꿈을 꿀 수 있는 시간적 배경에 그치지 않으며, 당대 사회의 암울함을 나타내는 상징으로 기능하고 있는 것이다. 바위를 가는 행위 역시 억압과 절망의 시대에도 희망을 놓지 않으려는 화자의 고독한 다짐이자 실천을 의미하는 것임을 이해하게 된다. 그리고 '밤'이나 '바위를 가는 행위'와 같은 암시적 표현들이야말로 당시에 자신의 생각을 자유롭게 표현하지 못하던 시대에 자신의 심정을 우회적으로나마 표출하는 통로가 되었음을 알 수 있다.

시라는 문학 형식은 한 사람의 마음속에 일어나는 격정적인 감정을 표출하는 통로가 되기도 하지만, 이 시에서처럼 말의 자유가 온전히 구현되지 않은 사회에서 암시와 상징을 통해 조금이나마 시대를 밝힐 수 있는 힘을 발휘하는 것이기도 하다.

이런 점들을 충분히 파악한다면 학습활동 2-(1)을 통해 시대의 어둠이 끝나기를 바라는 화자의 간절한 염원에 대해 이야기를 나눌 수 있겠고, 2-(2)를 통해 현실을 암시적, 우회적으로 표현하기 위해 이러한 서정시의 형식을 선택하게 된 의도와 맥락에 대해 이해할 수 있게 될 것이다.

작품을 둘러싼 사회·역사적 맥락의 반영이라는 점과 관련하여 조금 더 진전된 활동을 한다면, 비슷한 시기나 유사한 상황에서 현실을 보다 직접적으로 반영한 시, 또는 산문적 확장이나 서사성을 적극적으로 도입한 시를 보조 자료로 활용하면서 박목월의 「임」과 비교하여 본다면 시의 현실 반영의 문제나 당대 현실과 연관 지어 시를 이해하고 감상하는 활동의 폭을 더욱 넓힐 수 있을 것이다.

2) 반영론적 관점의 재탐색

문학 작품은 그 작품을 쓰일 때의 사회·역사적 맥락을 고려하며 읽을 때 그 작품이 가지는 여러 겹의 의미를 함께 읽어낼 수 있다는 점을 확인하였다. 그러므로 작품을 읽을 때에는 당대 현실이 작품에 어떻게 영향을 미치고 있는지, 또 직접적 혹은 간접적으로 작품에 반영되어 있는지 고려하며 읽는 것이 필요하다.

그런데 우리나라의 근현대 시의 경우, 일제 강점기와 군사 독재 시기를 거치면서 시대에 저항하는 정신을 담은 시가 적지 않았다. 그에 따라 학교 교육에서도 이른바 '순수시' 계열의 시와 함께 **'저항시***'라고 할 만한 일련의 시를 선정하고 가르쳐 온 것이 사실이다. 그러다 보니 학생들은 조금만 '수상한' 상징들이 보이면 곧바로 시대의 반영으로 그것을 해석하고, 일제의 억압이나 독재의 탄압, 아니면 인간을 소외시키는 자본주의의 위력으로 해석을 하곤 한다. 시에 따라서는 그러한 점을 정확히 파악하는 것이 필요하겠지만, 그러나 그것이 기계적이고 천편일률적인 도식이 되어서는 곤란하다.

> 풀이 눕는다
> 비를 몰아오는 동풍에 나부껴
> 풀은 눕고
> 드디어 울었다
> 날이 흐려서 더 울다가
> 다시 누웠다

알짬 저항시

당대의 체제와 권력의 부당함과 불의를 비판하는 내용을 주로 담고 있는 시. 오랫동안 영국의 지배를 받은 아일랜드, 나치 체제 하의 프랑스, 일본 제국주의에 맞선 중국 등에서도 이러한 저항시의 예를 찾아볼 수 있으며, 우리 문학의 경우에도 일제 강점기에 국권 회복을 염원하며 일본 제국주의를 비판하는 여러 편의 시가 쓰인 바 있다.

대표적으로 심훈의 「그날이 오면」, 이상화의 「빼앗긴 들에도 봄은 오는가」, 이육사의 「광야」 등이 있으며, 옥고 끝에 사망한 윤동주의 성찰적 시, 종교적 상징 속에 국가에 대한 사랑을 담아 낸 한용운의 시도 저항시의 성격을 띠고 있다.

풀이 눕는다
바람보다도 더 빨리 눕는다
바람보다도 더 빨리 울고
바람보다 먼저 일어난다

날이 흐리고 풀이 눕는다
발목까지
발밑까지 눕는다
바람보다 늦게 누워도
바람보다 먼저 일어나고
바람보다 늦게 울어도
바람보다 먼저 웃는다
날이 흐리고 풀뿌리가 눕는다

—김수영, 「풀」

학교 현장에서 이 시를 가르칠 때에는 거의 대부분 반영론적 시각에서 '풀'을 1960년대 독재 아래에 있는 '민중'으로 보는 해석이 지배적이다. 일제 강점기의 시 또는 조선 시대의 시조 등에서 '바람'이 시련을 뜻하고, '풀'이 백성을 상징하는 작품들을 배운 경험이 있다면 쉽게 이 시를 '바람=권력', '풀=민중'의 도식으로 읽게 된다. 그리고 시의 몇몇 부분들을 제외하면 「풀」은 그러한 이분법적 연결이 꽤 그럴듯하게 들어맞는 시이기도 하다.

그렇지만 '풀=민중' 해석이 과연 텍스트를 꼼꼼하게 빠뜨리지 않고 읽은 결과인지는 비판적 검토가 필요하다. '풀=민중'이라는 시각에서는 '바람이 풀을 쓰러뜨렸다', '풀이 쓰러진 후 울었다', '그렇지만 풀은 일어나 웃었다'는 사실이 중요하다. 풀은 가만히 서 있으려 하였으나 바람이 쓰러뜨렸고, 그러나 쉽게 꺾이지 않는 강인함과 끈기를 가지고 있는 풀이기에 곧 다시 일어나고, 울음 대신 웃는다는 것이 이 시에 대한 해석이다.

그런데 이러한 '풀=민중' 도식에서는 몇 가지 풀리지 않는 부분들이 남는다.

풀의 입장에서는 눕는 것이 내키지 않는 일일 텐데, 그리고 시에 바람이 더 세게 분다는 말도 없는데 왜 행을 거듭할수록 풀이 스스로 더 적극적으로 눕고 일어나고 하는지가 자연스럽지 않다. 풀은 먼저 눕고 빨리 눕고, 발목까지 발밑까지 눕는다. 민중이 속된 말로 "먼저 알아서 긴다"고 김수영이 말하고 싶던 것은 아닐 것이기에 이는 어색하다. 또한 풀이 민중이고, 풀이 눕는다는 것이 민중의 굴복이라면, 마지막에 풀뿌리가 눕는다는 것은 민중의 삶이 뿌리째 뽑힌 파탄에 이르렀다는 이야기인데, 시인이 과연 그러한 비참한 결말을 기록하기 위해 이 시를 썼을까 하는 의문도 뒤따른다. 아울러 동풍은 흔히 북풍이나 서풍과는 달리 새로운 생명의 탄생이나 시작을 상징하는 바람인데, 그 정보를 너무 쉽게 지나치고 바람을 곧바로 나쁜 권력으로 생각하는 것이 적절한가 하는 의문들도 많이 제기되어 온 바 있다.

「풀」에 대해서는 초기에 민중주의적 해석이 주를 이루었고, 이후에 그와는 입각점을 달리 하는 다른 해석들이 매우 다양하게 제기되었다. 생태주의적 시각에서 동풍의 생명력을 중시하는 해석도 있고, 공자의 『논어』에서 군자의 덕을 바람에, 민중을 풀에 비유한 구절(君子之德風 小人之德草 草上之風 必偃)을 근거로 하여 「풀」의 바람은 풀에게 적대적인 바람이 아닌 교화의 바람이라는 해석도 있으며, 심지어는 풀의 움직임을 에로티즘적 시각에서 보는 해석도 있다. 물론 해석의 근거들을 시 텍스트 안에서 또 바깥에서 적절히 마련하기만 한다면, 이 해석들은 다 나름의 가치를 가질 것이다.

「풀」을 둘러싼 해석의 다양함 가운데 주목할 만한 것은, 민중주의적 시각에서 '풀'과 '바람'을 적대적 관계로 보고 있는 것에 비해, 이를 비판하는 해석들의 대부분은 '풀'과 '바람'을 적대적이기보다는 상생적 관계나 서로 도움을 주는 관계로 보고 있다는 점이다. 이 시의 '풀'은 이전의 김수영의 시 세계나 우리 시에 많이 등장한 풀의 상징적 의미와 전혀 다른 풀이라고는 할 수 없다. 민중의 건강한 힘이 이 시에서도 연상되는 것은 사실이다. 그러나 그러한 앞선 지식이 이 시 속의 '바람'을 너무 쉽게 그 반대편으로 의미 규정을 해 버리는 우를 범하지는 않았는지 점검해 볼 필요가 있다.

'바람'이 '풀'에 적대적인 존재가 아니라고 한다면, 혼자 움직일 수 없는 '풀'이 역동적이고 리드미컬한 움직임을 보일 수 있는 계기를 '바람'이 마련해 준 것이다. 그리고 시적 화자는 바로 그 '풀'의 생명력 넘치는 움직임에 대한 경탄을 담아 이 시를 썼으며, 갈수록 커지는 풀의 움직임을 유명한 모리스 라벨(Maurice Ravel)이 작곡한 「볼레로(Boléro)」에서 들을 수 있는 '크레센도(crescendo)'의 음악처럼 시로 쓴 것이라고 볼 수 있을 것이다. 「풀」의 새로움은 기존의 '풀=민중'이라는 도식을 다시 확인한 데 있다기보다, 이러한 내용과 형식의 일치, 말의 조직과 대립이 그대로 대상의 움직임과 겹치는 시를 구현하였다는 데에서 찾을 수 있다. 지나치게 경직된 반영론적 관점에서의 수용은 이 새로움을 쉽게 보지 못하게 할 수도 있을 것이다.

반영론적 해석의 장점은, 시를 한 개인의 정신활동이라는 일면으로만 보지 않게 해 준다는 데 있다. 그 시에 선명하게 나타나는 당대 사회의 모습에서부터, 모호하긴 하지만 그 시대가 시인의 목소리를 잠깐 빌려 말하고 있는 시대정신 같은 것을 읽어내는 재미가 있는 것이다. 그것을 통해 우리는 문학의 또 다른 존재의 의미나 효용을 깨닫게 되기도 한다.

다만 이것이 지나치게 기계적으로 적용될 경우, 다층적인 시의 의미가 지나치게 사회 환원적 의미로 획일화될 수 있고, 텍스트 내의 요소들 간의 관계를 섬세하기 보지 못하고 도식적으로 정리할 우려가 있다. 그러므로 시의 부분과 전체, 그리고 시의 안과 밖을 두루 살피면서 텍스트와 콘텍스트를 모두 고려하는 균형 있는 태도로 시와 만날 수 있도록 유의해야 한다.

☑ 지시에 따라 서술하면서 반영론적 맥락에서의 시 교육을 이해합니다.

1   반영론적 관점에 대해 설명하시오.

2   시를 통한 현실 반영의 어려움과 가능성에 대해 설명하시오.

3   '전형성'과 '서사'에 초점을 맞춰 시의 현실 반영에 대해 설명하시오.

☑️ 지시에 따라 주요 개념을 적용하면서 실천적 능력을 기릅니다.

1 다음 시를 제재로 하여 고등학생들에게 사회·역사적 맥락을 고려한 시 읽기 능력을 높이는 수업을 설계하고자 한다. 창작 시기와 시인의 생에 관한 정보를 조사하고, 이 시의 참회의 의미를 역사적 맥락 속에서 생각해 보게 하는 수업을 설계해 보자.

> 파란 녹이 낀 구리 거울 속에
> 내 얼굴이 남아 있는 것은
> 어느 왕조의 유물이기에
> 이다지도 욕될까
>
> 나는 나의 참회의 글을 한 줄에 줄이자.
> — 만 이십사 년 일 개월을
>   무슨 기쁨을 바라 살아왔던가
>
> 내일이나 모레나 그 어느 즐거운 날에
> 나는 또 한 줄의 참회록을 써야 한다.
> — 그때 그 젊은 나이에
>   왜 그런 부끄런 고백을 했던가.
>
> 밤이면 밤마다 나의 거울을
> 손바닥으로 발바닥으로 닦아보자.
>
> 그러면 어느 운석(隕石) 밑으로 홀로 걸어가는
> 슬픈 사람의 뒷모양이
> 거울 속에 나타나 온다.
>
> —윤동주, 「참회록」

2 사회·역사적 맥락을 고려하여 읽을 때와 그렇지 않을 때 차이가 큰 작품을 고르고, 그 차이를 비교하며 작품의 의미에 대해 설명하시오.

제 3 장

효용론적 맥락에서의 시 교육

우리는 문학 작품을 읽고 난 후에 감동을 받았다는 말을 곧잘 한다. 감동의 사전적 의미는 "크게 느끼어 마음이 움직임"이니 문학 작품을 읽고 감동을 받았다는 것은 뭔가 깨달음을 얻었거나 심경의 변화를 겪었다는 말이 된다. 한 편의 시, 또는 한 권의 시집을 읽고서 그동안 몰랐던 새로운 사실을 알게 되거나 앞으로 어떻게 살아갈 것인가에 대한 조언을 얻거나 마음이 벅차오르는 경험을 한 적이 있을 것이다. 이 장에서는 독자의 마음에 조용한 파문을 일으키는 것부터 세상을 바꿔 보겠다는 의지를 결집시키는 것에 이르기까지 시의 크고 작은 영향력에 대해 알아보고자 한다.

다시 말해 이 장에서는 효용론적 맥락에서의 시 교육을 다룬다. 효용론적 맥락의 개념에 대해 먼저 살펴본 후, 시가 독자에게 어떠한 영향을 끼칠 수 있는지 알아보도록 한다. 그리고 시의 인식적·미적·윤리적 가치를 중심으로 효용론적 맥락에서 시의 교수·학습을 구상해 보고, 효용론적 맥락과 관련한 시 교육의 쟁점들에 대해서도 함께 고민해 보도록 하자.

1. 효용론적 맥락의 이해

1) 효용론적 관점

윌리엄 셰익스피어가 『햄릿』을 완성한 것은 1601년경으로 추정되지만 21세기에도 여전히 독자들은 이 작품에 깊이 공감하고 열광한다. 『햄릿』을 비롯한 셰익스피어의 작품들은 더 이상 영국인들의 전유물이 아니다. 셰익스피어는 이제 전 세계인들의 사랑을 받는 작가가 되었고, 그의 대표작들은 세계 곳곳에서 새롭게 각색되고 연출되어 무대에 오른다. 어떤 세대든 『햄릿』 속에서 자기 자신을, 자신의 문제와 좌절을 찾고자 하고, 대개는 찾던 것을 발견해 낸다.

한 편의 문학 작품이 다양한 곳에서 다양한 독자—때로는 관객—들에게 바로 자기 자신의 이야기로 읽히는 것은 경이로운 사건이다. 이러한 일이 가능한 것은, 『햄릿』이 인간 보편의 문제에 대한 비유와 상징으로 가득 차 있기 때문이기도 하지만 개별 독자들이 저마다의 경험이나 지식, 가치, 신념 등을 토대로 『햄릿』을 감상하기 때문이다. 그래서 12세기의 덴마크를 배경으로 하는 햄릿의 복수극이 '지금 여기'의 독자들에게도 빛바랜 옛날이야기가 아니라 나 자신의 삶에 연루되어 새롭게 의미화되는 작품으로 수용될 수 있는 것이다.

마찬가지로 시를 쓰는 것은 시인이지만, 한 편의 시를 어떻게 받아들이느냐는 독자에게 달려 있다. 작가에 의해 만들어진 텍스트는 독자를 만나지 않으면 아직 작품이 될 수 없다는 말도 있듯이(Iser, 1993 : 19), 한 편의 텍스트를 여러 '작품'으로 만드는 것은 독자의 몫이다. 독자가 텍스트의 의미를 구성해 가는 과정은 본질적으로 사회적이며, 대화의 과정이다. 대화에 있어 상호이해는 단순히 자신의 관점을 관철시키는 것이 아니라 함께 변화하는 과정이며, 독자는 텍스트와의 대화를 통해 자신에게 일어나는 변화를 경험한다. 텍스트의 고정적인 의미를 찾아가는 단선적인 읽기가 아니라 텍스트를 둘러싼 여러 맥락과의 긴장 속에서 독자가 다채롭게 의미를 구성해 내는 역동적인 읽기야말로 문학교육이 지향해야 할 읽기의 방향이다.

> 시는 비평가의 것도 저자의 것도 아니다(시는 태어나자마자 저자에게서 떨어져나와, 저자가 시에 대해 의도하거나 통제하는 능력을 벗어나서 세상을 돌아다닌다). 시는 대중에게 속하는 것이며, 대중적 지식의 대상인 인간에 관한 것이다.16)

독자는 텍스트를 읽으면서 그것의 의미를 함께 구성하는 존재이다. 시를 비롯

---

16) W. K. Wimsatt & M. C. Beardsley가 1946년 발표한 논문 「의도의 오류(The Intentional Fallacy)」에 나오는 내용으로, 여기서는 이스톱(Easthope, 1994 : 23)에서 재인용하였다.

한 문학 작품에 대한 해석의 다양성은 여기서 비롯된다. 독자는 작가가 설정한 의미를 수동적으로 풀이하고 받아들이기만 하는 것이 아니라, 텍스트를 자신의 언어로 표현하고 설명하고 번역한다. 따라서 해석은 독자가 텍스트를 자신의 언어로 풀어나가는 과정이며 그것에 대한 자신의 이해에 설명을 덧붙이려고 하는 노력, 즉 작가의 텍스트에 대해 자신의 텍스트를 생산하는 행위라고 할 수 있다.

독자와 텍스트의 관계는 상호작용의 관점에서 설명되어야 하고 문학 작품의 수용이 작가가 일방적으로 독자에게 의미를 전달하는 것이 아니라는 생각은 효용론적 관점과 일맥상통한다. 문학 작품의 가치를 독자에게 끼친 어떤 효과를 토대로 판단하는 효용론적 관점은 독자의 반응을 강조한다. 시 교육의 차원에서 보면 효용론적 관점은 시를 시인의 전유물로 생각하는 것에 반대하며, 작가와 작품이 아니라 독자를 문학 연구의 중심에 둔다. 독자가 작품을 해석하는 주체가 되며, 자신의 세계를 확장·수정하는 과정에서 작품의 의미 또한 새롭게 정의된다는 관점이다. 수용미학·독자반응 이론이 효용론적 관점에 선 문학 비평 및 연구의 흐름을 대표한다.

수용미학의 출발은 1967년으로 거슬러 올라간다. 야우스(Hans Robert Jauss)는 문학사의 역사성은 수용자의 능동적인 참여 없이 생각할 수 없으며, 문학사는 작품과 독자 간의 대화의 역사로 씌어져야 한다고 주장했다. 또한 문학 작품은 완성된 미적 대상으로 제시되는 것이 아니라 독자의 지평과 텍스트의 지평이 만나는 독서의 과정 속에서 인지되고 이해되는 것이라는 가다머(Hans Georg Gadamer)의 견해를 발전시키면서 기대지평이라는 개념을 문학이론에 도입했다. 기대지평이란 독서에 앞서 이미 형성된 독자의 사고 구조를 뜻한다. 야우스는, 독자는 기대지평을 토대로 문학 작품을 읽고, 좋은 문학 작품과의 대화는 독자의 기대지평을 변화시킨다고 보았다. 이후 독자와 텍스트의 상호작용을 연구한 이저(Wolfgang Iser) 등에 의해 수용미학의 이론적 토대가 다져졌다. 이에 비해 독자반응 이론은 미국을 중심으로 전개되었으며 독자의 독서 체험이 곧 문학적 의미의 원천이라고 본 피시(Stanly E. Fish), 문학 작품의 의미는 독자의 마음에서 실현된다고 본 술레이먼(Susan Suleiman) 등이 독자반응 이론을 대표하는 연구자들이다.

2) 해석의 다양성과 교사의 역할

문학 교육과정에서는 독자의 능동적인 텍스트 수용을 다음과 같이 강조하고 있다.

> (6) 작품을 비판적, 창의적으로 수용하고 이를 발표하여 서로 평가한다.
> 작품을 수용하는 것은 작가의 생각을 그대로 받아들이는 것이 아니라 자신의 가치관에 따라 작품의 주제를 해석하고 평가하면서 수용하는 것을 뜻한다. 또한 주제뿐 아니라 작품의 형식에 대해서도 평가하고 비판하면서 수용해야 한다. 작품을 평가하고 비판하면서 수용하는 활동을 통해서 개성 있는 안목을 갖게 되고 미적 가치를 찾아내는 능력을 기른다. 자신의 생각에만 갇히지 않고 이를 다른 사람과 교환하도록 함으로써 타자에 대해 개방적이고 포용적인 자세를 갖추도록 한다(교육과학기술부, 2012 : 136-137).

시의 해석이 독자에게 달려 있는 것이라면, 시 읽기는 단 하나의 정확한 의미를 확정하는 것이 아니라 새로운 의미를 발견하기 위한 과정이 되어야 한다. 시는 다른 문학 장르에 비해 모호성이 두드러지고 때로는 난해하기까지 해서 독자에게는 만만한 상대가 아니다. 하지만 그렇기 때문에 시에는 독자가 채워야 하는 빈틈이 많고, 시 읽기는 텍스트의 빈틈을 메우면서 텍스트 전체의 의미를 구성하고 한 편의 작품으로 완성해 내는 과정이 된다.

이육사는 「절정」의 마지막 연에서 "이러매 눈 감아 생각해 볼밖에 / 겨울은 강철로 된 무지갠가 보다"라고 노래했다. 이 연에서 시인은 '강철'과 '무지개'라는 너무나도 상반된 두 사물을 결합시켜 놓았기 때문에, 그 의미를 두고 매우 다양한 해석이 제기되고 있다. "겨울은 강철로 된 무지개"라는 표현에는, 견디기 어려운 극한 상황에 도달한 시적 자아가 담담하게 그 고통을 받아들이고 관조하기까지 하는 태도가 드러나 있다고 보는 견해가 있다. 한편 어떤 암담한 상황에 처하더라도 마음먹기에 따라서는 무지개가 될 수 있다고 보고 강철처럼 차갑고 단단한 현실을 딛고 넘어서야 함을 시적 화자가 이야기하고 있다고도 볼 수 있다. 이 구절을, 눈앞의 현실이 '강철'처럼 단단해서 변화를 쉽게 허락하지 않는다 하더라도 희망을 잃지 않고 현실에 맞서겠다는 의지를 드러낸 것으로 해석하기도 한다. 이러한 해석은 독립운동에 투신해 결국 감옥에서 죽음을 맞은 이육사의 생애에 의해 뒷받침된다.

반면 "강철로 된 무지개"를 금세 사라지지 않는 무지개로 보고, "~인가 보다"라는 추측의 의미를 가진 종결 어미를 사용한 것에 주목하여 「절정」의 마지막에는 시적 화자의 강한 신념이 아니라 불확실한 추정이 드러나 있는 것으로 볼 수도 있다(이승원 외, 2001 : 209-210). 한 걸음도 물러서거나 비켜 설 수 없는 가혹한 현실 앞에서 강한 신념을 표현하면서 추측의 어미를 사용하는 것은 어울리지 않는다는 설명도 설득력이 있다.

그러나 한 편의 시에 대해 다양한 해석이 가능하다는 것이 해석의 무정부주의를 용인하는 것으로 받아들여지면 곤란하다. 능숙한 독자와 미숙한 독자가 있고 더 그럴 듯한 해석과 덜 그럴 듯한 해석이 있기 마련이다. 다만 시적 수사에 의해 함축적으로 표현된 시의 의미가 독자와의 상호작용을 통해 비로소 다양하게 해석되고 평가되며 수용되는 것이고, 교사의 역할은 학습자에게 시의 의미를 일러주는 것이 아니라 시와의 상호작용을 매개해 주는 것이라는 점을 짚고 넘어가도록 하자.

2. 효용론적 맥락에서의 수용과 생산

1) 시는 독자에게 무엇을 줄 수 있는가?

우리는 독서의 과정에서 독자가 텍스트를 해석한다고 말할 수 있지만 반대로 텍스트가 독자의 내부에 반응을 생산해 낸다고 말할 수도 있다. 텍스트를 해석하는 독자는 텍스트에 영향을 미치고, 텍스트는 그것에 반응하는 독자에게 영향을 미친다(Rosenblatt, 2008 : 28).

　시가 독자에게 불러일으키는 효용은 쾌락과 교훈으로 나누어 설명하는 것이 일반적이다. 호라티우스(Horatius)가 「시작법(詩作法, Ars Poetica)」에서 "시인의 소원은 가르치는 일, 또는 쾌락을 주는 일, 또는 그들을 아울러 하는 일"이라고 주장한 이후, 시가 독자에게 쾌락과 교훈을 준다는 것은 상식으로 받아들여지고 있다. 다만 쾌락과 교훈이 선택적 관계에 놓이는 것이 아니며, 교육적으로 볼 때 둘 다를 수용할 필요가 있을 것이다. 다시 말해 독자가 시로부터 쾌락 또는 교훈 중 한 가지를 얻으면 나머지 하나를 얻지 못하는 것이 아니라 둘 다를 얻을 수 있다는 관점에서 시 교육에 접근해야 한다. 또한 시가 독자에게 미치는 영향은 윤리적인 교훈을 그대로 전달하거나 말초적인 쾌락으로 이끄는 데 그치지 않고, 정서적인 감흥과 더불어 미적 사유의 과정을 거쳐서 이루어져야 한다.

　시의 효용은 시 교육을 통해 독자에게 무엇을 가르치고자 하는가와 관련이 있다. 일반적으로 교육적인 시는 교육적인 기능을 갖는 시; 보다 구체적으로는 교훈적인 기능을 갖는 시로 이해되어 왔다. 개인적인 차원과 사회적인 차원에서 도덕적인 영향을 끼칠 수 있는 작품을 교육적인 작품으로 생각하는 이러한 작품관은 효용론의 한 측면을 반영한다. 조선 시대의 시조, 이광수의 계몽소설, 대중의 각성을 요구한 개화기 문학 등이 문학을 이러한 관점에서 바라보고 있는 전형적인 사례이다. 공자가 『시경』 공부를 통해 제대로 말할 수 있는 능력을 갖추게 되고, '제대로' 부모를 섬기고 더 나아가 임금을 섬길 수 있게 된다고 말한 것도 이와 일맥상통한다. 공자는 시교(詩教)가 서로 다른 계층 간의 원활하고 적절한 소통의 도구가 될 수 있다고 여겼다. 시(詩)로서 윗사람을 풍자할 수 있고, 시(詩)로서 아랫사람을 직접적이지 않은 방식으로 교화할 수 있기 때문이다.[17]

---

17) "윗사람은 풍자로써 아랫사람을 교화하고, 아랫사람은 풍자로써 윗사람을 풍자하니, 잘 수식된 말로 은근하게 풍자하는 것이기 때문에 말하는 사람은 죄가 없고, 듣는 사람은 스스로 경계할 수 있다(上以風化下, 下以風刺上, 主文而譎諫, 言之者無罪, 聞之者足以戒 故曰風)는 설명으로 대신할 수 있다."(유강하·김호연, 2011 : 453-483에서 재인용)

'쾌락'의 차원에서도 '교육적인' 의미를 생각해 볼 수 있다. 이는 작품 자체가 독자에게 정서적인 측면에서의 **카타르시스***를 제공하는 것과 관련이 있다. 사람살이의 본질적인 문제에 대한 각성이 촉발하는 정서는 그것 자체로 크게 교육적이라고 볼 수 있는 것이다. 예컨대 서정주의 「국화 옆에서」가 인간 삶의 보편적인 과정에 대한 깨달음을 동양적인 시각에서 그려낸 것은 이 작품의 교육적 가치를 뒷받침한다(김은전 외, 2001 : 304-306).

알짬 카타르시스
(感情淨化, catharsis)
그리스어로 '정화'라는 뜻을 지니며, 아리스토텔레스가 『시학(Poetica)』 6장에서 비극이 관객에게 주는 효과를 설명하기 위해 사용한 용어이다. 정화(淨化, purification)와 비유적 의미에서의 배설(purgation)로 해석된다. 인간의 내면에 억압되어 있던 관념이나 감정을 배출해 불안이나 긴장 등을 해소시킨다는 점에서 카타르시스는 심리요법으로 쓰이고 있기도 하다.

2) 문학치료의 맥락에서 본 시의 수용과 생산

가. 시 치료의 개념과 효과

시 치료는 시와 독자의 관계를 중심으로 시에 접근하면서 시 교육과 연구의 영역을 확장하고 있다. 심리치료의 한 분야로서 문학치료(literatherapy)는 독서치료(bibliotherapy)와 글쓰기치료(poesietherapy)로 나누어 설명할 수 있는데 독서치료는 문학, 인생경험담, 치유경험, 영화 등을 읽는 것을 통해서, 글쓰기치료는 시, 산문, 연극, 일기, 편지, 고백록 등의 텍스트를 만드는 것을 통해서 가능하다(변학수, 2007). 한편 문학하는 행위 자체가 치료적이라고 보는 관점도 있다. 이에 따르면, (1) 모든 문학은 서사를 바탕에 두고 있고, (2) 치료란 환자와 치료사가 대화를 통해서 함께 만들어가는 서사이며, (3) 환자에게는 이미 자신의 서사가 있고, (4) 환자가 싫어하고 좋아하는 문학 작품은 자신의 서사와 밀접한 관련이 있으며, (5) 치료 과정에서 문학 작품 서사와 환자의 서사, 그리고 상담자의 서사가 상호 작용을 일으키며, (6) 문학치료란 결국 환자의 서사를 변화시키는 과정이다(정운채, 2008). 요컨대 문학치료는 문학 작품을 매개로 환자의 서사, 즉 환자의 삶을 변화시키는 과정이다.

문학의 여러 장르 중에서도 시는 짧고 리듬을 지니고 있어서 인간에게 친숙하고 다른 장르보다 강력하게 감정에 호소한다. 예컨대 해방 공간의 대중 집회에서 정치적 선동을 위해 시를 낭독하는 일이 잦았던 것도 시가 "독자의 이지보다는 감성에 직접적으로 호소함으로써 대중들에게 어떤 정치적 메씨지를 전달하거나 그들을 선동하는 데 상당한 효용성을 발휘할 수 있"기(민족문학연구소 편, 1995 : 203) 때문이었다. 시가 독자에게 이처럼 일방적인 영향을 미친다고 가정하는 것은 적절치 않지만 다른 장르에 비해 독자의 감정을 쉽게 건드릴 수 있다는 것은 분명하다. 정제되고 농축된 언어로 이루어진 시는, 일상적인 언어로 포착해 내기 어려웠던 세계의 이면을 열어 보이고 독자 내면의 무의식적인 감정이나 문제들을 의식의 차원으로 끌어올려 독자로 하여금 자신의 감정을 인식하게 한다(김정규, 1995).

헤닝어(Heninger)에 따르면, 시 치료(poetry therapy)는 감정 배출과 정화, 자기탐색 및 이해 증진, 위안과 힘을 얻음, 적절한 통제와 정서 조절, 안전막 등의 치료적 효과를 지닌다(Heninger, 1981).[18] 좀 더 구체적으로 살펴보면 첫째, 시 치료는 심리 치료를 원하는 내담자(來談者)가 자신의 마음 깊숙한 곳에 있는 감정이나 생각을 터놓고 표현할 수 있는 기회를 준다. 치료 과정에서 시를 이용하는 것은 내담자의 감정적 독소를 제거함으로써 정서 세계를 정화시키고 내담자가 심리적으로 자유로워질 수 있도록 돕는다. 시는 감정의 자연적인 발현의 결과물이기 때문에 내담자는 독자로서 시를 매개로 자신의 내면에 있는 분노와 같은 부정적 감정들을 이해하거나 그 감정에 대해 치료사와 대화를 나누는 과정에서 자신의 솔직한 감정을 안심하고 표현하게 된다. 시 쓰기 활동 또한 내담자가 자기 내면의 부정적 감정들을 숨기지 않고 드러내도록 할 수 있다. 차마 드러내지 못하고 담아 두었던 마음을 죄책감이나 수치심을 느끼지 않고 배출할 수 있는 매개로서 시는 읽기와 쓰기 양쪽에서 효과적으로 기능할 수 있는 것이다.

---

18) 여기서는 김혜경(2009 : 16-19)에서 재인용.

둘째, 시 치료는 내담자가 자기 자신을 발견하는 것을 돕는다. 내담자는 시를 읽고 쓰는, 또는 재연하는 활동을 통해 자기 자신이 어디에 위치해 있는지를 알게 된다. 즉, 시는 내담자가 미처 의식하지 못한 개인의 문제를 일깨워 주고 자신을 억압하고 있는 장애물들을 피해서 무의식을 드러낼 수 있도록 한다. 시는 자기 자신을 자각하고 스스로의 문제에 직면하게 함으로써, 내담자가 강요나 억압 없이 자기 자신을 이해하고 문제 상황을 벗어나도록 도울 수 있다.

셋째, 시는 용기를 필요로 하는 내담자에게 용기와 자신감을 주고, 의사소통과 정신집중을 증진시킨다. 시는 내담자에게 자신만의 문제라고 생각했던 것들이 실은 여러 사람이 경험하는 보편적인 문제라는 것을 깨닫도록 한다. 내담자는 시의 작가나 또 다른 독자들과 다양한 방식으로 대화를 나눔으로써 자기 자신의 생각과 감정을 객관적인 시선으로 바라보고 심리적 위안을 얻게 된다. 예를 들어, 오랜 짝사랑에 지친 독자에게 **황동규의 「즐거운 편지」***는 언제 끝날지 기약이 없는 짝사랑을 힘겹게 이어가는 사람이 당신만이 아니라고 말을 건넨다. 그리고 누가 알아주지 않아도 나의 사랑이 어떤 모습으로 지속되기를 바라는지, 그 끝은 어떠했으면 좋겠는지 생각해 보도록 한다. 그리하여 시적 화자의 마음을 엿보는 것만으로도 독자는 혼자만의 세계에서 벗어나 부정적 감정들을 조절하고 극복할 수 있게 되는 것이다.

넷째, 시는 내담자가 감정을 적절하게 조절할 수 있도록 돕는다. 시의 언어는 혼돈이 있는 곳에 질서를 부여하고 정서적으로 견디기 어려운 것을 직면할 수 있는 것으로 바꾸어 놓는다. 정지용은 「유리창 1」에서 어린 아들을 잃은 극한의 슬픔을 절제된 언어로 표현했다. 시인 자신이 슬픔을 예술적인 형상으로 바꾸는 과정에서 상처가 아물거나 고통이 무뎌지는 것을 느꼈을 것이다. 쓰기가 아닌 읽기의 차원에서 보면, 독자는 자신의 경험을 투사하여 시를 읽고 거기서 경험한 생각과 정서를 순응적 또는 비판적으로 이해할 수 있다. 그리고 이해의 결과를 토대로 자기 내면에서

알짬 「즐거운 편지」

1958년 『현대문학』에 발표된 황동규(黃東奎)의 시. 사랑하는 이에 대한 애틋한 마음과 함께 적극적인 기다림의 자세를 보여 주고 있어 지금까지도 많은 사랑을 받고 있다. 사랑을 주제로 한 한국 영화 <편지>(1997)와 <8월의 크리스마스>(1998) 등의 모티브를 제공하기도 했다. 다음은 시의 전문이다.

1. 내 그대를 생각함은 항상 그대가 앉아 있는 배경에서 해가 지고 바람이 부는 일처럼 사소한 일일 것이나 언젠가 그대가 한없이 괴로움 속을 헤매일 때에 오랫동안 전해 오던 그 사소함으로 그대를 불러보리라.

2. 진실로 진실로 내가 그대를 사랑하는 까닭은 내 나의 사랑을 한없이 잇닿은 그 기다림으로 바꾸어버린데 있었다. 밤이 들면서 골짜기엔 눈이 퍼붓기 시작했다. 내 사랑도 어디쯤에선 반드시 그칠 것을 믿는다. 다만 그때 내 기다림의 자세를 생각하는 것뿐이다. 그 동안에 눈이 그치고 꽃이 피어나고 낙엽이 떨어지고 또 눈이 퍼붓고 할 것을 믿는다.

　　　―황동규, 「즐거운 편지」

일어나는 생각이나 정서를 조절할 수 있게 된다.

다섯째, 시는 우리로 하여금 생각이나 감정, 태도를 우회적으로 표현하도록 할 수 있고 그것을 완전히 노출하지 않고서도 감정의 정화를 경험할 수 있도록 돕는다. 다시 말해 표현과 은폐를 동시에 가능하게 하는 일종의 안전막과 같은 역할을 한다. 여러 타자들과 관계를 맺고 살아가다 보면 분노나 적개심과 같은 부정적 감정은 드러내 놓고 이야기하기 어려운 경우가 많다. 그러나 그것을 숨기려고만 하거나 완강히 부정한다고 해서 심리적 문제가 해결되지는 않으며, 때로는 치료가 필요한 병증을 유발하기도 한다. 본질적으로 함축적인 시는 표현하고자 하는 욕망과 숨기고자 하는 욕망을 모두 충족시킬 수 있다. 시를 쓰는 입장에서라면 부정적인 감정들을 우회적으로 표현하는 시적 형상을 제시함으로써, 내담자의 입장에서라면 자신의 감정을 투사해 시적 형상을 해석하고 감상하면서 온전히 자신을 드러내지 않고도 부정적인 감정의 일단을 꺼내 놓을 수 있는 것이다.

예컨대 서정주는 「자화상」의 첫 구절에서 "애비는 종이었다. 밤이 깊어도 오지 않았다."라고 썼다. 시인의 부친은 전라도 부호의 농지를 관리하는 일을 맡고 있었기 때문에, 시인이 써 놓은 것은 사실이 아니다. 그러나 1941년 처음 발표되었던 "당시의 독자들은 일제 강점기의 압박 속에 살고 있는 자신들의 처지를 말하는 듯한 이 첫 행에서 굉장히 깊은 인상을 받았다고 한다."(이숭원, 2008a : 232~233) 불행한 가족사를 가진 개인으로서, 또는 식민지 백성의 한 사람으로서 느꼈을 울분을 대신 터트림으로써 이 시는 독자들이 신변의 위협을 느끼지 않고 마음 속 응어리를 풀어내도록 도울 수 있었을 것이다.

나. 공감과 치유의 시 읽기

상한 갈대라도 하늘 아래선
한 계절 넉넉히 흔들리거니
뿌리 깊으면야
밑둥 잘리어도 새순은 돋거니

충분히 흔들리자 상한 영혼이여
충분히 흔들리며 고통에게로 가자

뿌리 없이 흔들리는 부평초 잎이라도
물 고이면 꽃은 피거니
이 세상 어디서나 개울은 흐르고
이 세상 어디서나 등불은 켜지듯
가자 고통이여 살 맞대고 가자
외롭기로 작정하면 어딘들 못 가랴
가기로 목숨 걸면 지는 해가 문제랴

고통과 설움의 땅 훨훨 지나서
뿌리 깊은 벌판에 서자
두 팔로 막아도 바람은 불듯
영원한 눈물이란 없느니라
영원한 비탄이란 없느니라
캄캄한 밤이라도 하늘 아래선
마주잡을 손 하나 오고 있거니

—고정희, 「상한 영혼을 위하여」

　이 시는 상처받은 내면을 바람에 흔들리는 갈대에 빗대어 표현하면서 고통을 피하지 않고 그것과 당당히 마주하겠다는 의지를 힘주어 말하고 있다. 1연에서 고통을 향해 가는 도정을 보여주었다면, 2연에서는 고통을 향해 가겠다는 의지에는 변함이 없지만 고통과 함께 그것을 끌어안고 가야 하는 현실을 받아들인다. 마지막 연에서 시인이 "고통과 설움의 땅 훨훨 지나서" 닿은 곳은 "뿌리 깊은 벌판"이다. 그곳에서 시인은 고통이나 눈물이 없는 곳은 없고 고통으로부터 도망치는 것도 녹록치 않음을 되새긴다(한계전 외, 2008).

　고정희는 이 시에서 차분하게 "캄캄한 밤이라도 하늘 아래선 / 마주잡을 손 하나"를 기다리고 있다. 그리고 "밑둥 잘리어도 새순은 돋고" 아무리 보잘 것 없는 것들이라도 제 몫의 삶이 있다고, 생명이 있는 모든 것들이 서로를 의지하며 삶과 부대끼는 것을 지켜보는 하늘이 있다고, 그러니 닥쳐오는 고통을 피하지 말라고 말한다. 설사 자신이 꿈꾸었던 모든 것을 이루고 가지 못한다고 하더라도 누군가는 자신의 뒤를 이어 언젠가는 모두가 제 몫의 밥을 함께 나눌 수 있는 세상을 향해 "고통과 설움"을 감내하고 "흔들리며" 나아갈 것이라는 믿음을, 그렇게 해 달라는 당부를 독자들에게 전하고 있다.

독자들은 시인이 들려주는, 고통을 부정하거나 그로부터 도피하지 말고 굳건한 뿌리를 내리고 살아가라는 성숙한 삶의 자세를 엿본다. 제목에서 보듯이 이 시는 상한 영혼들을 위한 것이고 그들로 하여금 자신의 고통을 말할 수 있는 용기를 북돋우고, 고통을 극복하기 위해 마주 불어오는 바람에도 굳건히 버틸 것이라고 말하고 있다. 독자에게 쉽게 꺼내 보이지 못하는 고통을 외면하지 않고 직시하라고, 당신만 그런 것이 아니라 우리는 누구나 힘들다고 말함으로써 앞서 살펴본 시의 치료적 효용을 두루 실현하고 있는 것이다. 아래의 활동 예에서 보듯이 「상한 영혼을 위하여」는 고통을 보편의 문제로 돌림으로써 독자가 자신의 삶과의 관련 속에서 시를 읽도록 하고 마음의 위안과 용기를 준다.

작품 해제

자신을 괴롭히는 '고통'을 두려워하거나 거기서 벗어나고자 하지 않고 오히려 그것과 '살 맞대고', '외롭기로 작정하'고 '가기로 목숨 걸'자고 화자는 말한다. 가다 보면 '고통과 설움의 땅'을 벗어나 '뿌리 깊은 벌판'에 설 수 있다고 화자는 낙관하고 있는 것이다. 화자의 이런 낙관은 뿌리가 깊으면 '밑둥 잘리어도 새순은 돋'는다는 자연의 이치에 대한 믿음, '영원한 눈물'과 '영원한 비탄'은 없다는 인간사의 기본 이치에 대한 믿음, 가다 보면 저 어딘가 어둠 속에서 내가 손잡을, 그리고 내 손을 잡아 '손 하나'가 나타날 것이라는 믿음에 근거하고 있다.

다가가기 1. 어떤 사람들을 염두에 두고 시인이 이 작품을 썼을지 추측하여 말해 보자.

표현하기. 「상한 영혼을 위하여」의 내용과 정서를 바탕으로 지금 정신적 고통을 겪고 있는 친구에게 편지를 써 보자.

<유의할 점>
- 「상한 영혼을 위하여」의 주제와 정서를 유지한다.
- 「상한 영혼을 위하여」에 드러난 화자의 태도를 유지한다.
- 마지막 연의 '캄캄한 밤'과 '마주 잡을 손 하나'라는 표현을 포함한다.

―김윤식 외, 『문학Ⅰ』, 천재교육, 236-239면.

3. 교수·학습의 실천과 탐색

1) 교육과정을 통해 본 효용론적 관점

국어과 교육과정은 문학 작품이 학습자에게 미치는 영향을 어떻게 설명하고 있을까? 문학이 인간의 삶에 미치는 긍정적인 의미와 효과를 학습자 자신의 삶의 맥락에서 발견해 보도록 하는, 2007 개정 국어과 교육과정의 다음 성취 기준은 효용론적 관점을 명시적으로 반영하고 있다.

[10-문학-(1)] 문학이 인간의 삶에 미치는 긍정적인 의미와 효과를 발견한다.
[내용 요소의 예]
- 문학의 효용에 대해 이해하기
- 작품 읽기로 인해 나타나는 긍정적 효과에 대해 토론하기
- 작품을 읽고 자신의 삶에 어떤 변화가 있었는지 말하기

[작품의 수준과 범위]
- 다양한 해석의 가능성이 열려 있는 작품

- 인물의 내면세계나 내적 갈등이 드러나는 작품
- 작가의 개성이 잘 드러나는 작품

이 성취 기준은 사회적 차원에서의 문학적 효용보다는 개인적 차원에서 문학의 효용에 중점을 두고 있다. 문학은 독자에게 심리적·지적인 영향을 미칠 수 있다. 구체적으로 문학은 독자에게 지혜를 주거나 자신과 세계에 대해서 탐구하고, 의식하지 않았던 새로운 점을 발견하도록 하며, 자신과 자신을 둘러싼 세계에 대해서 성찰하도록 한다. 문학의 한 장르인 시 또한 독자에게 이러한 긍정적인 영향을 미칠 수 있으며, 독자는 이러한 기능을 이해하고 시가 건네는 지혜와 심리적 영향을 인식할 수 있을 때 시를 즐겨 향유할 수 있게 된다. 2015 개정 국어과 교육과정의 "[9국05-06] 과거의 삶이 반영된 작품을 오늘날의 삶에 비추어 감상한다."와 "[9국05-10] 인간의 성장을 다룬 작품을 읽으며 삶을 성찰하는 태도를 지닌다."도 문학의 효용에 방점을 두고 있다.

또한 2015 개정 국어과 교육과정의 고등학교 심화 과목인『문학』에서는 '문학에 관한 태도' 범주의 성취 기준으로 "[12문학04-01] 문학을 통하여 자아를 성찰하고 타자를 이해하며 상호 소통하는 태도를 지닌다.", "[12문학04-02] 문학 활동을 생활화하여 인간다운 삶을 가꾸고 공동체의 문화 발전에 기여하는 태도를 지닌다." 등 2개를 제시하고 있다. 이에 앞서 '문학의 본질' 범주의 성취 기준으로 "[12문학01-01] 문학이 인간과 세계에 대한 이해를 돕고, 삶의 의미를 깨닫게 하며, 정서적·미적으로 삶을 고양함을 이해한다."를 제시한 바 있다. 이들 성취 기준은 문학 활동이 작품의 섭렵에 그치지 않고 학습자 개인과 공동체의 삶을 변화·고양시키는 데 이르러야 한다는 전제를 바탕에 깔고 있으며, 효용론적 관점과 맥을 같이 한다.

이 중 [12문학01-01]은 문학 작품의 수용과 생산을 통해 문학의 인식적, 윤리적, 미적 기능을 이해하고 다양한 문학 활동 속에서 삶의 질을 향상시키는 자세를 갖추는 데 주안점을 두고 있으며, 이에 대한 자세한 해설은 다음과 같다.

[12문학01-01] 이 성취기준은 우리의 삶에서 문학이 지니는 의의를 살펴보고, 문학의 수용과 생산 활동이 인간의 삶에 어떻게 기여하는지를 이해하며 문학 활동을 하는 자세를 기르기 위해 설정하였다. 문학이 인간과 세계에 대한 이해를 돕는다는 것은 문학의 인식적 기능에 해당하며 문학을 통해 삶의 의미를 깨닫게 된다는 것은 문학의 윤리적 기능에 해당한다. 또한 문학이 정서적·미적으로 삶을 고양한다는 것은 문학의 미적 기능이라고 할 수 있다. 이러한 문학의 기능과 가치에 대한 이해를 통해 자발적으로 문학을 향유할 수 있는 기반을 마련하도록 지도한다(교육부, 2015 : 133).

인간이 본질적으로 지성(인식능력), 감성(심미능력), 의지(실천능력)를 지닌 심리적 존재라면, 문학의 효용에 대한 논의는 쾌락과 교훈의 이분법이나 포괄적 입장에서 더 나아가 인식의 확장, 심미 의식의 고양, 윤리적 가치 판단과 가치의 **내면화*** 차원으로 나누어 진행해도 무방할 것이다. 지금부터는 시의 교육적 가치를 시가 독자에게 미치는 인식적, 미적, 윤리적 영향과의 관련 속에서 보다 상세하게 살펴보기로 하자.

> **일깜 내면화**
> 독자가 문학 작품을 읽고 난 결과, 다른 사람이나 사회의 기준, 혹은 신념이 정신적·심리적으로 깊이 마음속에 자리 잡게 되는 것.

가. 시의 인식적 가치

시는 일반적으로 인간 본성에 내재하고 있는 두 가지 원인에서 발생하는 것 같다. 모방한다는 것은 어렸을 적부터 인간 본성에 내재한 것으로, 인간이 다른 동물들과 다른 점도 인간이 가장 모방을 잘하며, 처음에는 모방에 의하여 지식을 습득한다는 점에 있다. 또한 인간은 날 때부터 모방된 것에 대하여 쾌감을 느낀다. 이러한 사실은 경험이 증명하고 있다. 아주 보기 흉한 동물이나 시체의 형체처럼 실물을 볼 때면 불쾌감만 주는 대상이라고 하더라도 극히 정확하게 그려 놓았을 때에는 보고 쾌감을 느낀다.

> 그럴 것이 무엇을 배운다는 것은 비단 철학자들뿐만 아니라 그 밖에 다른 사람들에게도—비록 그들의 배움의 능력이 적다고 하더라도—최상의 즐거움이기 때문이다(Aristoteles, 1995 : 35).

아리스토텔레스(Aristoteles)는, 인간은 모방을 통해 지식을 습득하고 모방된 것에 대해 쾌감을 느낀다는 점에서 시를 비롯한 문학의 존재 이유를 찾았다. 문학이 세계를 모방하는 한 우리는 문학이 형상화하고 있는 대상에 대해 새롭게 인식하는 즐거움을 누린다. 굳이 **낯설게 하기***를 언급하지 않더라도 익숙한 것들을 새로운 시각으로 볼 수 있게 하고 대상의 숨겨진 가치에 눈을 돌릴 수 있도록 이끄는 힘을 시가 지니고 있다는 것은 주지의 사실이다.

알짬 낯설게 하기
(Defamilarization)
러시아 형식주의자들에 의해 처음 사용된 용어로서, 친숙하고 일상적인 사물이나 관념을 낯설게 하여 새로운 느낌이 들도록 표현하는 것이다. 쉬클로프스키(Viktor Shklovsky)에 따르면 문학은 일상의 언어와 습관적인 지각 양식을 교란하며, 이 때문에 우리는 문학작품을 통해 미처 의식하지 못했던 사실을 새롭게 지각하게 된다.

시는 함축적인 언어로 우리로 하여금 익숙한 대상을 더 폭넓게, 더 깊이 인식할 수 있도록 한다. 추상적인 학문의 언어가 아니라 문학의 언어로 형상화된 세계는 독자로 하여금 구체적이고 총체적인 인식을 제공하고 배움의 즐거움을 부여한다. 모르고 있던 것을 알려주고, 알고 있던 것을 새로운 발견의 맥락 속에서 바라보도록 하는 것이 시의 인식적 가치이다.

> 자주 꽃 핀 건 자주 감자,
> 파 보나 마나 자주 감자.
>
> 하얀 꽃 핀 건 하얀 감자,
> 파 보나 마나 하얀 감자.
>
> ―권태응, 「감자꽃」

예컨대 이 시는 감자가 자라는 모습을 한 번도 본 적 없는 독자들에게 감자꽃의 색깔로 눈에 보이지 않는 땅 속 감자의 색깔을 분별할 수 있음을 알려준다. 소박하게는 독자들에게 몰랐던 지식을 알려주는 역할을 하는 것이다. 감자꽃과 땅속 감자의 색깔은 같게 마련이라는 것을 이미 알고 있다고 해서 이 시가 독자에게 별다른 감흥을 불러일으키지 못하는 것은 아니다. 잊고 지냈던 어린 시절의 추억이 생생하게 되살아나는 즐거움, 익숙한 일상의 풍경 속에서 자연의 비밀을 발견하는 경이를 체험하도록 하는 것이 이 시의 매력이다.

시는 우리의 인식을 확대함으로써 일상적 삶과 사물화된 세계를 비판적으로

볼 수 있도록 하고, 있는 그대로의 세계 너머에 있는 있어야 할 세계에 대해 사유
할 수 있도록 도와주기도 한다.

> 푸른 하늘을 제압하는
> 노고지리가 자유로웠다고
> 부러워하던
> 어느 시인의 말은 수정되어야 한다.
>
> 자유를 위하여
> 비상하여본 일이 있는
> 사람이면 알지
> 노고지리가
> 무엇을 보고
> 노래하는가를
> 어째서 자유에는
> 피의 냄새가 섞여 있는가를
> 혁명은
> 왜 고독한 것인가를
>
> 혁명은
> 왜 고독해야 하는 것인가를

—김수영, 「푸른 하늘을」

4·19 혁명이 미완으로 끝나고 난 후 시인은 "자유에는 / 피의 냄새가 섞여
있"으며 혁명은 고독한 것이라는 결론에 도달했다. 막연하게 하늘을 나는 노고지
리의 자유를 부러워할 것이 아니라 노고지리의 비상이 무엇을 위한 것인지, 자유
를 위해 희생해야 하는 것이 무엇인지를 생각해 보라고 이 시는 말하고 있다. "자
유를 위하여 / 비상하여 본" 사람들만이 혁명을 완성하는 지난한 과정을 안다고
할 수 있으며, 고독을 감내할 각오가 되어 있는 사람만이 노고지리에 대한 부러
움을 넘어 그 자신이 자유를 쟁취하기 위한 전선에 설 수 있음을 이야기하고 있

는 것이다. 그리고 독자는 이 시를 통해 1960년 4월이 당대 지식인들에게 패배감만을 안긴 것이 아니라 냉철한 현실 인식의 계기가 되었음을 알게 된다.

4·19와 연장선상에 놓지 않더라도, 이 시는 독자로 하여금 우리가 일상적으로 누리고 있는 자유가 누군가에게는 그것을 얻기 위해 피를 흘려야 하는 것임을, 자유가 거저 주어지는 것이 아니라 고독을 감내한 비상과 희생의 대가로 얻어지는 것임을 인식하게 한다. 역사적 사건에 대한 서러운 반추가 되었건 보편적 가치로서의 자유에 대한 성찰이 되었건 「푸른 하늘을」의 독자는 인식의 지평이 확대되는 것을 경험하게 되는 것이다.

나. 시의 심미적 가치

문학은 본질적으로 아름다움을 추구하는 예술의 하위 영역으로서, 언어를 통해 형상화되는 대상의 아름다움과 그것이 담아내는 의미의 아름다움 등 우리에게 다양한 미적 체험을 제공한다. 시가 언어 예술인 한 텍스트와의 대화는 독자에게 미적인 체험이다. 루이스(C. I. Lewis)는 미적 가치를 대상의 절대적인 성질이나 주체의 즉각적인 느낌이 아니라 주체의 경험을 가능하게 하는 대상의 잠재력, 혹은 가능성이라고 설명했다. 그의 설명에 따른다면 한 편의 시는 그 자체로 미적 가치를 지니는 것이 아니라 독자로 하여금 고유한 가치를 경험하도록 하기 때문에 미적 가치를 지닌다(김은전 외, 2001 : 69-70). 다시 말해 시의 미적 가치는 시의 아름다움을 인식할 수 있는 독자와의 관계 속에서 실현된다.

미의 범주는 숭고미와 비장미, 우아미와 골계미 등 넷으로 나누어 설명하는 것이 일반적이다. 자아보다 대상이 우월할 때 느끼는 미가 숭고미와 비장미이며 대상보다 자아가 우월할 때 느끼는 미가 우아미와 골계미이다(김대행 외, 2000 : 190-191). 더 자세하게 살펴보면, 숭고미는 일상생활에서 벗어난 크고 위대한 가치를 추구하는 데서 오는 아름다움이고 비장미는 모순에 찬 현실 세계를 부정하고 있어야 할 것을 쟁취하려 투쟁하는 데서 오는 아름다움을 의미한다. 한편 우아미는 현실을 있는 그대로 받아들이고 안정을 추구하는 데서 오는 아름다움과,

골계미는 기존의 권위나 이치를 부정하고 추락시키는 데서 유발되는 웃음과 관련이 있다.

미를 인식하는 능력은 미적인 가치에 대한 경험을 통해 길러진다. 독자는 시를 이해하고 감상하면서 작품에 구현된 심미적 가치를 향유하고 내면화한다. 그리고 시에 대한 미적 체험이 축적되면서 작품의 미적 가치를 판단하는 안목이 길러지게 된다.

얇은 사(紗) 하이얀 고깔은
고이 접어서 나빌네라.

파르라니 깎은 머리
박사(薄紗) 고깔에 감추오고

두 볼에 흐르는 빛이
정작으로 고아서 서러워라.

빈 대(臺)에 황촉(黃燭)불이 말없이 녹는 밤에
오동잎 잎새마다 달이 지는데

소매는 길어서 하늘은 넓고
돌아설듯 날아 가며 사뿐이 접어 올린 외씨보선이여.

까만 눈동자 살포시 들어
먼 하늘 한개 별빛에 모도우고

복사꽃 고운 뺨에 아롱질듯 두방울이야
세사에 시달려도 번뇌(煩惱)는 별빛이라

휘여져 감기우고 다시 접어 뻗는 손이
깊은 마음속 거룩한 합장(合掌)이낭하고

김은호, 〈미인승무도〉(1922, 미국 플로리다대학교 새뮤얼 한 박물관)

이밤사 귀또리도 지새는 삼경(三更)인데
얇은 사(紗) 하이얀 고깔은 고이 접어서 나빌네라.

—조지훈, 「승무」

조지훈은 「시 승무(僧舞)의 시작 과정」이라는 글에서, 용주사에서 본 춤과 김은호의 <승무도(僧舞圖)>라는 그림을 보고 영감을 얻어 처음 이 시를 구상하였으나 단번에 시를 완성하지 못하고 처음 구상한 지 무려 열한 달 만에 시를 완성하였다고 적고 있다. 춤과 그림에서 얻은 영감을 완숙시킨 것은 <영산회상>이었다고 한다. 그러니까 이 시는 춤과 그림, 음악에 대한 미적 체험이 만나는 지점에서 잉태된 셈이다. 그래서인지 「승무」는 어린 나이에 출가한 여승의 아름다워서 서글픈 춤사위를 정제된 언어로, 매우 아름답게 그려 보이고 있다.

상기한 바대로 이 시는 젊은 여승이 승무를 추는 모습을 묘사한 것이다. 독자는 "얇은 사 하이얀 고깔은 / 고이 접어서 나빌레라."를 읽는 순간 마치 나비가 나는 듯 조용하면서도 우아한 여승의 춤사위에 빠져들게 된다. 그리고 곧 그녀의 춤에 슬픔이 드리워 있다는 것을 알게 된다. 아무도 없는 깊은 밤 혼자서 무대 위에 오른 그녀를 지켜보는 것은 말없이 녹는 황촉불과 달빛 아래 조용히 지는 오동잎 잎새뿐이다. 이러한 배경 설정은 여승의 춤이 누군가에게 보이기 위한 것이 아니라 내면의 번뇌를 잊기 위한 것임을 뒷받침해 준다. 까만 눈동자를 들어 바라보는 별빛은 여승이 염원하는 정신적 경지를 의미하는 것으로 볼 수 있을 것이다. 번뇌에서 벗어나기 위해 춤을 추고 있으나 그녀는 바람처럼 번뇌를 쉽게 떨치지 못하고 눈물을 흘리고 만다.

6-7연에서 볼 수 있듯이, 「승무」는 춤을 시각적으로 재현한 시에 그치지 않고, 삶의 번뇌를 이기는 것이 쉽지 않지만 번뇌를 떨치고 마음의 평화를 찾으려 하는 여승의 슬퍼서 더욱 아름다운 고뇌를 표현한 시이다. 그래서 독자는, 여승의 춤사위와 그것을 흐트러짐 없이 형상화하기 위해 세심하게 다듬어진 시어가 지닌 아름다움에 매혹된다. 그리고 세속적 번뇌에서 벗어나지 못해 눈물을 흘리면서도

번뇌를 이겨내고자 하는 종교적 구도를 지속하는 여승의 내면적 아름다움에 감동을 받게 된다. 쉽게 도달할 수 없는 고귀한 경지를 향해 조금씩 나아가는 여승의 모습에서 숭고미를 느끼게 되는 것이다. 다시 말해 「승무」는 시적 표현과 이미지, 시적 정서 등이 유기적으로 결합되어 독자에게 심미적 체험의 즐거움을 제공하는 시라 할 수 있다.

다. 시의 윤리적 가치

윤리(Ethics)란 그리스어 에티케(Ethike)에서 유래한 말로서 사전적으로는 사람이 지켜야 할 도리를 의미한다. 윤리는 선과 악, 정의와 불의 등 사회적 관계 속에서 어떻게 살아가야 할 것인가에 대한 보편적인 행위 기준과 관련이 있다. 혼자가 아니라 타인과 더불어 살아가기 위해서 우리는 때로 스스로 희생을 감수하기도 하고, 자신의 욕망에 반하는 행동을 하기도 한다. 인간이 사회적 존재인 한, 윤리 의식은 인간답게 살아가기 위해서 갖추어야 할 기본적 자질이다.

문학교육은 궁극적으로 인간을 변화시키는 것이며 바람직한 삶의 방향을 정립하는 활동(김대행 외, 2000 : 202)이다. 문학 작품은 인간이 살아가면서 부딪치는 다양한 갈등 상황을 제시하고 그러한 상황 속에서 여러 윤리적 가치들이 충돌하도록 함으로써 독자에게 어떻게 사는 것이 바람직한가 하는 질문을 던진다. 그리고 독자는 작품 속에서 그려진 긍정적인 윤리를 수긍하고 받아들이거나 부정적인 윤리에 대해 비판적으로 성찰함으로써 바람직한 윤리적 가치를 정립해 간다. 사회적으로 적절한 윤리적 가치를 삶의 맥락에서 유리된 단편적 지식으로 가르치는 것이 아니라 문학적 형상에 대한 정서적 반응 속에서 내면화하도록 함으로써 문학 작품은 독자 개개인의 윤리 의식을 고양시키는 데 있어 중요한 역할을 한다. 그리고 문학교육은 다양하게 충돌하는 윤리적 가치에 대한 비판적 검토와 선택의 기회를 제공한다는 점에서, 바람직한 윤리를 가르치는 윤리교육과 다르다.

어떻게 사는 것이 옳은가 하는 질문을 제기하거나 그에 대한 나름의 답변을 제시하는 시라면 독자로 하여금 윤리적 가치에 대해 탐색할 기회를 제공할 수 있다.

백석의 「수라」는 가족을 잃고 헤매는 거미에 대한 연민의 감정을 표현한 시로서, 독자로 하여금 자신보다 약하고 보잘것없는 존재에 대해 어떠한 태도를 보여야 하는지 생각해 보도록 이끈다.

거미새끼하나 방바닥에 날인것을 나는아모생각없시 문밖으로 쓸어벌인다
차디찬밤이다

어니젠가 새끼거미쓸려나간곧에 큰거미가왔다
나는 가슴이짜릿한다
나는 또 큰거미를쓸어 문밖으로 벌이며
찬밖이라도 새끼있는데로가라고하며 설어워한다

이렇게해서 아린가슴이 싹기도전이다
어데서 좁쌀알만한 알에서 가제깨인듯한 발이 채 서지도못한 무척적은 새끼거미가 이번엔 큰거미없서진곳으로와서 아물걸인다
나는 가슴이 메이는듯하다
내손에 올으기라도하라고 나는손을내어미나 분명히 울고불고할 이작은것은 나를 무서우이 달어나벌이며 나를서럽게한다
나는 이작은것을 곻이 보드러운종이에받어 또 문밖으로벌이며
이것의엄마와 누나나 형이 가까이이것의걱정을하며있다가 쉬이 맞나기나했으면 좋으렸만하고 슳버한다

—백석, 「수라」

'수라(修羅)'는 아수라의 준말로, 이 시에서는 혈육이 헤어져 만나지 못하고 헤매는 비극적인 삶의 단면을 '수라'에 빗대어 표현했다. 방바닥에 있는 거미를 무심코 문 밖으로 쓸어낸 시적 화자는 곧이어 더 큰 거미 한 마리가 나타나자 두 마리가 어미와 새끼일 것이라 생각하고 가슴이 짜릿해 옴을 느낀다. 그러나 이내 큰 거미마저 작은 거미가 쓸려간 문 밖으로 내다 버리고 만다. 큰 거미를 몰아낼 때는 "새끼있는데로가라고" 나름 이유도 만들었지만 집 밖이 무척 추운 탓인지

시적 화자는 미안한 마음을 쉽게 떨치지 못한다. 때마침 무척 작은 새끼거미 한 마리가 큰 거미가 있었던 자리에 나타난다. 앞선 거미 두 마리 때문에 시적 화자는 막 알에서 깬 듯 "발이 채 서지도못한" 새끼거미에게 손을 내밀지만 외면당한다. 무안하기도 하고 서럽기도 했을 '나'는 이번에는 종이까지 받쳐 새끼거미를 문 밖에 내다 버린다. 그러면서 속으로 앞서 내다버린 두 마리가 뒤에 남겨진 새끼거미 걱정에 멀리 가지 않고 가까이 서성이고 있다가 새끼거미와 다시 만날 수 있기를 바란다. 거미새끼─큰 거미─무척 작은 새끼거미가 순서대로 방에 들어왔다 '나'에 의해 버려지지만, 처음은 아무 생각 없이 그랬다가 두 번째는 큰 거미가 새끼거미에게 가기를 바라고, 세 번째는 세 식구가 재회하기를 바라면서 거미를 문 밖에 버린다는 점에서 이 시에는 시적 화자의 심리 변화가 잘 드러나 있다.

사실 시적 화자가 거미에 대해 측은지심(惻隱之心)을 가지지 않았다면, 거미를 "찬 밖"에 내다버린 것에 대해 죄의식을 느끼지 않았다면 거미새끼─큰 거미─무척 작은 새끼거미의 출현은 의미 없이 반복된 사건에 불과했을 것이다. 그러나 '나'는 세 마리 거미가 한 가족일 거라 생각하고, 혈육을 잃고 남겨진 거미가 느낄 슬픔에 깊이 공감한다. 차디찬 밤 홀로 방에 있는 '나'에게 연이은 거미의 출현이 가족에 대한 그리움과 가족과 함께하지 못하는 설움을 일깨웠고 결국 시적 화자는 거미에 비추어 자기 자신에 대한 연민을 표현한 것으로 해석할 수 있다. '가슴이 짜릿한다', '서러워한다', '가슴이 메이는 듯하다', '서럽게 한다', '슬퍼한다' 등은 거미에 대해 시적 화자가 느끼는 감정인 동시에 시적 화자의 내면에서 일어난 솔직한 감정을 표현한 것이기도 하다(이숭원, 2008b : 150-152).

독자가 방 안의 작은 거미 하나 내다버린 것에 대해서도 마음 아파하고 자신보다 연약한 타자에 대한 동정을 느끼는 시적 화자를 보며 약자를 대하는 바람직한 태도에 대해 생각해 보게 된다면, 이 시가 독자에게 윤리적 고민과 선택의 경험을 제공했다고 할 수 있을 것이다.

성북동 산에 번지가 새로 생기면서
본래 살던 성북동 비둘기만이 번지가 없어졌다.
새벽부터 돌 깨는 산울림에 떨다가
가슴에 금이 갔다.
그래도 성북동 비둘기는 하느님의 광장 같은 새파란 아침 하늘에
성북동 주민에게 축복의 메시지나 전하듯
성북동 하늘을 한 바퀴 휘돈다.

성북동 메마른 골짜기에는
조용히 앉아 콩알 하나 찍어 먹을
널찍한 마당은커녕 가는 데마다
채석장 포성이 메아리쳐서
피난하듯 지붕에 올라 앉아
아침 구공탄 굴뚝 연기에서 향수를 느끼다가
산 1번지 채석장에 도로 가서
금방 따낸 돌 온기에 입을 닦는다.

예전에는 사람을 성자처럼 보고
사람 가까이서
사람과 같이 사랑하고
사람과 같이 평화를 즐기던
사랑과 평화의 새 비둘기는
이제 산도 잃고 사람도 잃고
사랑과 평화의 사상까지
낳지 못하는 쫓기는 새가 되었다.

—김광섭, 「성북동 비둘기」

　자연과 인간이 서로 사랑하고 평화를 나누면서 살아가기를 바라는 마음이 세
번째 연에서 선명하게 드러나 있는 이 시는 인간에 대한 인간의 도리를 넘어 자
연에 대한 인간의 도리를 돌아보도록 한다. 얼핏 이 시는 살 곳을 잃은 비둘기에
대한 동정을 노래한 것으로, 이 시의 주제는 이기적인 인간의 자연 파괴 행위에

대한 비판으로 보인다. 그러나 삶의 터전을 잃고 쫓겨난 비둘기에게서 비슷한 처지에 놓인 인간을 보는 것은 어색하지 않다. 비둘기는 인간에 대한 우의적 표현으로도 읽힐 수 있으며 그럴 경우 이 시의 주제는 다르게 풀이되어야 할 것이다. 그리고 각각의 경우 독자가 내면화하는 윤리 의식에는 차이가 있을 수 있다. 다음의 학습 활동을 참고하여 「성북동 비둘기」에 대한 다양한 해석을 시도해 보도록 하자.

작품 속으로 4. 이 작품에서 '비둘기'는 '자연'으로 해석될 수 있지만, 또 한편으로는 '인간'을 우의적으로 표현한 것으로도 볼 수 있다. 두 경우로 나누어 이 작품의 윤리적 가치를 파악해 보자.

작품 너머로 6. 다음은 이 작품의 시인과 비슷한 시기에 활동했던 미국의 생물학자 카슨의 『침묵의 봄』에 실린 내용이다. 이 작품과의 관련성에 주목하여 아래 활동을 해 보자.

낯선 정적이 감돌았다. 새들은 도대체 어디로 가 버린 것일까? 이런 상황에 놀란 마을 사람들은 자취를 감춘 새에 관해서 이야기했다. 새들이 모이를 쪼아 먹던 뒷마당은 버림받은 듯 쓸쓸했다. 주변에서 볼 수 있는 단 몇 마리의 새조차 다 죽어 가는 듯 격하게 몸을 떨었고 날지도 못했다. 죽은 듯 고요한 봄이 온 것이다. 전에는 아침이면 울새, 검정지빠귀, 산비둘기, 어치, 굴뚝새를 비롯한 여러 가지 새들의 합창이 울려 퍼지곤 했는데 이제는 아무런 소리도 들리지 않았다. 들판과 숲과 습지에 오직 침묵만이 감돌았다.

(1) '고요한 밤'이 의미하는 바가 무엇이며, 이처럼 '고요한 밤'이 찾아온 이유가 무엇인지를 다양하게 추리해 보자.
(2) 「성북동 비둘기」의 한 구절을 인용하여 『침묵의 봄』이라는 책을 우리나라 독자들에게 소개하는 광고 문구를 만들어 보자.

—정재찬 외, 『문학 I』, 천재교과서, 294-297면.

2) 효용론적 관점의 재탐색

가. 대중적 인기＝예술적 가치의 척도?

하상욱 트위터

최근 공감 시인이라는 별칭을 얻으며 대중의 뜨거운 호응을 받고 있는 하상욱이 2013년 8월 17일 자신의 트위터에 게재한 텍스트이다. SNL 코리아를 통해 인기를 얻었던 배우 김슬기의 하차가 결정되자 그녀에게 헌정한 것인데, 익숙한 소재의 특징을 포착해 촌철살인의 언어로 압축해서 표현해 내는 하상욱 글쓰기의 개성이 드러나 있다. 사실 하상욱은 정식으로 등단한 작가가 아니다. 2012년 7월 페이스북에 두 줄짜리 시 「잠」("넌, 필요할 땐 내 곁에 없어 / 넌, 바쁠 때만 날 괴롭히지")을 올린 후, 네티즌들 사이에서 SNS 시인으로 주목 받기 시작했고 같은 해 가을에 전자시집 『서울 시 1』과 『서울 시 2』을 무료로 배포해 10만 건 이상의 다운로드를 기록할 정도로 인기를 누렸다.

"끝이 어딜까 / 너의 잠재력"(「다 쓴 치약」), "너의 진짜 모습 / 나의 진짜 모습 / 사라졌어"(「포토샵」) 등의 텍스트는 그의 말마따나 시라기보다 "시의 느낌을 패러디한 글"[19]에 가깝다. 그 자신도 "시가 아니라고 해도 상관없다. 내 글은 철저히 독자를 위한 것"이라고 했다. 그런데 대중은 그 텍스트들을 시로, 하상욱을 시

---

19) 「[비주류, 세상을 두드리다 12] 'SNS 시인' 하상욱」, 『한국일보』 2013년 1월 21일자 인터뷰 기사.

인으로 여긴다. 모든 기준을 시를 읽어줄 사람에게 맞추기 때문인지 누구나 쉽게 공감하고 광고 카피 같은 시구의 톡톡 튀는 아이디어와 유머를 즐긴다. 대중의 문화적 감성이 변화한 만큼 시인의 주관적 감정이 과도하게 노출되어 있던 **키치시*** 대신 일상 생활 속 경험을 소재로 즉각적인 웃음과 공감을 불러일으키는 가벼운 시가 대중에게 새로운 오락거리가 되고 있는 것이다.

효용론이 한계에 부딪치게 되는 첫 번째 지점은 문학 독서에서 독자의 역할과 문학의 효용을 강조하는 순간, 작품 그 자체가 지닌 예술적 가치에 대한 관심이 뒤로 밀려나고 마는 데서 생겨난다. 문학 전문가들이 뛰어나다고 칭송하는 작품들은 그들만의 리그에 머무르기 십상이고, 교과서에 수록되어 구절구절 세세하게 풀이하고 해석해서 제시된 시들은 교실 밖을 나서는 순간 학습자의 기억에서 사라지고 만다. 문학교육에 대한 학문적 논의가 본격적으로 시작된 이후 교실 안과 밖의 문학 문화가 보이는 간극을 줄이는 데 많은 연구자들이 관심을 가져 왔고, 간극을 줄일 수 있는 방법도 다양하게 제시해 왔지만 여전히 대중이 즐기는 시는 따로 있다. 전문가들이 높이 평가하는 시들이 독자의 감흥을 불러일으키지 못하는 것은 시 자체가 안고 있는 특질 때문일까, 교실에서 시를 읽는 방식이 잘못되었기 때문일까? 아니면 시를 찬찬히 읽을 여유가 없는, 혹은 혼자서는 시를 어떻게 읽어야 할지 모르는 독자가 문제일까? 그것도 아니라면 독자를 떠난 작품 자체의 예술적 가치에 대해 논하는 것 자체가 잘못된 것일까? 쉽게 결론 내릴 수 없지만 시 교육이 외면할 수 없는 중요한 문제임에 틀림없다.

나. 선전·선동시의 의미와 한계

효용론적 관점의 또 다른 난관은, 특정한 사회적 맥락 속에서 독자의 생각이나 행동에 실질적인 변화를 불러일으키고자 하는 의도가 작품의 미적 완성도나 대중적 생명력에 부정적으로 작용할 수 있다는 점과 관련이 있다. 쉽게 말해 정치적인 선전이나 선동을 목적으로 쓰인 시의 경우 이데올로기나 철학적 사상이 노골적으로 드러나 있는 대신 예술적 측면에서는 수준 미달이어서 "생경한 구호의 나열"에 그치기 쉽다. 우리 시문학사에서는 **KAPF***의 1차 방향 전환 이후에 김창술, 김해강, 권환 등에 의해 창작되었던 일명 **'뼈다귀 시***'가 목적의식이 예술성을 잠식한 대표적인 예이다. 좌우를 막론하고 이데올로기적 목적의식이 분명한 작품들 중에는 '뼈다귀 시'처럼 극단적인 경우가 아니고 일정한 수준의 예술적 성취에 도달했다고 하더라도 창작 당시의 역사적·사회적 맥락과 동떨어진 지금 여기의 독자들에게 감흥을 주지 못하는 경우가 많다.

알짬 카프(KAPF, Korea Artista Proleta Federatio)
1925년 8월에 결성된 경향적(傾向的)인 예술단체. 조선프롤레타리아 예술가동맹의 약칭으로, 박영희, 김기진, 이상화, 송영 등이 발기인으로 참여했다. 자세한 설명은 제3부 제2장을 참고할 것.

알짬 뼈다귀 시
카프 운동에서 보이는 개념으로, 목적의식을 전면에 드러내는 것을 주요 목표로 삼고 있으며 예술적인 측면에서는 다소 소홀한 시를 일명 '뼈다귀 시'라고 불렀다. 엄밀한 용어로는 감각적이거나 정서적인 이미지보다는 주로 관념이나 사상, 추상적인 의미 등을 강조하고 그것을 주로 표현한 시를 개념시(概念詩, Begriffsdichtung)라고 한다.

> 바람에 지는 풀잎으로
> 오월을 노래하지 말아라
> 오월은 바람처럼 그렇게
> 오월은 풀잎처럼 그렇게
> 서정적으로 오지는 않았다
> 오월은 왔다 비수를 품은 밤으로
> 야수의 무자비한 발톱과 함께
> 바퀴와 개머리판에 메이드 인 유 에스 에이를 새긴
> 전차와 함께 기관총과 함께 왔다
> 오월은 왔다 헐떡거리면서
> 피에 주린 미친 개의 이빨과 함께
> 두부처럼 처녀의 유방을 자르며
> 대검의 병사와 함께 오월은 왔다
> 벌집처럼 도시의 가슴을 뚫고
> 살해된 누이의 웃음을 찾아 우는
> 아이의 검은 눈동자를 뚫고
> 총알처럼 왔다 자유의 거리에
> 팔이며 다리가 피묻은 살점으로 뒹구는
> 능지처참의 학살로 오월은 오월은 왔다 그렇게!

—김남주, 「바람에 지는 풀잎으로 오월을 노래하지 말아라」 부분

1981년 7월에 1집이 나온 이후 1985년 5월까지 무크지 형식으로 발행되었던『오월시(五月詩)』를 비롯하여 국민 대중에게 1980년 5월에서 무슨 일이 일어났었는지를 알리고자 한 다양한 문학적 실천들이 이루어졌다. 당시 계엄령 철폐와 신군부 인사들의 퇴진, 김대중 석방 등을 요구했던 광주 시민들의 목소리는 묵살되었고 정부와 언론은 그것을 극소수 불순분자와 폭도들이 일으킨 폭동으로 간주했다. 양심 있는 지식인들에게는 신군부가 우리 국민에게 가한 야만적 폭력을 고발하고 광주의 진실을 알리는 것이 시대적 사명이었다.

시인이기보다는 전사에 가까웠던 김남주는 청춘의 대부분을 감옥에서 보냈으나, 인간해방에 대한 확고한 믿음을 잃지 않고 투쟁해 나간다면 어둠의 시대를 끝낼 수 있을 것이라는 신념을 버리지 않았다. 그 신념은 그의 시적 창조력을 단단히 지지하고 있는 기반이었다. 투쟁과 해방을 격앙된 어조로 이야기할 때 그의 시어는 투쟁의 무기로 벼려졌고 그의 시는 시위 현장에서 낭독되어 대중을 하나로 묶고 그들을 격려하고 위로하는 도구가 되었다. 「바람에 지는 풀잎으로 오월을 노래하지 말아라」에서도 예의 강렬한 시어들이 시상을 주도적으로 구축하고 있다. 앞서 인용한 1연에서 시인은 학살의 현장을 생생하게 증언하고 2연에서는 국민의 목숨보다 강탈한 권력을 지키는 것이 중요했던 신군부에 맞서 싸웠던 광주 시민들에게 정당성을 부여한다. 1연과 2연은 '학살'과 '저항'을 각각 표현하고 있는 것이다. 그리고 시인은 3연에서, 풀잎은 "바람에 지는 '풀잎'이 아니라 "바람에 일어나는 풀잎"이어야 한다는 자신의 생각을 재차 확인하고 있다.

이 시에서 김남주는 김수영이 「풀」에서 노래했던 풀의 이미지를 인용하고 그것을 전면적으로 부정하면서 오월을 패배의 기억으로 떠올리는 것을 경계한다. 시인은 이 시에서 반복과 대구, 도치, 비유 등 다양한 시적 수사를 구사하면서 도구로서의 시와 예술로서의 시 사이의 균형을 놓지 않는다. 김수영은 바람이 불고 풀이 눕는다고 말했지만 풀은 바람보다 끈질긴 생명력을 가진 존재임을 부정하지는 않았다. 하지만 김남주는 그조차도 마음에 들지 않았나 보다. 오월의 바람은 "전차와 함께 기관총과 함께" "능지처참의 학살로 왔"기 때문에 사사로운 감정

따위, 낭만적인 풀잎의 흔들림 따위는 용납할 수 없다고 시인은 생각했던 것이다. 국가 권력에 의해 처참하게 죽어간 사람들을 보면서 느낀 "분노와 치떨림"은 풀잎이 바람에 지고 바람에 일어나는 수동적인 존재이기를 거부해야 할 충분한 이유가 된다.

김남주의 시는 언어적 표현이나 그것을 통해 전달되는 이미지가 강렬한 만큼 독자의 즉각적인 반응을 불러일으킨다. 문제는, 이 시는 이념 차이를 뛰어넘을 정도로 빼어난 예술성을 성취하지 못했고, 시인과 이념적 지향을 달리하는 독자들에게 거부감을 느끼게 할 수 있다는 점이다. 국민 대다수가 광주 사태나 폭동이 아닌 5·18 광주민주화운동으로 1980년 5월의 광주를 이해하고 있는 시점에 광주를 증언하는 시의 기능은 축소될 수밖에 없다. 결국 애초의 목적을 완수하고 난 「바람에 지는 풀잎으로 오월을 노래하지 말아라」는 다른 방식으로 독자와 소통할 수도 있다. 예컨대 「풀」과의 상호텍스트적 관계 속에서 독자의 순전히 문학적인 관심을 자극할 수도 있다. 그러나 '무엇'을 말하고 있느냐를 빼고 '어떻게' 말하고 있느냐에 집중하는 것은 김남주의 시를 읽는 좋은 방법일까?

요컨대 한 편의 시는 독자를 만나 다양한 효용을 만들고 다양한 의미로 해석되며 경우에 따라서는 새로운 시의 생산을 매개하기도 한다. 그러나 시의 효용을 강조함으로써 독자의 심미적 체험을 제한하게 될 수도 있고, 해석의 다양성을 맹신하다 보면 독자가 시에 대해 어떤 해석을 내어 놓더라도 부정할 수 없다는 극단적 상대주의에 빠질 수도 있다. 그렇기에 시를 가지고 독자가 어떤 활동을 하든 자유지만 어디까지나 출발점이 된 시는 있다는 점, 오락이나 교훈 같은 효용은 시를 읽는 경험의 부분이지 전체는 아니라는 점을 다시 한번 확인할 필요가 있을 것이다.

✅ 지시에 따라 서술하면서 효용론적 맥락에서의 시 교육을 이해합니다.

1 효용론적 관점에 대해 설명하시오.

2 시의 인식적 가치, 심미적 가치, 윤리적 가치에 대해 각각 설명하시오.

3 시 읽기의 치료적 효과에 대해 설명하시오.

✅ 지시에 따라 주요 개념을 적용하면서 실천적 능력을 기릅니다.

1 다음 시를 제재로 하여 고등학생들에게 시의 인식적 가치에 대해 설명하는 수업을 설계하고자 한다. 이 수업에 적용할 수 있는 활동 아이디어를 2개 이상 제시하시오.

> 밤의 식료품 가게
> 케케묵은 먼지 속에
> 죽어서 하루 더 손때 묻고
> 터무니 없이 하루 더 기다리는
> 북어들,
> 북어들의 일 개 분대가
> 나란히 꼬챙이에 꿰어져 있었다.
> 나는 죽음이 꿰뚫는 대가리를 말한 셈이다.
> 한 쾌의 혀가
> 자갈처럼 죄다 딱딱했다.
> 나는 말의 변비증을 앓는 사람들과
> 무덤 속의 벙어리를 말한 셈이다.
> 말라붙고 짜부라진 눈,
> 북어들의 빳빳한 지느러미,
> 막대기 같은 생각
> 빛나지 않는 막대기 같은 사람들이
> 가슴에 싱싱한 지느러미를 달고
> 헤엄쳐 갈 데 없는 사람들이
> 불쌍하다고 생각하는 순간,
> 느닷없이
> 북어들이 커다랗게 입을 벌리고
> 거봐, 너도 북어지 너도 북어지 너도 북어지
> 귀가 먹먹하도록 부르짖고 있었다
>
> ―최승호, 「북어」

2 '내가 좋아하는 시'와 '(객관적으로) 좋은 시'를 각각 한 편씩 제시하고, 두 작
   품의 공통점과 차이점을 교육적 관점에서 설명하시오.

제 4 부 현대시 교육 평가론

제 1 장

현대시 교육 평가의 이해

현대시 교육 평가는 학생들의 현대시 교육 성취도 조사는 물론 현대시 교육 현상을 개선하기 위한 다양한 자료 수집을 목적으로 한다. 현대시 교육 평가가 본질에 충실하게 기능하기 위해서는 적절한 관점과 원리에 입각해야 하며, 학생들의 현대시 교육 성취도와 같은 민감한 사항을 조사할 때 활용하는 검사(test) 역시 체계적이고 과학적 방법에 따라 개발되어야 한다. 검사는 현대시 교육과정에 기반하여 개발하는 방법, 특정한 연구 목적에 기반하여 개발하는 방법 등이 있는데 각각의 장단점이 다르므로 그 특성에 맞게 선택하여 활용해야 한다.

1. 현대시 교육 평가의 본질과 기능

현대시 교육 평가는 현대시 교육 목표에 비추어 학생들의 시적 능력과 태도의 발달 과정을 조사·분석하여 국가나 학교 수준의 현대시 교육과정이 적절한지, 교사의 현대시 교수·학습 방법이나 수업이 효율적인지 등을 점검함으로써 현대시 교육의 질을 개선하기 위해 이루어지는 의도적 활동이다. 현대시 교육 평가를 통해 수집된 자료(data)는 현대시 교수·학습 과정상의 진단과 처방을 위한 기초 자료나 현대시 교육과정과 교재의 개선을 위한 기초 자료로 활용된다. 또한 현대시 학습 과정에서 나타나는 학생의 성장 과정에 대한 총체적 이해를 위한 실증적 근거로 활용된다.

따라서 현대시 교육 평가는 다음 네 가지 기능을 원활히 수행할 때 그 본질을 충실히 구현할 수 있다.

첫째, 현대시 교육과정을 설계하고 실천하는 교사나 연구자에게 현대시 교육의 개선 방안을 마련하는 데 필요한 자료를 제공하는 기능을 해야 한다.

둘째, 현대시 교육의 수요자인 학생에게 자신의 시적 능력의 변화 과정을 확인하고 보완하는 데 필요한 자료를 제공하는 기능을 해야 한다.

셋째, 현대시 교육 평가의 방법이나 평가 도구를 개선하는 데 필요한 자료를 제공하는 기능을 해야 한다.

넷째, 현대시 교수·학습 과정에서 보이는 학생의 다양한 반응을 총체적으로 이해할 수 있는 자료를 제공하는 기능을 해야 한다.

이러한 기능들을 충실히 수행하기 위해 현대시 교육 평가는 교육 현장에서 수집 가능한 다양한 자료 즉 질적, 양적 자료를 폭넓게 확보할 필요가 있다. 학생들의 현대시 교육 성취도에 관한 **표준화 검사(standardized test)***를 통해 확보되는 점수화된 자료뿐만 아니라 학생의 현대시 학습 과정에 대한 관찰(observation)과 면담(interview), 학생의 자기 보고(self-report), 특정 학생의 현대시 학습 과정에 대한 사례 연구(case study), 일정 규모의 표집을 통한 설문 조사(survey) 등 다양한 조사 방법을 동원하여 질적, 양적 자료(Babbie, 2002 : 70-72)[20]를 체계적으로 축적해 나가야 한다. 흔히 양적 방법을 통해 확보한 자료는 개별 학생의 실제적 사례와 불일치할 수 있어 문제적이라고 비판되거나, 질적 방법을 통해 확보한 자료는 일반화하기 어렵다고 비판되기도 한다. 하지만, 어느 한 방법만이 타당한 것이 아니라 상호 보완적이므로, 이들 방법을 변증적으로 적용하여 양적 질적 자료 모두를 수집하고 분석할 필요가 있다. 그러할 때 학생들의 현대시 학습 과정에 대한

일짱 표준화 검사 (standardized test)

표준화 검사는 일정 수의 피험자를 표집하여 동일한 지시와 절차에 의해 검사를 시행한 후 객관적인 채점 과정을 거쳐 상대적 규준(norm)을 산출하고 그에 따라 피험자의 상대적 위치를 파악하는 검사를 말한다. 대학수학능력시험 등이 대표적이다.

표준화 검사는 대체로 대규모 시험에서 활용되고, 양적 자료를 수집하는 데 용이하다. 현대시 교육 평가는 표준화 검사뿐만 아니라 관찰 및 면담, 사례 연구, 서베이 등 다양한 조사 방법을 활용하여 현대시 교육에 관한 질적 자료도 확보할 필요가 있다.

---

20) 질적, 양적 자료의 특성 및 다양한 조사 방법에 대한 이해는 Babbie(2002 : 27-131) 참고

총체적 이해와 진단 및 처방이 가능하기 때문이다.

2. 현대시 교육 평가의 관점과 원리

현대시 교육 평가는 조사할 내용을 기준으로 보면, '학생들의 현대시 교육 성취도 평가(achievement evaluation)'와 '학교 현장에서 이루어지는 다양한 현대시 교수·학습 현상에 대한 실증적 조사'로 대별할 수 있다. 이들 모두 적절한 평가 관점과 원리에 기초할 필요가 있으며, 특히 학생들의 현대시 교육 성취도 평가는 매우 체계적인 방법에 따라 시행될 필요가 있다.

첫째, 현대시 교육 평가의 목적은 현대시 교수·학습 과정에서 학생들이 직면하는 어려움을 해결하기 위한 자료 수집에 있음을 유의할 필요가 있다. 현대시 교육 평가의 목적을 학생들의 시적 능력을 분류하는 데에만 있다고 생각하는 것은 부적절하다. 특정 작품에 대해 왜 학생들이 어려워하는지, 특정 학생이 왜 현대시에 대해 흥미나 자신감을 갖지 못하는지에 관한 자료를 수집, 분석함으로써 현대시 교육의 효율성과 현대시에 대한 학생들의 흥미와 자신감을 높이기 위한 방안을 마련하는 것이 현대시 교육 평가의 궁극적 목적임을 유의해야 한다.

둘째, 다양한 자료 중 학생들의 현대시 교육 성취도에 관한 자료 수집을 위한 **검사(test)*** 개발과 시행(Bachman & Palmer, 1996 : 85-93)은 타당하고 신뢰할 만한 체계적이고 과학적인 방법에 기초해야 한다. 관례적인 방식을 답습하기보다는 과학적이고 체계적인 방법을 통달하여 적용할 필요가 있는바, 검사의 타당도(validity)와 신뢰도(reliability) 등(Brown, 2004 : 19-41)에 대한 깊은 이해에 기초하여 현대시 교육 평가의 설계, 평가 도구 개발, 평가 시행과 결과 분석 등이 이루어져야 한다.

셋째, 현대시 교육 성취도를 측정하기 위한 검사 개발은 내용 타당도를 갖춘

> **알찜** 검사(test)
> 일반적으로 시험, 평가, 검사 등이 혼용되어 사용되지만 학술적으로는 다음과 같이 구분된다. 다만, 이 중에서 '평가'란 용어가 실제적으로는 대표성을 지닌 용어로 사용된다.
> - 검사(test) : 측정을 위한 도구
> - 척도(scale) : 측정 대상의 정도를 가늠하기 위한 단위
> - 측정(measurement) : 사물의 크기, 인간의 능력 등을 수치화하는 행위
> - 평가(evaluation) : 측정 결과에 가치 부여를 하는 행위
> - 총평(assessment) : 다양한 검사 도구를 활용하여 인간을 총체적으로 이해하는 행위

체계적인 평가틀(assessment framework)에 기초하여 현대시 교육 평가가 실천되어야 한다. 내용 타당도(content validity)라 함은 평가 도구의 내용이 평가 목표에 부합하도록 구현되어 있어야 함을 의미한다. 내용 타당도는 내용 전문가의 식견과 경험에 의해 판단되는 것이어서 항상 논란이 일 수 있다. 이러한 논란을 피하기 위한 현실적 준거로는 교육과정과 교재를 들 수 있다. 각각을 교육과정 타당도(curriculum validity)와 교수·학습 타당도(instructional validity)라(성태제, 2010 : 345~347) 한다. 따라서 평가 도구의 내용 타당도를 검증하기 위해서는 검사 내용과 교육과정상의 성취기준, 교재 내용 간의 정밀한 대조 작업이 이루어져야 한다.

넷째, 현대시 교육 성취도를 측정하기 위한 현대시 교육 평가는 다층적 수준의 사고력을 측정할 수 있는 평가 도구를 활용해야 한다. 이를 위해서는 Bloom과 Krathwohl 등에 의해 체계화된 교육목표분류학(taxonomy of education) 또는 대학수학능력시험(CSAT)에서 설정하고 있는 행동 영역 분류 체계를 참고하여 시적 활동에 관여되는 사고력의 범주를 다층화한 평가틀과 평가 도구를 개발해야 한다.

다섯째, 현대시 교육 성취도를 측정하기 위한 현대시 교육 평가는 현대시 교수·학습 과정에 긍정적 환류 효과(washback)를 줄 수 있는 평가 도구, 학생과의 상호작용성(interactivity)이 높은 평가 도구를 개발하여 활용해야 한다. 평가 내용은 교수·학습 내용에 대한 재강조의 효과를 지니는바, 핵심적 교육 내용을 중심으로 설정하고 신선하고 창의적인 평가 도구를 활용하여 현대시 교육 교수·학습 과정에 긍정적인 영향을 줄 수 있도록 해야 한다. 그리고 학생의 인지적 정의적 발달 수준에 적합한 작품이나 과제를 활용하여 평가가 이루어져야 한다. 그렇지 않으면 학생 발달에 부정적일 뿐만 아니라 현대시에 대한 학생들의 흥미와 관심을 강화시키지 못할 수 있다.

학교 현장에서 현대시 교육 평가가 이루어지는 실상을 살펴보면, 학생들의 성취도 평가가 가장 일반적이다. 이에 비해 다양한 현대시 교육 현상에 대한 조사, 분석 활동은 연구 차원에서 이루어질 뿐 상대적으로 소홀한 편이다. 이는 제도적 필요성에 기인한 결과로 볼 수 있다. 이러한 현실을 고려할 때, 학생들의 현대시 교육 성취도 검사의 원리를 체계적으로 이해하여 적용할 수 있는 능력이 교사에게 필수적으로 요구된다. 물론, 현대시 교육 현상에 대한 조사, 분석에 관한 방법과 원리 역시 그 중요성을 간과할 수 없다. 이하에서는 학생들의 현대시 교육 성취도를 평가하기 위한 검사 개발의 원리를 탐구해 보고, 제4장에서 현대시 교육 현상에 대한 조사 연구로서의 현대시 교육 평가의 과제를 살펴본다.

3. 현대시 교육 평가틀과 검사 개발의 원리

학생들의 현대시 교육 성취도를 평가하기 위해서는 '평가틀과 검사 설계도 개발 → 평가 문항의 개발 → 평가 시행 → 평가 결과의 분석과 활용' 단계를 밟아야 한다. 평가 문항 개발의 실제는 2-3장에서 논하기로 하고 여기에서는 평가틀과 검사 개발의 원리를 중심으로 살펴보기로 한다.

1) 현대시 교육 평가틀 개발의 원리

현대시 교육 평가틀(assessment framework for poetic education)은 평가의 성격과 목적, 평가 목표와 내용의 수준과 범위, 평가를 위한 검사 구성과 문항 유형, 평가 결과 활용 방안 등에 관한 계획서를 뜻한다. 현대시 교육 평가틀을 개발하는 방법은 평가 목표와 내용을 무엇에 근거하는가에 따라 크게 두 가지로 나눌 수 있다 (Bachman & Palmer, 1996 : 118). 첫째, 현대시 교육과정에 근거하여 현대시 교육 평가틀을 개발하는 방법. 이는 학교에서의 현대시 교육의 성과와 개선점을 파악하는 데 효과적이다. 둘째, 특정한 연구 목적에 기초하여 평가틀을 개발하는 방법. 이는 독자적인 연구 목적의 달성을 통해 현대시 교육과정의 개선점을 포괄적으로 제시하는 데 효과적이다. 각각의 사례를 살펴보기로 한다.

가. 교육과정에 근거한 평가틀 개발 방법

학교 수준의 중간·기말고사나 국가 수준의 학업성취도 평가는 대체로 이 방법에 근거한다. 우선, 현대시 교육과정이 국어과 교육과정에서 독립적으로 설정되어 있지 않으므로 국어과 교육과정 분석 작업이 필요하다. 국어과 교육과정 분석 작업은 ㉠ 문학 영역(과목)의 성취기준을 현대시 교육에 맞게 수정하여 평가 목표와 내용을 명료화하는 단계 ㉡ 문학 영역(과목)의 성취기준 중 특정 평가 상황에 적합한 성취기준을 추출하는 단계 ㉢ 추출된 성취기준을 바탕으로 평가 상황과 목적에 맞는 평가 내용과 요소를 상세화하는 단계를 거친다. 이하에서는 2015년 개정 국어과 교육과정(교육부 고시 제2015-74호[별책5])을 대상으로, 국어과 교육과정 분석 작업을 통한 현대시 교육 평가틀 개발 과정을 살펴보자.

• 현대시 교육 평가의 목표와 내용 설정

현대시의 운율, 비유와 상징 등의 특징에 대한 이해를 바탕으로 작품을 감상하는 활동을 중심으로 한 학기 동안 이루어진 현대시 교육에 의해 일어난 학생들의 성취도 변화를 파악하고자 한다고 가정해 보자. 이러한 평가 상황과 목적에 맞게 현대시 교육 평가의 목표와 내용을 설정하기 위해서는 첫째, 국어과 교육과정 문학 영역(과목) 성취기준 중 해당 학기에 교수·학습한 성취기준을 추출하고, 이를 바탕으로 평가 상황과 목적에 맞는 평가 목표를 설정한다. 평가 목표는 현대시 교육 고유의 지식이나 원리와 함께 언어활동 양상을 결합시켜 설정한다. 예를 들어, '~에 대한 이해력과 그에 바탕한 언어활동 능력을 평가한다.'와 같은 방식으로 설정한다.

둘째, 성취기준에서 평가 목표에 맞게 평가 내용과 요소를 추출할 때에는 범주화하여 접근하는 것이 효과적이다. 범주화의 예로는 중학교 「국어」 교육과정 중

"(라) 평가 방법 및 유의 사항" 중 ①에 제시된 "문학에 대한 지식, 작품의 수용과 생산 능력, 문학에 대한 태도, 문학 활동 경험" 등이나, 전통적인 범주 분류 체계인 지식, 기능, 태도 등이 있다. 이를 참고하여, 평가 범위에 포함되는 성취기준에서 지식, 기능, 태도 등과 관련한 요소를 균형적으로 추출한다.

셋째, 성취기준에서 평가 목표에 맞는 평가 내용과 요소를 추출할 때에는 내용 타당도(content validity), 긍정적 환류 효과(washback), 평가 시행상의 실용성(practicality)을 주요한 기준으로 고려한다(Bachman & Palmer, 1996 : 17~40). 내용 타당도를 충족하기 위해서는 평가 목표와 관련성이 강하고 대표성을 지닌 평가 내용과 요소를 추출한다. 긍정적 환류 효과를 충족하기 위해서는 현대시 교육에 대한 학생들의 인지적 정의적 특성을 긍정적으로 강화하는 데 기여할 수 있는 평가 내용과 요소를 선정한다. 시행상의 실용성은 앞서의 두 가지 조건을 충족하는 평가 내용과 요소라 할지라도 특정한 평가 상황에 비추어 평가 문항을 개발하거나 시행하기에 불가능하다고 판단될 경우, 배제할 수도 있다는 뜻이다.

• 현대시 교육 평가 내용의 상세화

현대시 교육 평가를 위한 성취기준에서 평가 내용과 요소를 추출하는 과정을 평가 내용의 상세화라 한다. 평가 내용의 상세화는 성취기준에 포함된 지식이나 기능을 평가할 때 분절적(discrete) 방법과 종합적(integrative) 방법(Hughes, 2003 : 19) 중 어떤 방법을 선택할 것인가의 문제이다. 예를 들어, 2015 개정 국어과 교육과정 중학교 「국어」 교육과정 문학 영역의 '[9국05-02] 비유와 상징의 표현 효과를 바탕으로 작품을 수용하고 생산한다.'는 성취기준에서 평가 내용을 상세화한다고 생각해 보자. 이 성취기준을 바탕으로 '작품에서 비유적 표현을 찾아보고 그 효과를 고려하며 작품을 감상한다'와 같은 평가 내용을 설정했다면, 이러한 방식은 성취기준에 포함된 지식 요인 중 일부만을 선택하여 추출한 것이므로 분절적 방법을 적용한 예에 해당한다. 물론, 피험자의 능력이나 평가 상황을 고려하여 지식이나 기능 요인을 이보다 더 상세화할 수도 있다. 이러한 분절적 평가 방법은 선

[평가의 성격과 목적]
한 학기 동안 현대시 교수·학습 활동을 통해 일어난 학생의 시적 능력의 변화와 성취도를 파악하고자 한다. 또한 학생별 현대시 교수·학습 상담 자료를 수집하고자 한다.

[평가 목표]
• 시적 표현의 특징과 효과(운율, 비유, 상징 등)에 대한 이해를 바탕으로 작품을 감상하는 능력을 평가한다.

[평가 내용과 요소 및 문항 개발 계획]

범주	평가 내용과 요소	문항 개발 계획		
		작품 유형	문항 유형	배점
지식	운율의 개념과 효과에 대한 이해	교과서 수록 시	선택형 (진위형)	3점
	비유의 개념과 효과에 대한 이해	교과서 수록 시	선택형 (연결형)	3점
	상징의 개념과 효과에 대한 이해	교과서 수록 시	선택형 (연결형)	4점
기능	작품에 구현된 운율의 특성 파악	교과서 수록 시	선택형 (선다형)	5점
	작품에 나타난 비유적 표현의 의미 해석	교과서 수록 시	선택형 (선다형)	5점
	작품에 나타난 비유적 표현의 의미 해석	교과서 밖의 시	선택형 (선다형)	5점
	작품 속 상징의 의미 해석	교과서 수록 시	선택형 (선다형)	5점
	작품 전체의 의미 해석과 감상	교과서 수록 시	선택형 (선다형)	5점
	작품 전체의 의미 해석과 감상	교과서 밖의 시	선택형 (선다형)	5점
	자신의 경험을 비유적으로 표현하기	미활용	수행형 (창작)	30점
태도	자신이 찾아 읽은 시의 운율, 비유적 표현의 특징을 분석하고 작품 감상문 쓰기	교과서 밖의 시	수행형 (감상문 작성)	30점
계				100점

[평가 시행 방식 및 결과 활용 방안]
• 평가 문항 수와 배점은 학교의 국어과 평가 계획을 고려하여 수정 가능
• 평가 범주 중 '지식'에 대한 평가는 수업 중에 퀴즈 방식으로 실시할 수 있음
• 평가 문항 중 수행형 문항은 가급적 방과 후 과제로 제시하여 평가를 실시
• 수업 중, 수업 후 실시한 평가 결과는 학생별 평가프로파일 형태로 기록하고 학생 상담 시 활용

다형(multiple choice form), 진위형(treu-false form) 등 선택형 문항(selection-type item)을 개발할 때 적합하다.

이에 반해 종합적 평가 방법을 적용한다면 위의 성취기준 그 자체를 평가 내용으로 할 수도 있고, 비유와 상징 외에 작품에 나타나는 모든 시적 표현 방식에 대한 이해를 바탕으로 작품을 감상하는 능력을 평가 내용으로 설정할 수 있다. 이러한 종합적 방법을 적용할 경우에는 간단한 선택형 문항으로는 불가하고 학생들이 직접 자신의 생각과 반응을 표현할 수 있도록 유도하는 논술형, 수행평가형 문항 등 구성형 문항(constructed response)이 적합하다.

이처럼 성취기준의 상세화란 성취기준에 포함된 지식과 기능 중 측정하고자 하는 평가 내용의 수준과 범위를 어떻게 설정할 것인가, 평가 내용에 해당하는 피험자의 능력을 확인하기 위해 어떠한 수준을 지닌 과제(task)를 설정할 것인가, 피험자들 중 어느 정도의 수가 정답할 것으로 설정할 것인가 등을 종합적으로 고려하여 결정하는 작업이다. 이러한 작업을 거쳐 개발한 현대시 교육 평가틀 사례를 제시하면 앞의 <표>와 같다.

나. 독자적 연구 관점에 근거한 평가틀과 검사 설계도 개발 방법

교육과정에 기초한 현대시 교육 평가는 학교에서의 현대시 교수·학습 결과와 직결된다는 장점을 지니고 있다. 그러나 특정한 기간에 교수·학습되지 않은 내용을 평가할 수 없는바, 평가 내용상 현대시 교육의 전체적 목표와 내용을 포괄하지 못할 수 있다(남민우, 2011 : 133-159; 김정우, 2012 : 107-140). 이런 점 때문에 특정한 이론적 관점이나 연구 목적에 따라 현대시 교육 평가가 시도되고 있다. 독자적 연구 관점에 따른 현대시 교육 평가는 교육과정의 제약에서 자유롭기에 현대시 교육 평가의 다양성을 확대하는 데 긍정적이다. 또한 공식적인 현대시 교육과정의 결과뿐만 아니라 잠재적 차원의 현대시 교육과정, 개인의 시적 경험을 포괄적으로 파악할 수도 있다.

먼저, 김창원(2011)의 사례를 살펴보자. 김창원(2011)은 '문학 경험 평가의 필요성'을 강조하면서, '문학 경험'은 문학 능력의 구인이자 구현상(具現狀)으로서 "주체와 텍스트의 만남, 그 과정에서 일어나는 주체의 심리적 작용과 겉으로 드러나는 행동, 그리고 그로부터 빚어진 주체의 변화가 모두 문학 경험"이라고 규정한다(김창원, 2011 : 273-298). 이러한 문학 경험 평가가 포함될 때 즉 "지식 평가(아는가)와 수용–생산 능력 평가(할 수 있는가/어떻게 하는가), 경험 평가(해 봤는가/어떻게 했는가), 태도 평가(하고자 하는가)"가 유기적으로 조직될 때 문학교육 평가의 총체성이 구현될 수 있다는 것이다. 또한 문학 경험 평가의 내용 범주와 방법 범주에 관한 독자적인 틀을 바탕으로 구체적인 설문 조사 항목들을 예시하고 있고, 문학 경험 평가 시행상의 원리와 유의점, 정교화의 과제를 논하고 있다. 김창원(2011)의 논의는 문학교육 평가 차원의 논의이고, 제안한 관점에 따라 실제적인 문학 경험 평가 연구를 실시하여 그 결과를 보고하는 데까지 나아가지는 않았으나, 현대시 교육 평가의 설계를 비판적으로 재고하는 데 기여하고 있다.

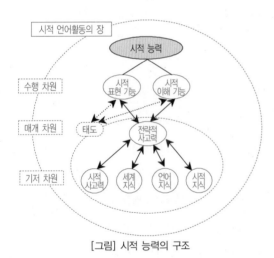

[그림] 시적 능력의 구조

이어서 남민우 외(2013a; 2013b)의 사례를 살펴보자. 남민우(2011)에서는 현대시 교육 평가가 측정하려는 능력인 시적 능력의 구조를 [그림]과 같이 설정함으로써 평가 내용을 범주화하고 있다. 이에 바탕하여 남민우 외(2013a, 2013b)에서는 조사 도구를 개발, 일정 수의 학교 및 학생들을 임의 표집하여 시 학습 경향과 감상 능력, 시의 주제를 파악하과 과정과 전략을 조사한 결과를 보고하고 있다. 이들 연구는 현대시 교육 평가 목표와 내용 설계상의 타당도, 조사 과정에서의 표집·분석상의 체계성에 대한 검증이 후속될 필요가 있고, 그 조사 결과를 일반화하는 데 한계점이 있으나 시적 능력의 구인을 규정하고 이에 기초하여 현대시 교육 평가를 시도했다는 점에서 일정한 의의가 있다.

두 사례에서 드러나듯, 독자적 관점에 의한 현대시 교육 평가 연구는 공식적인 현대시 교육과정의 장단점을 파악하는 데 직접적이지 않으며, 연구자의 관점에 따라 설정한 평가 목표와 내용의 타당성에 대해 이견이 있을 수 있고, 피험자 표집 과정의 엄밀성이 논란될 수 있다. 따라서 연구 결과를 일반화하는 데 어려움이 있으나 이러한 접근은 현대시 교육 평가의 이론화와 체계화를 위해 지속적으로 시도될 필요가 있다.

2) 현대시 교육 평가를 위한 검사 개발의 원리

현대시 교육 평가에서 검사(test)와 문항(item)은 구별하여 인식할 필요가 있다. 검사는 평가틀을 더욱 상세화한 검사 설계도(test specifications)에 따라 개발하고 구성한다. 검사는 인간의 특정한 인지적 능력이나 정의적 특성을 종합적으로 측정하기 위해, 독립적이면서도 필수적인 다수의 문항으로 구성된 간접적 측정 도구를 의미한다. 문항은 특정한 과제(task)를 부여하여 그에 대한 피험자의 반응을 수집한 후, 그 반응 결과를 바탕으로 학생들의 능력을 측정하기 위해 활용되는 도구를 의미한다.

그렇다면 검사를 어떻게 개발할 것인가? 첫째, 현대시 교육 평가틀을 좀 더 상세화한 검사 설계도(test specifications)를 개발한다. 학교 현장에서 주로 활용하는 문항 분석표가 이에 해당한다. 검사 설계도는 검사 시간, 검사 영역 수와 영역별 비중, 영역별 문항 유형과 수, 배점, 문항별 난이도의 분포에 대한 지침이자 계획서이다. 이때 검사 영역 수는 평가틀에서 설정한 평가 범주와 조응하게 작성한다. 또한 평가의 성격과 목적을 고려하여 각 영역의 비중이나 문항 수를 설정한다.

둘째, 문항 간 간섭이 없도록 문항을 선정하여 검사를 구성한다. 각 문항은 서로 상보적(相補的) 관계여야 한다. 각 문항은 동일한 평가 요소를 중복하여 측정하지 않아야 한다.

셋째, 문항별 난이도와 문항 유형의 분포를 적정화하고 이에 따라 검사 시간을 확정한다. 문항별 난이도는 검사의 난이도와 직결되는바, 절대적 기준은 없으나 상, 중, 하의 분포가 30%, 40%, 30%가 되도록 한다. 문항 유형의 분포는 다양성을 갖도록 한다. 학교 현장에서 선택형 문항과 서답형 문항을 적절하게 혼합하여 사용하듯이 다양한 문항들이 검사를 구성하도록 한다. 문항별 난이도와 문항 유형의 분포는 평가 상황에 따라 결정한다. 학기 초에 실시하고자 하는 시 교육 진단평가를 생각해 보자. 이때의 검사 성격과 목적은 학생들의 시 교육 준비도 파악에 초점을 둘 것이다. 따라서 문항별 난이도의 분포나 유형의 다양성이 달라질 수 있는바 대체로 쉬운 문항이나 단순한 유형의 문항의 비중을 더 높게 설정할 수 있다.

넷째, 문항의 순서는 문항별 과제의 난이도와 문항의 길이에 따라 배치한다. 즉, 쉬운 과제의 문항을 먼저 제시하고 어려운 과제의 문항을 늦게 제시한다. 문항의 길이가 짧은 것을 먼저 제시하고 문항의 길이가 긴 것을 늦게 제시한다. 이를 통해 피험자들의 시험 피로도가 최소화되게 함으로써, 자연스럽게 자신의 능력을 드러낼 수 있도록 한다.

지금까지 현대시 교육 평가의 원리, 평가틀과 검사 개발 방법 등을 살펴보았다. 이를 기반으로 2-3장에서는 현대시 교육 평가를 위한 문항 개발의 실제를 탐구해 본다. 학생들의 현대시 교육 성취도를 평가하기 위한 문항 개발은 실제적으로 문항별 평가 내용을 무엇으로 설정하느냐에 따라 달라질 수 있다. 교육과정을 고려할 때 현대시 교육 평가 내용은 크게 현대시에 대한 지식과 태도, 작품 자체에 대한 수용과 생산 능력, 다양한 맥락을 고려한 작품 수용과 생산 능력으로 범주화할 수 있는바, 전자는 '텍스트 중심의 평가 내용', 후자는 '콘텍스트 중심의 평가 내용'으로 구분할 수 있다. 이하에서는 각각의 평가 내용을 측정하기 위한 문항 개발의 실제를 탐구해 본다.

정리 및 점검

✅ ( )에 알맞은 말을 써 넣으면서 주요 개념을 정리합니다.

1 현대시 교육 평가는 학생들의 현대시 교육 성취도를 파악하고, 현대시 교육과
정의 적절성, ( )의 효율성을 진단함으로써 ( )을
( )하는 데 필요한 정보를 수집하는 활동이다.

2 현대시 교육 평가는 표준화 검사 방법뿐만 아니라 ( ), ( ),
( ), ( ) 등 다양한 조사 방법을 활용하여 양적, 질적 정보를
수집해야 한다.

✅ 지시에 따라 서술하면서 현대시 교육 평가의 원리를 이해합니다.

1 현대시 교육 평가의 바람직한 관점과 원리를 설명하시오.

2 학생들의 현대시 교육 성취도를 파악하기 위한 검사 개발 방법 두 가지를 들
고, 각각의 특징을 설명하시오.

제 2 장

텍스트 중심의 현대시 교육 평가

텍스트 중심의 현대시 교육 평가는 현대시의 본질과 작품 구성의 원리에 대한 이해를 바탕으로 작품을 감상하고 자신의 생각과 느낌을 시적 형식으로 표현하는 능력을 주요한 평가 대상으로 한다. 교육과정에 기반하여 텍스트 중심의 현대시 교육 평가를 시행하기 위해서는 교육과정 성취기준 중 현대시의 본질, 작품의 구성 원리에 대한 이해를 바탕으로 작품을 수용하고 생산하는 활동과 관련된 성취기준을 추출, 분석하여 평가 요소를 명료화한 후, 평가 요소를 측정하기에 적절한 제재를 선정하고 다양한 문항 유형을 활용하여 평가 도구를 개발한다.

1. 텍스트 중심의 현대시 교육 평가의 의미

텍스트 중심의 현대시 교육 평가는 교육과정이나 교과서에 제시된 학습 내용 중 작품 자체에 대한 수용과 생산 능력에 대한 측정과 조사를 중심으로 하는 평가를 의미한다. 세부적으로는 현대시의 본질이나 작품 구성의 원리에 대한 이해력을 측정하거나 특정한 작품을 구성하는 요소들의 기능과 상호 관계에 대한 이해와 감상 능력, 특정한 상황이나 주제에 부합하는 작품의 생산 능력을 측정하는 방법이다. 또한 현대시의 본질이나 작품 구성의 원리에 관한 내용 중 어떤 개념과 활동을 학생들이 어려워하는지, 어떤 작품을 학생들이 좋아하거나 어려워하는지, 그 이유는 무엇인지 등을 주요한 조사 내용으로 한다.

텍스트 중심의 현대시 교육 평가를 실천하기 위해서는 이에 부합하는 평가 내용들을 설정해야 한다. 이를 위해 국어과 교육과정의 문학 영역이나 「문학」 과목의 성취기준들 중에서 관련 성취기준들을 추출하여 재구성하는 작업이 필요하다. 먼저, 2015 국어과 교육과정(교육부, 2015)에서 텍스트 중심의 현대시 교육 평가에 적합한 성취기준들을 추출하면 다음과 같다.

〈표〉 텍스트 중심의 현대시 교육 평가에 적합한 성취기준들

구분	성취기준
중학교 「국어」 (문학)	[9국05-01] 문학은 심미적 체험을 바탕으로 한 다양한 소통 활동임을 알고 문학 활동을 한다. [9국05-02] 비유와 상징의 표현 효과를 바탕으로 작품을 수용하고 생산한다. [9국05-09] 자신의 가치 있는 경험을 개성적인 발상과 표현으로 형상화한다. [9국05-10] 인간의 성장을 다룬 작품을 읽으며 삶을 성찰하는 태도를 지닌다.
고등학교 「국어」 (문학)	[10국05-01] 문학 작품은 구성 요소들과 전체가 유기적 관계를 맺고 있는 구조물임을 이해하고 문학 활동을 한다. [10국05-02] 갈래의 특성에 따른 형상화 방법을 중심으로 작품을 감상한다. [10국05-05] 주체적인 관점에서 작품을 해석하고 평가하며 문학을 생활화하는 태도를 지닌다.
고등학교 「문학」	(1) 문학의 본질 [12문학01-01] 문학이 인간과 세계에 대한 이해를 돕고, 삶의 의미를 깨닫게 하며, 정서적·미적으로 삶을 고양함을 이해한다. (2) 문학의 수용과 생산 [12문학02-01] 문학 작품은 내용과 형식이 긴밀하게 연관되어 이루어짐을 이해하고 작품을 감상한다. [12문학02-04] 작품을 공감적, 비판적, 창의적으로 수용하고 그 결과를 바탕으로 상호 소통한다. [12문학02-05] 작품을 읽고 다양한 시각에서 재구성하거나 주체적인 관점에서 창작한다. (3) 한국 문학의 성격과 역사 [12문학03-02] 대표적인 문학 작품을 통해 한국 문학의 전통과 특질을 파악하고 감상한다. [12문학03-03] 주요 작품을 중심으로 한국 문학의 갈래별 전개와 구현 양상을 탐구하고 감상한다. (4) 문학에 관한 태도 [12문학04-01] 문학을 통하여 자아를 성찰하고 타자를 이해하며 상호 소통하는 태도를 지닌다.

위 〈표〉에 제시된 성취기준들은 물론 콘텍스트 중심의 현대시 교육 평가의

내용으로도 설정할 수 있다. 그러나 현대시의 본질, 작품 구성 원리, 표현상의 특징, 작품의 의미와 주제에 대한 이해와 감상에 좀 더 직접적으로 관련되어 있거나 일상생활에서 가치 있는 내용을 시로 형상화하는 활동을 핵심적 내용으로 포함하고 있다는 점에서 텍스트 중심의 현대시 교육 평가의 준거로 설정함이 적절할 것이다.

이들 성취기준을 준거로 텍스트 중심의 현대시 교육 평가의 내용을 설정할 때에는 작품의 수용 능력 범주와 창작 능력 범주로 대별한다. 세부적으로는 시어의 의미와 기능, 표현·구성 방식의 특징, 시상의 전개 과정 등 형식적인 측면에 대한 이해를 전제로 작품의 내용과 의미, 주제를 수용하고 표현하는 능력을 측정할 수 있도록 재구성한다. 다만, 작품의 창작 능력에 대한 평가 요소를 설정할 때에는 학생의 수준을 넘어서는 과제를 설정하거나 엄격한 평가 기준을 적용하는 방식은 지양해야 한다. 그러할 경우에는 오히려 현대시에 대한 학생들의 관심과 흥미를 반감시킬 수 있기 때문이다.

2. 텍스트 중심의 현대시 교육 평가 문항 개발의 실제

텍스트 중심의 현대시 교육 평가 문항을 개발하기 위해서는 첫째, 작품 자체에 대한 수용과 생산 능력을 측정하기에 적합한 평가 요소를 선정하고 조직해야 한다. 둘째, 이러한 평가 요소를 측정할 수 있는 과제(task) 설정이 가능한 작품을 평가 문항의 제재로 선정해야 한다. 셋째, 설정한 과제를 구현하기에 적합한 문항 유형을 결정해야 한다. 이와 같은 점들을 고려하여 고등학교 <문학> 과목 성취기준들을 준거로 다음의 <표>와 같은 문항 개발 계획을 수립하여 [예시 1]과 같은 문항 세트를 개발했다고 가정해 보자.

〈표〉 텍스트 중심의 현대시 교육 평가 문항 개발 계획의 예

구분	세부 계획		
문항 수	3개		
제 재	김수영, 「풀」		
문항별 평가 요소 (내용/행동)	문항 1	작품의 표현상의 특징에 대한 이해력 ← [12문학02-01]을 준거로 평가 요소 설정	
	문항 2	시어의 기능과 의미에 대한 창의적 수용 능력 ← [12문학02-04]를 준거로 평가 요소 설정	
	문항 3	다양한 시각과 방법으로 작품을 재구성하는 능력 ← [12문학02-05]를 준거로 평가 요소 설정	
문항 유형	문항 1(선다형), 문항 2(서답형), 문항 3(수행평가)		

[예시 1] 텍스트 중심의 현대시 교육 평가 문항

[1-3] 다음 글을 읽고 물음에 답하시오.

폭포는 곧은 절벽을 무서운 기색도 없이 떨어진다

규정할 수 없는 물결이
무엇을 향하여 떨어진다는 의미도 없이
계절과 주야를 가리지 않고
고매한 정신처럼 쉴 사이 없이 떨어진다

금잔화도 인가도 보이지 않는 밤이 되면
폭포는 곧은 소리를 내며 떨어진다

곧은 소리는 소리이다
곧은 소리는 곧은
소리를 부른다

번개와 같이 떨어지는 물방울은
취할 순간조차 마음에 주지 않고
나타(懶惰)와 안정을 뒤집어 놓은 듯이

높이도 폭도 없이
떨어진다

—김수영, 「폭포」

[문항 1] 윗글의 표현상의 특징에 대한 이해로 적절하지 <u>않은</u> 것은?
① 경구적 표현을 사용하여 주제 의식을 드러내고 있다.
② 부정적 표현을 통해 대상의 비타협적 의지를 암시하고 있다.
③ 반복적 표현을 사용하여 대상의 역동적 이미지를 강조하고 있다.
④ 역설적 표현을 통해 긍정적 가치와 부정적 가치의 대립을 부각하고 있다.
⑤ 비유적 표현을 통해 대상에서 발견한 다양한 정신적 가치들을 암시하고
있다.

[문항 2] 다음 <조건>을 고려하여 '폭포'의 상징적 의미에 대해 서술하시오.

> 1. '떨어진다'와 '부른다'란 시어의 시적 기능상의 공통점과 차이
>   점을 '폭포'와 관련지어 서술하시오.
> 2. '떨어진다'와 '부른다'란 시어의 기능을 고려할 때 작품 속 '폭
>   포'는 무엇을 상징하는 것으로 볼 수 있는지 서술하시오.

[문항 3] 다음 <자료>를 읽고 다음 과제들을 수행해 보자.

> 살아가기 어려운 세월들이 부닥쳐올 때마다 나는 피곤과 권태
> 에 지쳐서 허수룩한 술집이나 기웃거렸다.
> 거기서 나눈 우정이며 현대의 정서며 그런 것들이 후일의 나
> 의 노우트에 담겨져 시(詩)가 되었다고 한다면 나의 시는 너무나
> 불우한 메타포의 단편들에 불과하다.
> 우리에게 정말 그리운 건 평화이고 온 세계의 하늘과 항구마
> 다 평화의 나팔소리가 빛나올 날을 가슴 졸이며 기다리는 우리들
> 의 오늘과 내일을 위하여 시는 과연 얼마만한 믿음과 힘을 돋우
> 어 줄 것인가.
>
> —김수영, 「폭포」에 관한 시작(詩作) 노우트

> (1) <자료>를 참고할 때 글쓴이가 「폭포」를 통해 전달하고자 했던 창작 의도는
> 무엇이었을지 한 단락으로 써 보자.
> (2) <자료>에서 드러나는 글쓴이의 창작 의도와 유사한 관점에서 자신의 경험
> 을 소재로 시 한 편을 창작해 보자. 단, 시의 구조는 「폭포」와 유사하도록
> 한다.

1) 텍스트 중심의 평가 요소 선정과 조직 방법

텍스트 중심의 현대시 교육 평가는 시의 본질, 작품의 내용과 형식, 표현과 구성에 대한 이해력과 아울러 시적 표현 능력을 중점적으로 평가하는 것이다. 따라서 문항별 평가 요소는 시의 본질이나 작품의 구성에 대한 이해와 유관한 것을 설정한다. 문항별 평가 요소의 조직과 문항 순서는 작품에 대한 '이해 → 감상 → 적용(재구성·창작)'의 단계를 따른다. 이와 같은 방식이 텍스트 중심의 현대시 교수·학습의 일반적 단계와 아울러 평가 요소의 난이도에 조응하기 때문이다.

예를 들어, 성취기준 '[12문학02-01] 문학 작품은 내용과 형식이 긴밀하게 연관되어 이루어짐을 이해하고 작품을 감상한다.'를 기반으로, 작품의 표현상의 특징과 그 효과를 이해하는 능력을 평가하기 위해 개발한 [문항 1]은 텍스트 중심의 현대시 교육 평가에서 가장 전형적이고 단순한 형태의 문항에 해당한다. 이에 비해 [문항 2]는 시어의 기능과 의미에 대한 창의적인 수용 능력을 평가하기 위한 문항으로서 [문항 1]처럼 텍스트 중심의 현대시 교육 평가 문항의 대표적인 사례에 해당한다. 그러나 학생의 창의적인 수용 능력을 학생이 직접적으로 표현해 보도록 요구하고 있다는 점에서 [문항 1]보다 좀 더 어려운 문항에 해당한다. [문항 3]은 주체적인 관점에서 작품을 재구성하거나 자신의 생각을 시적으로 표현하는 능력을 평가하기 위해 개발한 문항으로서 가장 복합적인 능력을 측정하는 문항에 해당한다. 이처럼 텍스트 중심의 현대시 교수·학습의 일반적 단계와 아

울러 난이도에 조응하도록 평가 요소를 선정, 조직한다.

2) 텍스트 중심의 평가를 위한 제재 선정과 제시 방법

평가 제재란 문항 개발에서 활용하는 작품이나 자료 일체를 의미한다. 평가 제재는 평가 요소와 그것을 구현한 문항의 과제(task)에 부합하는 것이어야 한다. 특히 텍스트 중심 현대시 교육 평가에서 어떤 작품을 어떻게 제시하는가가 평가 과정의 관건으로 작용한다. 따라서 평가 제재를 선정할 때에는 특정 작품이나 자료를, 평가 요소나 문항의 과제가 지닌 특성을 고려하여, 꼼꼼히 분석하는 작업이 필요하다. 아무리 훌륭한 작품이라 할지라도 평가 요소나 문항의 과제를 설정하기에 부적합하다면 평가 제재로 활용할 수 없기 때문이다. 예를 들어, 앞의 평가 문항 개발을 위해 김수영의 「풀」이 평가 제재로 선택된 까닭은 작품이 훌륭해서이기도 하지만, 평가 요소나 문항의 과제를 실제 문항 개발 과정에서 구현할 수 있게 해 주는 요소를 작품 속에 지니고 있기 때문에 선택된 것이다. 이처럼 평가 제재 선정은, 비목적적인 작품 감상의 관점에 의해 이루어지는 선택 행위가 아니라, 학생의 시적 능력을 측정하려는 제한된 목적에서 이루어지는 선택 행위에 해당한다는 점을 유의해야 한다. [문항 3]의 <자료> 역시 마찬가지이다. 선정된 자료는 평가 제재로 활용된 작품의 창작 의도와 관련된 자료로서 작품 자체의 창작 의도나 주제를 이해하는 데 유용하고, 유사한 창작 의도를 시적으로 표현하도록 요구하는 과제를 설정하는 데 적합하기 때문에 선택된 자료이다.

평가 제재를 문항과 함께 제시할 때에는 학생의 경험과 지적 수준을 고려할 필요가 있다. 작품을 원본 형태 그대로 제시해도 평가 상황에서 작품과 학생 간의 의사소통이 불가하지 않다면 문제될 것이 없으나, 작품의 표기 방식, 시어의 친숙도(방언, 한자어 등) 등이 학생의 수준과 경험을 넘어설 경우에는 평가 상황에서의 의사소통에 장애를 초래할 수 있다. 따라서 작품의 표기 방식을 국어 규범에 맞게 일정 정도 변경하거나 낯선 시어의 의미는 뜻풀이를 제시해 주어야 한다. 그렇지 않으면 작품에 대한 수용과 생산 능력에 직접적이라 할 수 없는 어휘·어법 능력을 측정하는 문항이 될 수 있기 때문이다. 물론, 방언이나 한자어 사용 능력도 시적 능력과 완전히 무관하다고 볼 수는 없으나 텍스트 중심의 현대시 교육 평가의 중핵적인 평가 요소라 볼 수는 없다. 따라서 평가 제재를 문항과 함께 제시할 때에는 학생의 경험과 지적 수준에 부합하도록 일정한 수준에서 조율할 필요가 있다.

3) 텍스트 중심의 평가를 위한 문항 개발 방법

먼저, 선정된 평가 요소에 부합하는 문항 유형을 결정해야 한다. 문항 유형은 문항에서 제시할 과제(task)의 난이도에 따라 결정한다. 일반적으로, 단순한 능력을 측정하고자 할 때에는 선다형을, 고차원적이고 복잡한 능력을 측정하고자 할 때에는 수행평가형을 선택한다. 물론 평가 상황이나 평가 매체가 제한적인 경우 즉, 대학수학능력시험처럼 지필 및 선다형 문항을 통한 평가를 시행을 해야 하지만 평가 목표가 기초적인 시적 능력뿐만 아니라 고차원적인 시적 능력까지 대상으로 한다면, 선다형 지필 평가의 제약 속에서도 평가 목표를 실현하기 위한 창의적인 접근이 필요하다. 그러나 이와 같은 다소 모순적 상황 즉 평가 목적과 평가 도구 간의 부조화 상황을 불가피 용인하는 접근 방식은 대학수학능력시험처럼 민감하고 제한적일 때에만 적용함이 적절하다. 학교 차원에서는 문항 유형의 본질적 성격에 부합하도록 문항 유형을 선택하고 활용하는 접근 방식을 적용함이 적절하다.

문항을 실제 개발하는 과정에서는 '① 표현의 선명성, ② 과제의 개방성, ③ 평가 기준의 공정성'을 무엇보다 유의해야 한다.

첫째, '표현의 선명성'이란 문항이 묻고자 하는 바가 무엇인지 분명하게 전달할 수 있게 표현되어야 한다는 점을 의미한다. 문항 개발은 일종의 작문 행위이며, 문항을 활용한 평가 행위는 일종의 의사소통 행위이다. 따라서 평가자는 자신이 묻고자 하는 바를 선명하게 표현하려는 태도가 필요하며, 피평가자는 표현된 바를 성실하고 정확하게 이해하려는 태도가 필요하다. 이러할 때 평가 과정이 성공적일 수 있다.

[문항 1]을 살펴보자. 문두와 답지로 구성되는 선다형 문항에서 문두는 설정된 평가 요소를 가장 명료하게 전달할 수 있도록 작성되어야 한다. 특히 정답이 한 개를 전제하고 있으므로 문두는 간결하고 명료해야만 한다. 또한 문두는 평가 내용 요소와 행동 요소가 모두 포함되도록 함이 좋다. [문항 1]에서 '표현상의 특징'이 내용 요소라면 '이해'는 행동 요소에 해당하는데 이렇게 두 가지 요소가 함께 제시될 때 지식과 기능을 함께 측정할 수 있기 때문이다.

답지를 구성하기 위해서는 문항의 평가 요소를 더욱 상세화 하여 하위 평가 요소들을 추출한다. 작품의 표현상의 특징에 대한 이해 능력을 묻고자 하므로 '시적 표현 방법'에 관한 하위 개념들을 상세화한다. 즉, 다양한 수사법들 중 작품에서 확인 가능하거나 오인할 수 있는 것들을 가려낸다. 이들을 바탕으로 정답지와 오답지를 구성하여 문항을 완성한다. [문항 1]에서는 작품에서 확인할 수 있거나 오인할 수 있는 다섯 가지 수사적 표현들(반복적 표현, 비유적 표현 등)을 활용하여 답지를 구성하고 있다. 각 답지의 전반부는 작품을 꼼꼼히 읽어서 해당 표현이 사용되고 있는지 확인하는 과제가 설정되도록 작성하였고, 후반부는 해당 표현의 기능에 대한 해석을 진술함으로써 해석 능력을 측정할 수 있도록 작성하였다. 이러한 방식으로 답지를 구성하면 각 답지의 진위 판단 과정에서 작품에 대한 꼼꼼한 읽기 능력(행동 영역 범주 중 사실적 사고력)과 표현의 기능에 대한 해석 능력(행동 영역 범주 중 추론적 사고력)을 동시에 측정할 수 있다.

둘째, '과제의 개방성'이란 과제에 대한 피험자의 응답을 제한하는 정도를 의미한다. 피험자의 응답 방향을 제한하지 않는 방식은 피험자의 실제적인 능력을 자연스럽게 확인하는 데 효과적이다. 대체로 과제의 개방성을 높이면 과제의 난이도가 상승한다. 이에 비해 문항 구조의 복잡도는 비례적으로 상승할 수도 있고 그 반대일 수도 있다. 예를 들어, 어떤 선다형 문항의 구조는 수행평가 문항의 구조보다 복잡할 수도 있기 때문이다. 이처럼 과제의 개방성은 과제의 난이도와는 정비례하지만 문항 구조의 복잡도와는 필연적인 관계는 아니다. 이러한 점을 고려하여, 피험자의 자유로운 반응을 수집하여 피험자의 실제적인 능력을 측정하고자 하거나 난해한 과제를 제시하여 피험자의 고차원적인 능력을 측정하고자 할 때에는 과제의 개방성을 높여 문항을 개발해야 한다.

예를 들어, [문항 2]와 [문항 3]처럼, 서답형 문항이나 수행평가 문항은 선다형 문항인 [문항 1]에 비해 상대적으로 문항이 요구하는 과제 해결 과정이 비제한적이고 문항 구조가 개방적인 특성을 지니고 있어야 한다. 좀 더 세부적으로 논하자면, 서답형 문항에서 학생이 수행해야 할 과제 상황은 선다형보다는 개방적이지만 수행평가보다는 제한적이어야 한다. 그렇기 때문에 [문항 2]처럼 과제 수행 과정을 상대적으로 제한하는 <조건>을 추가하는 것이 효과적이다. [문항 2]에서는 과제 수행의 단계를 2단계로 구분하고 있는데 첫째 단계와 둘째 단계는 전체적인 과제의 순차적 수행 과정을 단계화한 것이자 학생들의 과제 수행 과정을 안내하는 역할을 한다. 따라서 과제 수행의 단계를 일정하게 제한하는 역할을 한다. 하지만 서술 내용과 방식을 완전히 제한하고 있지는 않기 때문에 학생들은 '시어의 기능과 의미'에 대해 창의적으로 반응할 수 있다. 이처럼 서답형 문항의 <조건>은 과제 수행의 개방성과 제한성을 모두 갖출 수 있도록 작성한다. 하지만 수행평가 문항은 과제의 제한성보다는 개방성을 상대적으로 높게 설정한다. 예를 들어 [문항 3]에서처럼 '자신의 경험을 소재로'라는 조건처럼 피험자의 자유로운 반응을 유도하는 특성을 지니고 있어야 한다. 따라서 수행평가 문항은 과제 해결 과정에서 피험자의 능동적인 선택이 최대한 보장되도록 해야 하며, 피험자의 실제적인 능력을 자유롭게 발휘하도록 개발해야 한다.

셋째, '평가 기준의 공정성'은 공정한 기준을 개발하여 채점 과정이나 평가 결과의 공정성을 확보할 필요가 있음을 의미한다. 개방적인 과제를 요구할수록 평가의 공정성이 논란이 될 수 있다. 평가란 기본적으로 측정 도구를 활용하여 얻은 정보의 질 즉 학생의 반응의 질을 등급화하는 행위이다. 등급화하다보면 언제나 상대적 순위가 결정되고 그에 따라 평가 결과의 공정성에 대한 시비가 일 수 있다. 그러므로 평가 결과의 공정성을 확보하기 위해서는 문항 개발 과정에서부터 이에 대한 준비가 있어야 한다.

[문항 2]의 채점 기준인 [예시 2]를 살펴보자. 서답형이나 수행평가 문항을 개발할 때에는 문항 자체의 제작뿐만 아니라 학생 반응에 대한 공정하고 신뢰로운 채점 기준(rubric)을 작성하는 것이 필요하다.

예를 들어, 서답형 문항 채점 기준은 '가채점 기준 개발 → 학생 응답 표본 추출 → 가채점 후 채점 기준 수정 및 확정'의 단계로 개발하고 채점은 '특정 답안에 대한 1차 채점(단수 채점) → 2차 채점(복수/교차 채점) → 최종 점수 산출' 등의 과정을 밟아 적용한다. 이를 위해 채점 기준 개발 과정뿐만 아니라 채점 절차 등을 포함한 채점 매뉴얼을 개발하여 활용해야 문항의 공정성과 신뢰성을 높일 수 있다.

[예시 2] 서답형 문항의 채점 기준

구 분	내 용
모범 답안	작품 속에서 '떨어진다'는 '폭포'의 서술어로 쓰이는 반면 '부른다'는 '곧은 소리'의 서술어로 쓰이고 있어서 수식하는 대상이 서로 무관한 듯 보인다. 하지만 '밤이 되면' 폭포는 '곧은 소리를 내며' 떨어지고 '곧은 소리'는 또 다른 '곧은 소리'를 '부른다'고 표현되고 있다. 따라서 '떨어진다'와 '부른다'는 모두 '폭포'의 특성을 형상화하는 공통점을 지니지만, '떨어진다'는 '폭포'의 일상적 특성을 형상화하는 반면 '부른다'는 '밤'이 되어야만 드러나는 '폭포'의 특수성을 형상화하는 차이점을 지닌다 하겠다. 그러므로 이 작품에서 '폭포'의 상징적 의미는 일상적인 '폭포'의 특성에서 찾기보다는 '밤의 폭포'의 특성에서 찾아야 할 것이다. 제4연이 '떨어진다'라는 시어를 사용하지 않고 이색적으로 구성된 까닭도 이 때문일 것이다. 결국, '폭포'의 상징성은 '밤'의 상징성부터 밝혀야 드러나는 것이라고 볼 수 있는바, 일반적으로 '밤'이 '어두운 시대'를 상징하는 것으로 이해된다는 점을 고려하면, 이 작품에서 '폭포'는 '어두운 시대 속에서도 두려움 없이 곧은 소리를 내는 존재이자 그러한 존재를 부르는 존재'를 상징한다 하겠다.
답안 내용의 채점 기준 (5점 만점 일 경우)	• 조건1 - '폭포'와 관련지어 '떨어진다'와 '부른다'의 시적 기능상의 공통점과 차이점을 모두 언급한 경우 3점 - '폭포'와 관련짓지 않고 '떨어진다'와 '부른다'의 시적 기능상의 공통점과 차이점을 언급한 경우 2점 - '폭포'와 관련짓지 않고 '떨어진다'와 '부른다'의 시적 기능상의 공통점(차이점)만을 언급한 경우 1점

구 분	내 용
	• 조건2 – 조건1을 충족하면서 '폭포'의 상징적 의미를 '밤'과 관련지어 언급한 경우 2점 – 조건1을 충족하면서 '폭포'의 상징적 의미를 언급하되 '밤'과 관련짓지 않은 경우 1점
답안 형식의 채점 기준	– 단락 구분은 고려하지 않음 – 띄어쓰기나 맞춤법은 고려하지 않음
부분 점수별 예시 답안	학생의 답안 중 부분 점수별 예시 답안을 사례로 포함하여 활용

[예시 2]처럼 채점 기준에는 모범 답안과 부분 점수별 예시 답안을 모두 포함한다. 모범 답안은 개발자가 상정하고 있는 가장 이상적인 답안을 제시함이 좋고, 부분 점수별 예시 답안은 응답 표본 채점 과정에서 부분 점수를 받은 실제 학생 답안을 사례로 제시함이 좋다. 실제적인 학생 답안을 활용할 경우 특정 부분 점수에 해당하는 답안 간의 실제적인 유사도를 확보하여 채점의 일관성을 높일 수 있기 때문이다. 세부적인 채점 기준 즉 내용 기준과 형식 기준을 구분하여 제시하는 것도 효과적이다. 특히 응답 내용에만 중점을 두어 채점할 경우 즉 사고의 질만을 평가하고자 할 경우에는 띄어쓰기나 맞춤법을 고려하지 않음을 언급할 필요가 있다. 다만, 지나치게 상세한 기준은 채점자에게 채점 기준 자체를 해석하고 적용하는 과정상의 부담을 가중하여 채점의 일관성에 방해가 될 수도 있으므로 적절한 수준에서 제시하도록 한다.

정리 및 점검

☑ (　　　)에 알맞은 말을 써 넣으면서 주요 개념을 정리합니다.

1 텍스트 중심의 현대시 교육 평가에서 핵심적인 평가 요소는 현대시의 본질,
(　　　　　), (　　　　　), (　　　　　　) 등에 직접적으로 관련되어 있는
학습 내용들이다.

2 텍스트 중심의 현대시 교육 평가 문항을 개발한 후 이를 조직, 제시할 때에는
작품에 대한 이해, (　　　　　), (　　　　　　)의 단계를 따르는 것이 평가
요소의 난이도 및 (　　　　　　　)에 조응하는 방식이다.

☑ 지시에 따라 서술하면서 텍스트 중심 현대시 교육 평가의 원리와 문항 개발 방법을
이해합니다.

1 다음 성취기준과 작품을 활용하여 텍스트 중심의 평가를 위한 선다형 문항을
개발하시오.

> [성취기준] [12문학02-01] 문학 작품은 내용과 형식이 긴밀하게 연관되어
> 이루어짐을 이해하고 작품을 감상한다.
> [예시 작품] 김영랑의 「모란이 피기까지는」

제 3 장

콘텍스트 중심의 현대시 교육 평가

콘텍스트 중심의 현대시 교육 평가는 사회문화적 맥락, 문학사적 맥락, 상호 텍스트적 맥락과 관련지어 작품을 감상하고 자신의 생각과 느낌을 시적 형식으로 표현하는 능력을 주요한 평가 대상으로 한다. 교육과정에 기반하여 콘텍스트 중심의 현대시 교육 평가를 시행하기 위해서는 교육과정 성취기준 중 사회문화적 맥락, 문학사적 맥락, 상호 텍스트적 맥락을 활용하여 작품을 수용하고 생산하는 활동과 관련된 성취기준을 추출, 분석하여 평가 요소를 명료화한 후, 평가 요소를 측정하기에 적절한 제재를 선정하고 다양한 문항 유형을 활용하여 평가 도구를 개발한다.

1. 콘텍스트 중심의 현대시 교육 평가의 의미

콘텍스트 중심의 현대시 교육 평가는 교육과정이나 교과서에 제시된 학습 내용 중 '사회·문화적 맥락, 문학사적 맥락, 상호 텍스트적 맥락'과 관련지어 작품을 감상하고 창작하는 능력에 대한 측정과 조사를 중심으로 하는 평가를 의미한다. 세부적으로는 현대시의 역사적 맥락, 현대시와 시대 현실·사회 문화 간의 상호 작용에 대한 이해력을 측정하거나 특정한 작품이 시대 현실·사회 문화적 대상을 형상화하는 방법과 주제 의식에 대한 감상 능력, 특정한 현실적 대상이나 사회 문화적 소재를 시로 표현하는 창작 능력을 측정하는 접근 방법이다. 또한 현대시사에 관한 내용 중 어떤 경향의 작품들을 학생들이 좋아하거나 어려워하는지, 어떤 시대나 시인들의 작품을 학생들이 좋아하거나 어려워하는지 그 이유는 무엇인지 등을 주요한 조사 내용으로 한다.

콘텍스트 중심의 현대시 교육 평가를 실천하기 위해서는 이에 부합하는 평가 내용들을 설정해야 한다. 이를 위해 국어과 교육과정의 문학 영역이나 「문학」 과목의 성취기준들 중에서 관련 성취기준들을 추출하여 재구성하는 작업이 필요하다. 먼저, 2015 국어과 교육과정(교육부 고시 제2015-74호 [별책 5])에서 콘텍스트 중심의 현대시 교육 평가에 적합한 내용 성취기준들을 추출하면 다음과 같다.

〈표〉 콘텍스트 중심의 현대시 교육 평가에 적합한 성취기준들

구분	성취기준
중학교 「국어」 (문학)	[9국05-05] 작품이 창작된 사회·문화적 배경을 바탕으로 작품을 이해한다. [9국05-06] 과거의 삶이 반영된 작품을 오늘날의 삶에 비추어 감상한다. [9국05-07] 근거의 차이에 따른 다양한 해석을 비교하며 작품을 감상한다. [9국05-08] 재구성된 작품을 원작과 비교하고, 변화 양상을 파악하며 감상한다.
고등학교 「국어」 (문학)	[10국05-03] 문학사의 흐름을 고려하여 대표적인 한국 문학 작품을 감상한다. [10국05-04] 문학의 수용과 생산 활동을 통해 다양한 사회·문화적 가치를 이해하고 평가한다.
고등학교 「문학」	(1) 문학의 본질 [12문학01-01] 문학이 인간과 세계에 대한 이해를 돕고, 삶의 의미를 깨닫게 하며, 정서적·미적으로 삶을 고양함을 이해한다. (2) 문학의 수용과 생산 [12문학02-02] 작품을 작가, 사회·문화적 배경, 상호 텍스트성 등 다양한 맥락에서 이해하고 감상한다. [12문학02-03] 문학과 인접 분야의 관계를 바탕으로 작품을 이해하고 감상하며 평가한다. [12문학02-06] 다양한 매체로 구현된 작품의 창의적 표현 방법과 심미적 가치를 문학적 관점에서 수용하고 소통한다. (3) 한국 문학의 성격과 역사 [12문학03-01] 한국 문학의 개념과 범위를 이해한다. [12문학03-04] 한국 문학 작품에 반영된 시대 상황을 이해하고 문학과 역사의 상호 영향 관계를 탐구한다. [12문학03-05] 한국 문학과 외국 문학을 비교해서 읽고 한국 문학의 보편성과 특수성을 파악한다.

구분	성취기준
	[12문학03–06] 지역 문학과 한민족 문학, 전통적 문학과 현대적 문학 등 다양한 양태를 중심으로 한국 문학의 발전상을 탐구한다.
	(4) 문학에 관한 태도 [12문학04–02] 문학 활동을 생활화하여 인간다운 삶을 가꾸고 공동체의 문화 발전에 기여하는 태도를 지닌다.

위 <표>에 제시된 성취기준들은 물론 텍스트 중심의 현대시 교육 평가의 내용으로도 설정할 수 있다. 그러나 작품 외적인 다양한 맥락과 관련지어 작품을 이해하고 감상하는 데 좀 더 직접적으로 관련되어 있거나 사회·문화적 맥락을 고려하여 가치 있는 내용을 시로 형상화하는 활동을 핵심적 내용으로 포함하고 있다는 점에서 콘텍스트 중심의 현대시 교육 평가의 준거로 설정함이 적절할 것이다.

국어과 교육과정의 「문학」 과목(영역)의 교육과정에서 설정하고 있는 콘텍스트는 '사회·문화적 맥락, 문학사적 맥락, 상호 텍스트적 맥락'으로 대별된다. 그런데 콘텍스트를 고려하여 작품을 감상하거나 창작하는 활동은 특정한 작품 그 자체만을 감상하거나 창작하는 활동보다는 복합적이어서 지나치게 어려운 과제를 포함하여 평가 문항을 개발할 경우 학생들에게는 상당한 부담이 될 수 있다. 따라서 콘텍스트 중심의 현대시 교육 평가를 위한 문항을 개발할 때에는 과제의 수준을 적정하게 설정할 필요가 있고 작품 자체만을 고려하여 감상하는 것보다는 콘텍스트를 고려하여 감상하는 것이 의미 있음을 체험하게 하는 데 중점을 둘 필요가 있다.

2. 콘텍스트 중심의 현대시 교육 평가 문항 개발의 실제

콘텍스트 중심의 현대시 교육 평가 문항 개발 절차는 텍스트 중심의 현대시 교육 평가 문항 개발과 유사하다. 이하에서는 고등학교 「문학」 과목의 성취기준들을 준거로 콘텍스트 중심의 현대시 교육 평가 문항을 제작해 보자. 다음과 같은 문항 개발 계획을 수립하여 [예시 3]과 같은 문항 세트를 개발했다고 가정해 보자.

〈표〉 콘텍스트 중심의 현대시 교육 평가 문항 개발 계획의 예

구분	세부 계획	
문항 수	3개	
제 재	신경림의 「농무」, 정희성의 「저문 강에 삽을 씻고」	
문항별 평가 요소 (내용/행동)	문항 1	사회·문화적 맥락을 고려하며 작품을 감상하는 능력 ← [12문학02-02]를 준거로 평가 요소 설정
	문항 2	문학사적 맥락과 상호 텍스트적 맥락을 고려하며 작품을 감상하는 능력 ← [12문학02-02]와 [12문학03-04]를 준거로 평가 요소 설정
	문항 3	사회 공동체의 문제에 대한 자신의 생각을 문학적으로 표현하는 능력 ← [12문학04-02]를 준거로 평가 요소 설정
문항 유형	문항 1(선다형), 문항 2(서답형), 문항 3(수행평가)	

[예시 3] 콘텍스트 중심의 현대시 교육 평가를 위한 문항

[1-3] 다음 글을 읽고 물음에 답하시오

(가) 징이 울린다 막이 내렸다
　　　오동나무에 전등이 매어달린 가설무대
　　　구경꾼이 돌아가고 난 텅 빈 운동장
　　　우리는 분이 얼룩진 얼굴로
　　　학교 앞 소줏집에 몰려 술을 마신다
　　　답답하고 고달프게 사는 것이 원통하다
　　　꽹과리를 앞장세워 장거리로 나서면
　　　따라붙어 악을 쓰는 건 쪼무래기들뿐
　　　처녀애들은 기름집 담벽에 붙어 서서
　　　철없이 킬킬대는구나
　　　보름달은 밝아 어떤 녀석은

꺽정이처럼 울부짖고 또 어떤 녀석은
서림이처럼 해해대지만 이까짓
산 구석에 처박혀 발버둥 친들 무엇하랴
비료값도 안 나오는 농사 따위야
아예 여편네에게나 맡겨 두고
쇠전을 거쳐 도수장 앞에 와 돌 때
우리는 점점 신명이 난다
한 다리를 들고 날라리를 불거나
고갯짓을 하고 어깨를 흔들거나

—신경림, 「농무」

(나) 흐르는 것이 물뿐이랴
우리가 저와 같아서
강변에 나가 삽을 씻으며
거기 슬픔도 퍼다 버린다
일이 끝나 저물어
스스로 깊어 가는 강을 보며
쭈구려 앉아 담배나 피우고
나는 돌아갈 뿐이다
삽자루에 맡긴 한 생애가
이렇게 저물고, 저물어서
샛강 바닥 썩은 물에
달이 뜨는구나
우리가 저와 같아서
흐르는 물에 삽을 씻고
먹을 것 없는 사람들의 마을로
다시 어두워 돌아가야 한다

—정희성, 「저문 강에 삽을 씻고」

[문항 1-문항 2] 다음 <자료>를 읽고 물음에 답하시오.

1960년대 이후 산업화가 추진되면서 한국 사회에서는 이촌향도(離村向都) 현상이 두드러지게 나타나기 시작했다. 이 과정에서 농촌 공동체는 경제적 측면뿐만 아니라 문화적 정서적 측면에서도 해체 과정을 겪게 된다. 개개인들은 거대한 사회 변화의 흐름에 휩쓸려 고향을 잃은 도시 노동자로 변화하거나 해체되어 가는 농촌의 잔류자로 전락하였다.

이들은 근대화 산업화의 수혜를 일부 받기도 하였으나 그러한 점보다는 소외를 더 많이 경험하였다. 그러면서 사회적 약자로서 무력감에 빠지거나, 사라져가는 농촌 공동체의 전통을 묵묵히 지켜내려는 의지를 불태우거나, 물질주의를 비판하면서도 경제적 성공에의 열망을 꿈꾸는 양가적 태도를 보이는 등 다양한 정서적 체험을 하게 되었다.

[문항 1] <자료>를 고려하여 (가)와 (나)를 감상한 것으로 적절하지 않은 것은?

① (가)의 '텅 빈 운동장'은 이촌향도 현상이 빚은 농촌의 변화를 상징하는 표현이겠군.

② (가)의 '비료값도 ~ 맡겨 두고'는 물질주의를 추구하는 세태를 비판하는 표현이겠군.

③ (나)의 '강변에 나가 삽을 씻으며'는 무력감에 빠진 자신을 위로하는 행위를 상징하는 표현이겠군.

④ (나)의 '다시 어두워 돌아가야 한다'는 현실의 고통을 묵묵히 이겨내려는 태도를 암시하는 표현이겠군.

⑤ (가)의 '산 구석'과 (나)의 '썩은 물'은 모두 산업화 과정에서 소외된 사람들의 자괴감을 암시하는 표현이겠군.

[문항 2] (가)의 '우리'와 (나)의 '나'가 보여 주는 현실에 대한 대응 방식의 공통점과 차이점을 서술하시오.

[문항 3] 다음 <자료>를 읽고 제시된 과제들을 수행해 보자.

① 1967년 기준으로 여성의 취업자 수는 389만 명이었고 이 중 249만 명이 농림어업에 종사하고 있었다. 이때 이미 '농업 인력의 여성화'라는 말이 회자되었는데, 이는 남성의 이농(離農)으로 인한 농업 노동력의 감소를 여성이 대체하는 현상이 나타났기 때문이다. 농촌 사회는 도시 지역에서와 같은 일터와 가정의 분리 현상이 나타나지 않았으며 육아와 가사노동이 공유되고 있었다. 따라서 이 시기 농촌 여성들은 남성을 대신해서 노동과 육아를 병행해야 했지만 이러한 이중 삼중의 노동 부담이 사회적 문제로 인식되지 못하였다.

—신경아, 「산업화 이후 일-가정의 담론적 지형과 변화」에서

② 시집을 정리하면서 또 하나 느낀 게 있다면, 오늘의 우리 시가 너무 크고 높은 것만 좇고 있는 것이 아닌가, 그래서 자잘한 삶의 결, 삶의 얼룩은 다 놓치고 있는 것이 아닌가 하는 점이었다. 어쩌면 민중을 노래한다면서 민중의 참삶의 깊은 곳은 보지 못하고 기껏 민중을 이끌고 가는 혹은 이끌고 가는 것처럼 보이는 힘을 힘겹게 뒤쫓아 가는 처절한 모습이 우리 시 한쪽에 보이기도 했기 때문이다. 과연 시가 그토록 욕심을 가지는 것이 올바른 일인가. 시의 값은 오히려 본질적으로 작고 하찮은 것, 못나고 힘없는 것, 보잘 것 없는 것들을 돌보고 감싸 안고, 거기에 그치지 않고 스스로 낮고 외로운 자리에 함께 서고, 나아가서 그것들 속의 하나가 되는 데 있는 것이 아닐까. 또 그것이 시의 참길이 아닐까. 그렇다면 시는 잘나고 우쭐대고 설치는 사람들의 몫이 아니라 못나고 겸허하고 착한 사람들의 몫일는지도 모를 일이다.

—신경림, 시집 『길』(1990)의 「후기(後記)」에서

(1) <자료>의 ①을 고려할 때, (가)에 나타나는 '여편네'에 대한 '우리'의 생각에는 어떤 문제점이 있는지 서술하시오.

(2) <자료>의 ②에 제시된 '시의 참길'을 고려하여, '농촌의 여성'의 삶을 소재로 하는 시 한 편을 완성해 보자.

1) 콘텍스트 중심의 평가 요소 선정과 조직 방법

콘텍스트 중심의 현대시 교육 평가는 작품을 다양한 맥락을 고려하여 수용하고 창작하는 능력을 중점적으로 평가하는 것이다. 따라서 문항별 평가 요소는 작품에 관한 사회·문화적 맥락, 문학사적 맥락, 상호 텍스트적 맥락을 고려한 수용과 생산 활동에 유관한 것을 설정한다. 문항별 평가 요소의 조직과 문항 순서는 절대적인 순서는 없으나 '사회·문화적 맥락을 고려한 작품의 이해와 감상' → '문학사적 상호 텍스트적 맥락을 고려한 작품의 이해와 감상' → '다양한 맥락을 고려한 작품의 재구성과 창작' 등의 단계를 따른다.

이러한 단계 설정은 콘텍스트 중심의 현대시 교수·학습 과정뿐만 아니라 평가 요소의 난이도('작품 자체의 이해≤맥락을 고려한 작품의 이해', '내용만의 이해≤형식을 고려한 내용의 이해', '이해와 감상≤표현과 생산')를 고려한 것이다. 학생들의 입장에서 작품 외적 맥락을 고려한 수용과 생산 활동은 작품 자체를 고려한 수용과 생산 활동보다 상대적으로 어려운 것이라 할 수 있다. 또한 교육과정에서 설정한 맥락들을 굳이 비교한다면, 작품 내용과 유관한 사회·문화적 맥락을 고려한 수용과 생산 활동이 상대적으로 쉽고, 문학사적 맥락이나 상호 텍스트적 맥락을 고려한 수용과 생산 활동은 상대적으로 어렵다고 볼 수 있다. 전자는 작품 내용에 유관한 사회·문화적 정보를 활용하여 작품 내용의 이해를 심화하는 활동임에 비해, 후자는 문학사에 대한 체계적인 지식을 요구하여 작품의 내용과 형식 모두에 대한 이해를 심화하는 활동이기 때문이다. 또한 사회·문화적 맥락을 고려한 작품 감상 능력을 측정하는 단계에서는 작품의 내용에 대한 심화된 감상 능력을 측정하는 데 초점을 두고, 문학사적 맥락이나 상호 텍스트적 맥락을 고려한 작품 감상 능력을 측정하는 단계에서는 서로 다른 작품들 간의 내용과 형식상의 공통점과 차이점을 종합적으로 이해하며 감상하는 능력을 측정하는 데 초점을 두는 것이 적절하다. 이렇게 맥락을 고려한 작품 감상 능력을 측정한 후, 맥락을 고려한 작품 재구성과 창작 능력을 측정하는 단계를 밟도록 구성함이 효과적이다. 이처럼 콘텍스트 중심의 현대시 교수·학습의 일반적 과정과 아울러 맥락에 관한 정보를 활용한 작품 수용과 생산 활동의 난이도를 고려하여 평가 요소를 선정, 조직한다.

성취기준 '[12문학02-02] 작품을 작가, 사회·문화적 배경, 상호 텍스트성 등 다양한 맥락에서 이해하고 감상한다.'를 준거로, 사회·문화적 배경을 고려하여 작품을 감상하는 능력을 측정하고자 개발한 [문항 1]을 살펴보자. 이 문항은 작품의 소재가 된 사회적 현상에 관한 외적 정보를 <자료>에서 제시하고 이를 활용하여 작품을 감상할 수 있는지 다양한 답지를 제시하고 있다. 이처럼 작품의 내용을 심화하여 이해하는 데 긍정적인 작용을 할 수 있는 자료를 선택하여 제시해야 하고, 답지에서는 내용에 대한 심화된 이해를 작품 속 시어나 표현에 대한 심화된 이해로 전이시킬 수 있는지 물을 수 있는 진술을 제시하는 것이 바람직하다.

성취기준 [12문학02-02]와 '[12문학03-04] 한국 문학 작품에 반영된 시대 상황을 이해하고 문학과 역사의 상호 영향 관계를 탐구한다.'를 준거로 하여 개발한 [문항 2]를 살펴보자. 시적 주체의 태도에 대한 이해는 사회와 개인, 문학과 역사 간의 상호 작용을 이해하는 데 전형적인 학습 요소이다. 이 점을 고려하여 이 문항은 작품 속에 등장하는 시적 주체의 태도에 대해 작품 외적 정보를 활용하여 종합적으로 이해하고 있는지 묻고 있다. 이를 위해 평가 제재는 작품 속 현실에 대해 일정한 태도를 보여 주는 시적 주체들이 등장한 작품을 선택하였고 두 작품 속 시적 주체의 태도상 공통점과 차이점을 비교 서술하도록 요구하고 있다. 이처럼 콘텍스트 중심의 평가에서는 작품과 맥락 간의 상호 작용에 대한 이해와 관련된 과제를 설정하는 것이 바람직하고 평가 제재를 선정할 때에도 이러한 과제 설정이 가능한 작품을 선택하도록 한다.

[문항 3]은 <자료>에서 제시한 작품 외적 정보를 종합적으로 고려하여 작품을 재구성하거나 자신의 생각을 시적으로 표현하는 능력을 평가하기 위해 개발한 수행평가형 문항이다. 이 문항의 평가 요소는 고등학교 「문학」 과목의 성취기준 '[12문학04-02] 문학 활동을 생활화하여 인간다운 삶을 가꾸고 공동체의 문화 발

전에 기여하는 태도를 지닌다.'를 기반으로 설정된 것인데, 작품 외적 정보를 종합적으로 고려하여 작품을 비판적으로 재구성하거나 공동체의 문제를 주체적 관점에서 표현할 수 있는지 묻는 복합적이고 고차원적인 문항에 해당한다. 이러한 문항이 콘텍스트 중심의 평가에서 핵심적 위치를 차지해야 할 것이다. 다만, 과제의 난이도가 학생 수준에서 결코 쉽다고 볼 수 없으므로 모든 문항의 수준을 이처럼 높게 설정하는 것은 바람직하지 않다고 하겠다.

2) 콘텍스트 중심의 평가를 위한 제재 선정과 제시 방법

콘텍스트 중심의 평가를 위한 제재를 선정할 때에는 작품뿐만 아니라 교육과정에서 설정하고 있는 맥락들에 대한 몇 가지 고려가 필요하다. 모든 작품은 사회·문화적 맥락과의 상호 작용의 산물이다. 하지만 작품의 내용에서 좀 더 직접적으로 이러한 상호 작용이 드러나는 작품을 선정하는 것이 학생들의 수준을 고려할 때 좀 더 적합하다. 따라서 사회·문화적 현상을 소재로 한 작품을 평가 제재로 활용하는 것이 바람직하다. 문학사적 맥락과 관련하여서는 두 가지 층위를 구분하여 고려한다. 즉 작가 차원과 현대시사 차원을 구분할 필요가 있다. 어떤 시인은 생애사적으로 볼 때 전기와 중기, 후기의 작품 경향이 뚜렷한 변화를 보여 주기도 하였다. 이런 점에서 전기와 후기를 서로 다른 맥락의 범주로 볼 수 있는바, 작품을 선정할 때 작가 차원의 맥락을 고려할 필요가 있다. 둘째, 현대시사에서 볼 때 작품의 경향이 시인 개인의 차원을 넘어서 계승, 변모되는 사례들이 있다. 특정 사조(思潮)에 속하는 시인들이 존재한다. 따라서 같은 사조의 경향을 보인 시인들의 작품은 내용과 형식상에서 공통점이 존재한다. 반대로 다른 사조에 속하는 시인들의 작품은 내용과 형식면에서 차이점이 존재한다. 이처럼 작가 차원의 맥락과 현대시사적 맥락을 고려하여 평가 제재를 선정할 필요가 있으며 이 두 맥락은 자연스럽게 상호 텍스트적 맥락과 연관된다.

상호 텍스트적 맥락을 고려하여 작품을 감상하는 능력을 측정하기 위한 문항을 개발하고자 할 때 작품 선정은 [예시 3]의 두 작품처럼 기본적으로 형식이나 내용상의 공통점을 지닌 작품들 중에서 선정하도록 한다. 더 엄격하게 보자면 현대시사에서 시인 간의 영향 관계가 뚜렷한 것일수록 유의미성을 지닌다. 물론 긍정적 수용의 영향 관계뿐만 아니라 비판적 부정의 영향 관계도 포괄한다. 이처럼 상호 텍스트성은 두 작품 간의 유사성뿐만 아니라 차이점을 모두 포괄한다. 그러나 차이점만을 지닌 전혀 다른 두 작품을 제시하여 상호 텍스트적 맥락을 고려한 작품 감상 능력을 측정하는 문항 설계를 하는 방식은 논리적으로 타당하지 않다. 따라서 유사성이나 공통점을 기본으로 하되 두 작품 간의 관계가 수용적이거나 비판적인 관계를 지닌 작품들을 평가 제재로 선정한다.

또한 작품 밖의 정보를 자료로 제시할 때에도 신중을 기할 필요가 있다. 특히 역사적 사실에 대한 자료를 제시할 때 사실 관계에 오류가 없어야 할 뿐만 아니라, 사실을 해석하는 관점이 편향되어 있거나 과장·왜곡된 내용이 포함되어서는 곤란하다. 또한 교사 자신이 자료를 재가공하여 제시하는 것은 되도록 피한다. 평가 상황의 제약 예를 들어 지면의 제약이나 시간의 제약 등으로 인해 자료를 재가공하여 제시할 수밖에 없을 때에도 관련 분야 전문가의 자문을 받으며 자료의 신뢰성을 확보하는 절차를 밟는 것이 공정한 평가를 위해 바람직하다. 역사적 사실에 관한 자료를 국어 교사가 주관적으로 다룬다는 것은 교과 전문성을 넘어서는 것일 수도 있기 때문이다.

3) 콘텍스트 중심의 평가를 위한 문항 개발 방법

콘텍스트 중심의 평가를 위한 문항 유형 선정이나 문항 개발 방법은 텍스트 중심의 평가에서와 유사한 원리에 따른다. 콘텍스트 중심의 평가 요소 중 단순한 평가 요소는 선다형으로, 좀 더 복잡한 평가 요소는 서답형이나 수행평가형으로 문항을 개발한다. 또한 문항 개발 과정에서 ① 표현의 선명성, ② 과제의 개방성, ③ 평가 기준의 공정성을 확보해야 함도 마찬가지이다. 차이점은 콘텍스트 중심의 시 교육 내용에 부합하는 평가 요소 선정, 그것에 조응하는 문항 개발 등의 구체적 차원에서 확보되어야 한다.

선다형 문항인 [문항 1]을 살펴보자. 맥락을 고려하여 작품을 감상하는 능력을 묻기 위해 문두는 외적 정보를 고려하라는 지시를 포함하고 있다. 답지는 작품 속 표현을 작품 외적 상황과 관련지어 해석하는 진술을 제시하고 있다. 이처럼 콘텍스트 중심의 평가 문항에서는 작품 외적 정보를 고려하라는 지시, 작품 외적 상황과 작품 속 표현을 관련지어 해석하는 진술을 포함하여 문항을 개발해야 한다. 서답형 문항인 [문항 2]에서는 '현실에 대한 대응 방식'을 추론해 보라는 과제를 제시하고 이에 대해 학생 스스로 진술해 보도록 요구하고 있다. 이러한 과제는 대체로 추론적 성격을 지닐 수밖에 없다. 작품과 현실 간의 관계는 기계적 인과론적 관계가 아니기 때문이다. 따라서 작품과 맥락 간의 상호 작용에 대한 과제를 설정할 때에는 단순히 사실을 조회하여 답을 찾을 수 있는 과제를 설정하지 않도록 한다. 그러할 때에는 문학 작품 감상 활동을 요구하는 것이 아니라 사회 탐구 활동을 요구하는 것이 될 수 있기 때문이다.

[문항 3]과 같이 작품 창작을 요구하는 과제를 제시하는 문항에서는 문항 개발 자체보다 채점 도구 개발에 더욱 신중해야 한다. 대체로 문학 작품을 평가한다는 것은 주관적 성격을 완전히 벗어날 수는 없다. 과학적 대상이 아니기 때문이다. 따라서 창작품에 대한 평가는 [예시 4]처럼 등급 체계를 갖춘 채점 도구를 활용함이 자연스럽다.

[예시 4] 작품 창작 과제의 채점 도구

1. 채점 항목과 기준

채점 기준 / 채점 항목	참신성 (5/3/1)	유기성 (5/3/1)	조건 충족도 (5/3/1)	점수	등급
작품 내용				/15	–
작품의 구성				/15	–
표현				/15	–
점수				/45	–
등급	–	–	–	–	상/중/하

* '조건 충족도'는 문항이 요구한 조건에 대한 충족도를 의미

2. 채점 항목과 기준의 활용 방법

① 작품의 '내용, 구성, 표현' 등을 채점 항목으로 구분하여 분석적으로 채점

② 각 항목에 대한 채점 기준으로 '참신성, 유기성, 조건 충족도' 등을 설정하고 각각 5점(상), 3점(중), 1점(하) 등의 3등급 체계로 채점

③ 총점 기준으로 상(11점~15점), 중(6점~10점), 하(~5점) 등의 3등급 체계로 평정

3. 채점 시 유의 사항

① 띄어쓰기나 맞춤법은 고려하지 않음

② 표절 여부를 확인하며 채점

또한 채점 도구 개발 시, 채점 결과를 점수화하는 방식을 완전히 배제하기보다는 등급을 부여하는 데 참조할 수 있는 요소로 포함하는 것이 효과적이다. 이는 채점의 일관성, 신뢰성을 확보하는 데 도움이 되기 때문이다. 창작된 작품을 평가할 때에는 '내용, 구성, 표현' 등의 채점 항목을 설정하고, '참신성, 유기성, 조건 충족도' 등의 채점 기준을 설정한다. 질적 기준으로서 '참신성'은 학생 수준에서 창의적 발상 여부에 대한 기준으로, '유기성'은 하나의 주제를 중심으로 내용과 형식이 유기적인지에 대한 기준으로, '조건 충족도'는 문항에서 설정한 특수한 과제의 조건을 충족하고 있는지에 대한 기준으로 활용한다. 그리고 학생의 창작품에 대해 지나치게 엄격한 기준을 적용하기보다는, 작품 창작에 대한 흥미를 제고할 수 있도록 '자비로운 평가'를 행함이 적절하다.

정리 및 점검

☑ ( )에 알맞은 말을 써 넣으면서 주요 개념을 정리합니다.

1 콘텍스트 중심의 현대시 교육 평가에서 핵심적인 평가 요소는 작품을 둘러싼 다양한 맥락 즉, ( ), ( ), ( ) 등과 작품을 연관 지어 작품을 감상하고 창작하는 능력에 직접적으로 관련되어 있는 학습 내용들이다.

☑ 지시에 따라 콘텍스트 중심의 평가 문항을 개발하기 위한 실천적 능력을 기릅니다.

1 다음 성취기준과 작품을 활용하여 사회문화적 맥락을 고려하여 작품을 감상하는 능력에 관한 선다형 문항을 개발하시오.

> [성취기준] [12문학02-02] 작품을 작가, 사회·문화적 배경, 상호 텍스트성 등 다양한 맥락에서 이해하고 감상한다.
> [예시 작품] 신석정의 「꽃덤불」

2 다음 성취기준과 작품을 바탕으로 상호 텍스트적 맥락을 고려하여 작품을 비교 감상할 수 있는 능력을 평가하고자 할 때, 적절한 작품을 추가 선정하고 이를 활용하여 두 작품을 비교 감상하는 능력에 대한 서답형 문항을 개발하시오.

> [성취기준] [12문학02-02] 작품을 작가, 사회·문화적 배경, 상호 텍스트성 등 다양한 맥락에서 이해하고 감상한다.
> [예시 작품1] 신석정의 「꽃덤불」
> [예시 작품2] _____
> (서답형 문항)

제 4 장

현대시 교육 평가의 발전 방향

현대시 교육 평가는 문항을 개발하여 학생들의 현대시 교육 성취도를 조사하는 활동이라는 오인(誤認)에서 벗어나 그 본질에 충실하게 기능하기 위해서는 현대시 교육 평가 대상이 학생만이 아니라는 점에 대한 인식의 전환이 필요하다. 또한 현대시 교수·학습과의 연계성을 강화할 수 있도록 교수·학습과 평가가 동시적으로 이루어지는 체제를 구축할 필요가 있고, 학생들이 현대시를 학습하는 과정에서 보이는 특징에 대한 실증적 정보를 바탕으로 교수·학습에 유의미한 정보를 제공할 필요가 있다.

1. 현대시 교육 평가 대상과 관점의 전환

현대시 교육 평가가 '시 작품을 활용한 시험 문제 개발'과 같은 제한적 양상에서 벗어나 그 본질과 목적에 부합하기 위해서는 크게 두 가지 점에서 인식의 전환이 필요하다. 첫째, 현대시 교육 평가의 대상이 학생의 현대시 교육 성취도만이 아니라는 인식의 전환이 필요하다. 그동안 현대시 교육 평가는 학생의 현대시 교육 성취도 특히 인지적 측면을 주요한 평가 대상으로 삼아 왔다. 그러나 현대시 교육의 실제를 구성하는 요인은 다양하다. 현대시 교육 현상은 교육과정과 교재, 교사(수업 방식), 학생 등의 상호작용으로 발생한다. 현대시 교육이 국가 수준의 교육과정에 근거하여 이루어지지만 학교, 교사(수업 방식), 교재, 학생의 특성에 따라 현대시 교육 현상은 한 마디로 규정할 수 없는 개별성을 지니고 있다. 현대시 교육 평가는 그러한 개별적 현상이 바람직한지 점검할 필요가 있다. 따라서 현대시 교육을 발전시키기 위한 평가가 되려면 현대시 교육과정과 교재, 학교 및 교사(수업 방식), 학생의 특성 등에 대한 조사, 분석이 체계적으로 이루어져 유의미한 정보를 축적할 필요가 있다.

둘째, 현대시 교육 평가 관점의 균형 회복을 위한 인식의 전환이 이루어져야 한다. 균형 잡힌 현대시 교육 평가는 소위 학생 중심의 평가로의 전환만을 의미하는 것이 아니라 학생의 특성이 소외(疏外)되지 않는 교육 평가의 관점을 의미한다. 예를 들어, 현대시 제재의 적절성을 평가할 때 '교육과정의 목적—현대시사(現代詩史)나 이론의 관점—학생의 발달 수준과 특성'이 모두 고려되어야 한다. 그런데 교과서에 수록되는 작품의 선정이 과연 학생의 발달 수준과 특성에 관한 실증적 근거에 기반하고 있는지 의문인 경우가 많다. McMillan(2011)에 따르면 교수·학습과 관련하여 교육 평가의 역할은 '언제, 무엇을, 어느 정도의 수준으로' 교수·학습해야 하는지에 관한 의사결정의 실증적 근거(evidence)를 제공하는 것이다(McMillan, 2011 : 5-8). 따라서 균형 잡힌 현대시 교육 평가는 교과서에 어떠한 작품을 수록할 것인지와 같은 의사결정의 근거를 제공할 때 '학생의 수준과 특성'이 실증적으로 뒷받침될 수 있도록 관련 자료를 조사, 분석할 필요가 있다.

이와 같은 관점에서 몇 가지 현대시 교육 현상에 대한 조사 분석 사례를 살펴보자. 먼저, 교과서 수록 현대시에 관한 조사 사례로 김현수(2009), 성현수(2011)을 살펴보자. 김현수(2009)는 중학교 1학년에서 고등학교 1학년 국어 또는 문학 교과서에 수록된 시들에 대해 해당 학년 학생들의 반응을 통해 난이도를 조사한 사례를 분석하여 보고하고 있다. 세부적으로 살펴보면, 해당 학년 교과서에 수록된 작품들의 각각의 난이도에 대해 학생들로 하여금 '어렵다, 적절하다, 쉽다' 등으로 판단하여 응답해 보도록 하였고, 수록 작품들 간의 상대적 난이도를 판단하여 가장 어려운 작품과 가장 쉬운 작품을 선택해 보도록 하여 그 결과를 분석하고 시사점을 논하고 있다. 이러한 조사는 표집 설계상의 문제점, 반응의 척도로 삼은

'어렵다, 적절하다, 쉽다' 등의 준거가 자의적일 수 있다는 문제점, 학생들이 가장 어렵다거나 쉽다고 응답한 작품의 특성을 연구자의 분석에 의존하여 규명하려 할 뿐 학생들과의 심층 면담 등의 방법을 통해 그 요인을 학생으로부터 구하려는 시도가 이루어지지 않았다는 문제점 등이 있으나, 연구자가 강조하듯 시의 난이도에 대한 고찰은 학습자에게 적합한 교육 내용을 제공하여 문학교육의 효과를 높이려는 현대시 교육 평가의 본질적 기능에 부합하는 시도에 해당한다.

성현수(2011)은 2007 개정 교육과정 검인정 고등 국어 교과서에 수록된 현대시의 현황과 적절성을 분석하고 있다. 이 중 '수록 작품의 적절성'의 기준으로 성현수(2011)은 '문학 교육과정 성취기준 반영의 다양성, 고등학교 학습자의 수준에 따른 난이도, 고등학교 학습자의 흥미 유발 정도' 등 세 가지를 설정하고 수록 작품들의 적절성을 평가하고 있다. 이처럼 세 가지의 기준으로 수록 작품의 적절성을 평가하려 한 시도는 균형적 시도라는 점에서 긍정적이지만 각각의 기준의 특성을 체계적으로 규정하지 않았다는 점, 학습 난이도와 흥미도를 판단할 때 학생의 반응 등 실증적 근거에 기반하지 않고 연구자의 경험적 판단으로 일관하였다는 점은 한계라 지적할 수 있다. 그러나 김현수(2009)와 마찬가지로 이러한 시도는 현대시 교육 평가의 대상을 확대하고 학습자의 특성을 고려하면서 시도되었다는 점에서 지속적으로 발전시켜야 할 연구 주제라 할 수 있다.

이어서, 현대시 교수·학습 과정에서 보이는 학생의 특성을 조사, 분석하고자 한 사례로 남민우 외(2013a; 2013b)를 살펴보자. 남민우 외(2013a; 2013b)에서는 고등학생들의 현대시 학습 경향이나 감상 능력, 작품의 주제를 이해하고 표현하는 방식을 조사하기 위해 조사 도구를 개발하고 두 차례에 걸쳐 추적 조사 방식을 통해 학생들의 반응을 양적, 질적 차원에서 분석하였다. 학생의 반응만을 조사하는 부분과 학생, 교사 모두의 반응을 조사하는 부분 등을 설정하여 비교 분석하고자 했다는 점, 학생들의 인지적 능력과 정의적 특성 간의 관계를 규명해 보려 하였다는 점, 작품의 주제를 이해하고 표현하는 과정에 대한 학생과 교사 간의 인식의 차이를 규명해 보려 하였다는 점 등에서 의미를 지니지만 조사하고자 하는 내용의 심도로 볼 때, 좀 더 체계적인 분석 방법을 적용하지 못하고 세밀한 차원까지의 논의를 전개하지 못했다는 점에서 한계를 보이고 있다.

지금까지 살펴본 사례들에서도 알 수 있듯 현대시 교육 현상을 체계적으로 조사하기 위해서는 조사 연구 방법론의 이해와 조사 도구 개발 방법의 숙달이 요구된다. Babbie(2002)에 따르면 조사 연구는 연구 목적과 유형(탐색, 기술, 설명), 분석 단위(개인, 집단, 조직 등), 시간 차원(횡단, 종단 등) 등을 입체적으로 고려하여 체계적인 조사 및 분석 방법에 따라 진행할 때 오류를 최소화할 수 있다(Babbie, 2002 : 134-164). 현대시 교육 현상에 대한 조사 연구 역시 이와 같은 전제가 충족될 때 의미 있는 성과를 축적해 나갈 수 있을 것이다.

아울러 조사 연구에서 개발, 활용하게 되는 다양한 조사 도구 개발 과정과 방법 역시 축적해 나갈 필요가 있다. 조사 도구 개발 방법에 대한 체계적 고려 없이 조사 도구를 개발하거나 향후의 유사 연구에 시사점을 줄 수 있도록 조사 도구 개발 과정이나 검증 과정에 대한 성찰적 기록을 누락하는 방식은 지양될 필요가 있다. 특히 조사 도구의 설계 및 타당성 검증 과정에 대한 기록이 충실히 이루어져 관련 주제의 탐구가 심화될 수 있도록 해야 한다. 예를 들어 교육 현장에 관한 조사에서 자주 활용되는 설문지(questionnaire)의 경우, 연구 주제와 설문 대상이 설문지를 활용하여 탐구할 만한 특성을 지니고 있는지부터 판단해 보아야 한다(Babbie, 2002 : 304-306). 설문지를 활용한 서베이 조사를 실시하려면 분석 단위가 개인이어야 하고 응답 대상으로서의 '개인'은 조사 주제와 이해관계가 있고 주제에 대한 충실한 정보를 제공할 수 있는 특성을 지니고 있어야 한다. 또한 직접 관찰하기에는 개인들의 수가 대단히 커서 표본을 추출할 경우 표본 추출은 과학적으로 설계되어야 한다. 둘째, 설문지 개발 역시 일정한 절차를 준수할 필요가 있다. 대체로 설문지는 조사할 주제를 명료화·범주화하고 설정된 범주들이 주제에 필요한 하위 범주들을 모두 포괄한지 검토한 후 각 범주별 문항을 제작해야 한다. 문항을 제작할 때는 적절한 문항 유형을 먼저 선택한 후, 유형에 맞게 문항을 표현할 때는 명료하고 간결하게 한다. 문항을 제시할 때는 쌍렬식 질문-한 질문에 두 가지 이상의 판단 요인이 있는 것—의 형태를 피하고 편견(bias)이 드러난 표현을 활용하지 않아야 한다. 또한 조사에 투입하기 전에 설문지의 타당도를 검증한 후 수정 보완하여 실제 조사에 투입하는 절차를 밟는 것이 좋다.

다음의 [예시 5]를 살펴보자. [예시 5]는 남민우 외(2013a, 2013b)에서 활용한 조사 도구의 일부로, ①은 고등학생들의 현대시 학습 경향을 조사하기 위해 설정한 하위 조사 내용 중 '시 학습에 대한 인식(1번-6번), 시 학습에 따른 시의 내면화 정도(7번-9번), 시 학습 방법(10번-12번)' 등에 해당한다. ②는 고등학생들이 작품의 주제를 이해하고 표현하는 과정에 관한 하위 조사 내용 중 '작품의 주제를 이해할 때의 인지적 처리 과정'을 파악하기 위한 문항이다. 해당 연구의 보고에 따르면 연구진들은 설문 조사 도구를 개발하기 위해 먼저, 조사 주제의 의미를 가설적으로 정의한 후 조사 주제를 몇 가지 하위 범주로 세분하고 하위 범주들이 조사 주제에 연관성을 지니는지, 필수적 범주를 모두 포괄하고 있는지 검토하였다. 또한 개발한 조사 도구의 구성이나 문항의 표현이 적절한지에 관해 연구진 외의 전문가들에게 평정하도록 하여 타당성 검증 과정을 거친 결과, ①의 조사 도구 전체의 타당도는 5점 척도 기준 4.01을, ②의 조사 도구 전체의 타당도는 5점 척도 기준 4.04를 보인 것으로 제시되어 있다.

[예시 5] 현대시 교육 현상에 관한 조사 도구 개발의 예

① 고등학생들의 시 학습 경향에 대한 조사 문항(일부)
• 다음 물음을 읽고, 해당되는 항목을 선택하여 '√' 표시하여 주시기 바랍니다.

1. 시를 좋아하는 편이다.	예( )	아니요( )
2. 시의 의미를 쉽게 파악할 수 있다.	예( )	아니요( )
3. 시에 관한 문제를 쉽게 해결하는 편이다.	예( )	아니요( )
4. 시험에 상관없이 시를 찾아 읽는 편이다.	예( )	아니요( )

5. 교과서에 나온 시들은 대체로 좋다고 생각한다.　　　　예( )　　　아니요( )

6. 교과서에서 배운 지식이 시를 감상할 때 도움이 된다고　　예( )　　　아니요( )
생각한다.

▸ 다음 물음을 읽고, 해당되는 항목을 선택하여 '√' 표시하여 주시기 바랍니다.

7. 1편 이상의 작품을 외울 수 있다.　　　　　　　　　예( )　　　아니요( )

8. 10명 이상의 시인의 이름을 말할 수 있다.　　　　　예( )　　　아니요( )

9. 10편 이상의 작품 제목과 내용을 떠올릴 수 있다.　　예( )　　　아니요( )

10. 시를 감상할 때, 개인적인 경험을 떠올리며 감상한다.　예( )　　　아니요( )

11. 시를 읽은 후에는 주제, 내용과 형식상의 특징 등을 정　예( )　　　아니요( )
리한다.

12. 시를 감상할 때, 작품이 창작된 시대의 배경을 떠올리며　예( )　　　아니요( )
감상한다.

---

2 고등학생들이 작품의 주제를 이해하는 과정에 대한 조사 문항(일부)

▪ '작품의 주제'를 이해하고자 하는 과정에서, 여러분이 고려하는 항목을 아래에서
모두 찾아 써 주시기 바랍니다. 단, 순서를 고려하여 제시하기 바랍니다.
(예) ① → ③ → ⑤ → ⑦
☞ (　　　　　　　　　　　　　　　　　　　　　　　)
① 작품의 제목이 의미하는 바를 생각해 본다.
② 작품의 내용과 관련된 자신의 경험을 생각해 본다.
③ 작품을 읽고 직관적으로 느껴지는 바를 정리해 본다.
④ 작품의 중심 소재가 무엇인지를 찾아본다.
⑤ 작품의 구성이나 표현상의 특징이 무엇인지 생각해 본다.
⑥ 작품의 제재에 대한 화자의 태도를 나타내는 내용을 찾아본다.
⑦ 작품의 내용을 자신의 말로 풀어 본다.
⑧ 작품이 쓰인 당시의 시대적 배경과 관련된 지식을 생각해 본다.
⑨ 시인과 관련된 배경지식을 생각해 본다.

이러한 사례에서 알 수 있듯이, 현대시 교육 현상에 관한 조사 연구는 어떠한 결과를 보였는가도 중요하지만 조사 설계와 시행 과정에서 체계적 접근이 요구되고 결과뿐만 아니라 연구 과정의 타당성을 과학적으로 검증할 수 있도록 관련 기

록을 제시하는 것이 필요하다. 이와 같은 현대시 교육 현상에 관한 연구가 활성화될 때 현대시 교육 평가가 그 본질과 기능에 충실한 양상으로 발전할 수 있을 것이다.

2. 현대시 교육 평가와 교수·학습 간의 연계 강화

현대시 교육 평가가 '학생들의 현대시 교육 성취도 분류'에만 머물지 않고 현대시 교육의 개선에 실질적인 기여를 할 수 있기 위해서는 현대시 교육 평가와 교수·학습 간의 연계성을 강화해야 한다. 이를 위해서는 두 가지 방법상의 전환이 필요하다. 첫째, 현대시 교육 평가 결과 제시 방식을 현대시 교수·학습에 실질적인 도움이 될 수 있는 '유의미한 정보'를 제공하는 평가 결과 제시 방식으로 전환해야 한다. 지금까지 현대시 교육 평가에서 전형적으로 제공하는 정보는 현대시 교수·학습의 결과 중 학생들 간에 나타나는 상대적 서열에 관한 정보가 대부분이었다. 개별 학생 단위로 보면 특정 시험에서의 점수(score)와 등위(rank) 등이었다. 하지만 이러한 정보는 개별 학생이나 교사의 현대시 교수·학습 과정에 실질적인 도움을 주지 못한다.

현대시 교육 평가가 현대시 교수·학습에 제공해야 할 유의미한 정보란 현대시 교수·학습 과정에서 보이는 학생들의 실제적 특성에 관한 정보여야 한다. 예를 들어, [예시 6]을 살펴보자.

[예시 6] 성취수준별 수행 특성 제시형 평가 결과표

등급	등급별 수행 특성
A	화자의 개념에 대한 이해의 수준이 매우 우수하여 작품의 구조적 특징을 파악하고 화자의 변화에 따라 달라지는 작품의 내용과 분위기를 깊이 이해할 수 있다. 작품의 창작 의도와 소통 맥락을 고려하며 다양한 관점과 방법으로 타당한 근거를 들어 작품을 해석하는 능력이 매우 탁월하여 자신의 상황에서 주체적으로 작품을 수용할 수 있다. 자신의 일상에서 의미 있는 경험을 선택하여 다양한 시적 형식으로 능숙하게 표현할 수 있으며 이를 즐기는 태도를 보인다.
B	화자의 개념에 대한 이해의 수준이 우수하여 작품의 구조적 특징을 파악하고 화자의 변화에 따라 달라지는 작품의 내용과 분위기를 이해할 수 있다. 작품의 창작 의도를 파악하고 작품이 창작될 당시의 소통 맥락과 현대의 소통 맥락을 비교할 수 있으며, 다양한 관점과 방법으로 타당한 근거를 들어 작품을 해석할 수 있다. 자신의 일상에서 의미 있는 경험을 선택하여 그것을 전달하기에 적절한 시적 형식으로 표현할 수 있다.
C	화자의 개념을 이해하고 이를 바탕으로 작품의 구조적 특징을 파악할 수 있다. 작품의 창작 의도를 파악하고 자신의 관점에서 타당한 근거를 들어 작품을 해석할 수 있다. 자신의 일상적 경험을 소재로 하여 시적 형식으로 표현할 수 있다.
D	작품 안에 형상화된 세계를 전달하고 있는 화자를 파악할 수 있으며, 작품의 창작 의도를 파악하고 자신의 관점에서 작품을 해석할 수 있다. 자신의 일상적 경험을 소재로 운율이 있는 짧은 글을 쓸 수 있다.
E	작품 안에 형상화된 세계를 전달하고 있는 화자를 파악할 수 있으며, 작품의 창작 의도를 짐작하여 작품을 해석할 수 있다. 자신의 일상적 경험을 시적 형식으로 표현하려는 데 어려움을 보인다.

[예시 6][21]과 같은 평가 결과표는 평가 요소에 포함되어 있는 인지적 능력과 정의적 태도 항목을 기반으로 각 등급별 학생들의 수행 특성을 포함한 결과표이다. 이 결과표에 따르면 A 등급 학생들은 화자의 개념, 작품의 구조적 특징 등에 대한 이해의 수준이 깊고 자신의 경험을 시적 형식으로 표현하는 것을 즐기는 태도를 갖고 있다. 이에 비해 E 등급 학생들은 작품 속 화자를 발견할 수는 있으나 화자의 개념에 대한 이해가 있는지 불분명하다. 이러한 결과표는 특정 등급의 학생들이 공통적으로 보이는 특성을 귀납적으로 제시한 것이고, 이를 바탕으로 상

---

21) 한국교육과정평가원(2012b : 88)에서 제시한 자료를 일부 변형한 것임.

위 등급 학생에 비해 하위 등급 학생들이 어떠한 인지적 능력과 정의적 태도에서 단점을 지니고 있는지에 관한 정보를 제공하고 있다. 현대시 교수·학습은 이러한 정보를 바탕으로 낮은 등급의 학생들에 대한 처방적 활동을 시사할 수 있다.

이와 같은 평가 결과를 제공하기 위해서는 학생들의 현대시 교육 성취도 평가 문항의 근거가 되는 성취기준의 인지적 정의적 특성을 분석하여 해당 문항들에 대해 정답할 때와 오답할 때 어떠한 인지적 정의적 특성들이 존재(부재)한다고 평가할 수 있는지에 대한 진술문들을 목록화하고 있어야 한다. 이러한 진술문들에 근거하여 평가 결과를 제시할 때, 점수로서만 제시할 때의 비정보성을 지양할 수 있다.

둘째, 현대시 교육 평가와 교수·학습이 '동시에 이루어지는' 평가 방식을 실현시키기 위한 연구가 활성화되어야 한다. 최근 교육평가 분야에서는 평가와 교수·학습 간의 연계성을 강화하는 것이 학생들의 학습 몰입도(沒入度)를 높일 수 있는 가장 효과적인 방안이라 강조하고 있다. 이러한 평가 방식은 인지진단모형(CognitiveDiagnosticModel)에 기반한 평가 시스템(한국교육과정평가원, 2012a : 8-15)과 지능정보 기술 기반 평가 시스템(한국교육과정평가원, 2013 : 285-324; 한국교육과정평가원, 2016)에 기반한다.

[그림] 평가 문항과 인지 요소 간 관계 추출도

인지진단모형에 기반한 평가 시스템을 구축하기 위해서는 [그림]과 같은 과정을 거쳐 평가 문항과 인지 요소 간 관계를 추출하여 그 관계를 나타낸 Q행렬을 구축하는 작업을 전제로 한다(한국교육과정평가원, 2012a : 21). 이 작업을 바탕으로 특정한 과제를 수행하는 데 필요한 인지 요소에 대한 세밀한 분석과 그러한 과제를 수행하는 데 필요한 인지 요소를 학습하기 위한 순서도를 추정하고, 평가 결과에서 드러나는 학생들의 인지적 특성을 진단하는 평가 방식이다. 인지진단모형에 기반한 평가 방식은 어떤 문항에 대한 정오답의 결과만을 아는 데 그치는 것이 아니라, 학생들이 어떠한 과정을 거쳐 과제를 해결하는지 그리고 그러한 문항을 해결하지 못한 학생들에게는 학습 순서상 효과적 처방이 무엇인지에 관한 정보를 제공할 수 있는 이점이 있다. 한편, 지능정보기술 기반 평가 시스템은 기존의 컴퓨터 기반 평가 시스템이 더욱 고도화된 시스템이라 할 수 있다. 최근 4차 산업혁명에 의한 교육공학 기술의 발전에 따라 교육 평가 역시 인공지능(AI), 사물인터넷(IoT), 빅데이터(Big Data), 클라우드(Cloud), 모바일(Mobile) 기술에 기반한 시스템으로의 전환을 꾀하고 있는데, 이러한 시스템은 그동안 이상적으로 추구하였던 교육 평가와 교수·학습의 동시적 작용이 가능하게 할 것으로 전망된다.

그런데 시스템 차원의 전환, 기술적 진보만으로는 현대시 교육 평가와 교수·학습이 '동시적으로 작용하는 평가 방식'이 실현될 수 있는 것은 아니다. 가장 기본적인 정보가 축적되어 있어야 하기 때문이다. 인지진단모형에 기반한 평가 시스템을 개발하기 위한 기본 전제는 특정한 과제를 해결하기 위해 필요한 인지적 요소 및 그러한 인지적 요소를 학습하는 순서에 대한 규명이다. 그런데 이러한 정보를 기존의 현대시 교육 평가가 명징하게 구축하였는지는 의문이다. 예를 들어, 현대시 교수·학습 활동에서 기초가 되는 활동 중 하나로 '작품의 주제'에 관한 학습 활동을 떠올려 보자. 학생들은 작품의 주제를 이해할 때 어떠한 항목들을 고려하며 그러한 항목들을 어떠한 인지적 처리 순서로 해결해 나갈까? 남민우 외(2013b)에 따르면 작품의 주제를 파악할 때 다수의 학생들은 4단계의 인지적 처리 과정을 밟는데, 놀랍게도-현대시 교육과정의 성취기준이나 교과서를 통해

'작품을 자신의 경험과 연관 지어 보자'는 권고(?)가 반복됨에도 불구하고-많은 학생들이 작품의 주제를 파악할 때 '작품의 내용과 자신의 경험'을 연관 짓지 않는다고 한다. 이러한 조사 연구들은 일반적 인식을 재확인해 주기도 하지만 일반적 인식과는 다른 결과를 보여 주기도 한다.

　이처럼 기존의 현대시 교육 평가 연구의 결과를 살펴보면, 현대시 교수·학습과 관련한 기본적 의문을 해결하지 못한 경우가 많다. 이러한 상태에서는 평가 시스템의 고도화를 통한 현대시 교육 평가와 교수·학습 간의 연계성 강화를 실질적으로 실현시킬 수가 없다. 따라서 가장 기본적인 정보들 예를 들어, 학생들은 어떻게 현대시를 학습하는지에 관한 정보들을 정밀하게 파악하기 위한 현대시 교육 평가 연구가 체계화되어야 할 것이다.

✅ (   )에 알맞은 말을 써 넣으면서 주요 개념을 정리합니다.

1 현대시 교육 평가의 대상은 현대시 교육 현상을 구성하는 요소들인 현대시 교육과정, (   ), (   ), (   ) 등이 모두 포함된다.

2 현대시 교육 현상에 대한 조사 연구를 실시하고자 할 때에는 연구 목적과 유형, (   ), 시간 차원 등을 입체적으로 고려하고, 조사 도구를 개발할 때에도 과학적 방법에 입각한다.

✅ 지시에 따라 서술하면서 현대시 교육 현상에 대한 조사 도구를 개발하기 위한 실천적 능력을 기릅니다.

1 다음의 연구 주제를 탐구하기 위해 조사 도구를 개발하고자 한다. 연구 주제를 탐구하기 위한 하위 범주를 설정하고, 하위 범주별 조사 문항을 개발하시오.

> [연구 주제] '반어'와 '역설'의 차이점에 대한 학생들의 인식은 어떠할까?
> (연구 주제의 하위 범주 및 범주별 문항)

참고문헌

교육인적자원부(2007), 『교육인적자원부 고시 제2007-79호에 따른 초·중학교 국어과 교육과정 해설』, 교육인적자원부.

교육인적자원부(2008), 『교육인적자원부 고시 제2007-79호에 따른 고등학교 교육과정 해설 2』, 교육인적자원부.

교육과학기술부(2012), 『교육과학기술부 고시 제2012-14호 [별책 5] 국어과 교육과정』, 교육과학기술부.

교육부(2015), 『교육부 고시 제2015-74호 [별책 5] 국어과 교육과정』, 교육부.

강신주(2011), 『철학적 시 읽기의 괴로움』, 동녘.

구인환 외(2007), 『문학교육론(제5판)』, 삼지원.

권혁웅(2010), 『시론』, 문학동네.

김광섭(2005), 『이산 김광섭 산문집』, 문학과지성사.

김남희(2015), 「현대시 교육에서 시론의 위치-반어와 역설을 중심으로」, 『문학교육학』 49, 한국문학교육학회.

김대행(2000), 『문학교육 틀짜기』, 역락.

김대행 외(2000), 『문학교육원론』, 서울대학교출판부.

김동률(2014), 「'그냥 그저' 만든 운동가요 금지조치 혹독할수록 널리 퍼져 : 김민기, '아침이슬'」, 『신동아』 661호, 2014.10.

김미혜(2007), 「지식 구성적 놀이로서의 시 읽기 교육 연구」, 서울대학교 박사학위논문.

김용직(1988), 『현대시원론』, 학연사.

김욱동(1999), 『수사학이란 무엇인가』, 민음사.

김은전 외(2001), 『현대시 교육의 쟁점과 전망』, 월인.

김정규(1995), 『게슈탈트 심리치료』, 학지사.

김정우(2004), 「시 해석 교육 내용 연구」, 서울대학교 박사학위논문.

김정우(2012), 「시 수용 능력 평가 문항 분석 연구-국가수준학업성취도 평가 결과를 중심으로」, 『국어교육연구』 30, 서울대학교 국어교육연구소.

김준오(1997), 『시론(제4판)』, 삼지원.

김창원(2011), 『문학교육론 : 제도화와 탈제도화』, 한국문화사.

김창원(2014), 「직유의 구조와 직유 텍스트 읽기Ⅱ」, 『교육논총』 34, 경인교육대학교 교육연구원.

김춘수(1982), 『김춘수 전집 2 : 시론』, 문장사.

김춘수(2010), 「이미지 전개의 몇 단계-나의 시작(詩作) 과정」, 『현대문학』 562호, 2001.10.

김학동(2013), 『김소월 평전』, 새문사.

김현수(2009), 「교과서 시의 난이도에 관한 연구」, 『새국어교육』 83, 한국국어교육학회.

김혜경(2009), 「시치료 프로그램이 주부들의 스트레스와 스트레스 대처방식에 미치는 영향」, 경북대학교 석사학위논문.

김환희(2001), 『국화꽃의 비밀』, 새움.

남민우(2011), 「시교육 평가의 개선 방안 연구」, 『문학교육학』 34, 한국문학교육학회.

남민우·구영산·김현정(2013a), 「고등학교 학생들의 시 학습 경향 및 감상 능력 연구」, 『문학교육학』 40, 한국문학교육학회.

남민우·구영산·김현정(2013b), 「시 작품의 주제에 대한 고등학교 학생들의 이해와 표현 양상 연구」, 『문학교육학』 41, 한국문학교육학회.

노 철(2006), 「시 교육에서 이미지·비유의 교육과정과 교재의 설계 방향」, 『문학교육학』 19, 한국문학교육학회.

류수열(2015), 「은유 개념의 허상과 실상」, 『문학교육학』 46, 한국문학교육학회.

류수열 외(2014), 『문학교육개론 2 : 실제편』, 역락.

문덕수(2002), 『시론(5판)』, 시문학사.

문학과문학교육연구소(2001), 『창작교육, 어떻게 할 것인가』, 푸른사상.

민재원(2006), 「현대시 리듬 인식 교육 연구」, 서울대학교 석사학위논문.

민재원(2012), 「시 교육에서의 함축성 개념에 대한 고찰 : 백석 시어의 의미 축적 사례를 중심으로」, 『국어교육학연구』 43, 국어교육학회.

민족문학연구소 편(1995), 『민족문학사 강좌(하)』, 창작과비평사.

박수연 외 엮음(2015), 『새로 쓰는 현대시교육론』, 창비.

박윤우(2007), 「대중가요의 활용을 통한 시의 화자 이해」, 『국어교육』 22, 한국어교육학회.

박호영 외(2014), 『그대 시를 사랑하리』, 책만드는집.

변학수(2007), 『문학치료』, 학지사.

성태제(2010), 『현대교육평가(제3판)』, 학지사.

성현수(2011), 「고등 국어 교과서 수록 현대시의 현황과 적절성 분석-2007 개정교육과정에 의한 검인정 고등 국어 교과서를 중심으로」, 한양대학교 교육대학원 석사학위논문.

양왕용(2000), 『현대시교육론(2판)』, 삼지원.

오성호(2006), 『서정시의 이론』, 실천문학사.

오세영(1998), 『한국 현대시 분석적 읽기』, 고려대학교출판부.

유강하·김호연(2011), 「공자의 인문학 강의와 인간의 삶 : 공자의 문학교육과 역사교육의 인문치료적 의미에 대하여」, 『인문학연구』 41, 조선대학교 인문학연구원.

윤여탁 외(2001), 『시와 함께 배우는 시론』, 태학사.

윤여탁 외(2010), 『현대시교육론』, 사회평론.

이숭원(1999), 『정지용 시의 심층적 탐구』, 태학사.

이숭원(2008a), 『교과서 시 정본 해설』, Human & Books.

이숭원(2008b), 『백석을 만나다』, 태학사.

이숭원 외(2001), 『시의 아포리아를 넘어서』, 이룸.

이승훈(1979), 『시론』, 고려원.

이승훈(2009), 『문학으로 읽는 문화상징사전』, 푸른사상.

이어령(2015), 『언어로 세운 집』, 아르테.

이응백·김원경·김선풍 감수(1998), 『국어국문학자료사전』, 한국사전연구사.

정끝별(2011), 「현대시 화자(persona) 교육에 관한 시학적 연구」, 『한국문예비평연구』 35, 한국현대
　　　　문예비평학회.

정운채(2008), 「문학치료학의 서사이론」, 『문학치료연구』 9, 한국문학치료학회.

정재찬(2004), 『문학교육의 현상과 인식』, 역락.

정정순(2008), 「매체 변환을 활용한 시 감상 교육 연구」, 『국어교육연구』 43, 국어교육학회.

정정순(2009), 「맥락 중심의 시 창작 교육-비유적 발상을 중심으로」, 『문학교육학』 30, 한국문학
　　　　교육학회.

정정순(2015), 「현대시 교육에서의 운율 교육 내용 재설정 연구-운율 개념을 중심으로」, 『문학교
　　　　육학』 48, 한국문학교육학회.

정한모(1998), 『현대시론』 개정판, 보성문화사.

정현종(1995), 「시와 행동」, 유종호·최동호 편저, 『시를 어떻게 볼 것인가』, 현대문학.

차봉희 편역(1993), 『독자반응비평』, 고려원.

최두석(1996), 『시와 리얼리즘』, 창작과비평사.

최미숙(2000), 『한국 모더니즘시의 글쓰기 방식과 시 해석』, 소명출판.

한계전 외(2008), 『한계전의 명시 읽기』, 문학동네.

한국교육과정평가원(2012a), 「인지진단모형을 적용한 학업성취 프로파일 분석 및 결과 보고 방안」,
　　　　한국교육과정평가원 연구보고 RRE2012-7.

한국교육과정평가원(2012b), 「2009개정 교육과정에 따른 국어과 성취기준 및 성취수준 개발 연구」,
　　　　한국교육과정평가원 연구보고 CRC2012-3.

한국교육과정평가원(2013), 『2020 한국 초·중등교육의 향방과 과제』, 학지사.

한국교육과정평가원(2016), 「지능정보사회 대비 학교 교육의 방향 탐색」, 한국교육과정평가원 연
　　　　구자료 ORM 2016-26-9.

한국문학평론가협회(2006), 『문학비평용어사전』, 국학자료원.

Aristoteles(1995), 천병희 옮김, 『시학』, 문예출판사.

Babbie, E.(2002), 고성호·김광기 외 공역, 『사회조사방법론』(제9판), 도서출판그린.

Bachman, L. F., & Palmer, A. S.(1996), *Language Testing in Practice*, Oxford U.P..

Bourassa, L.(2007), 조재룡 옮김, 『앙리 메쇼닉-리듬의 시학을 위하여』, 인간사랑.

Brooks, C.(1956), *The Well Wrought Urn*, Harvest Books.

Brooks, C., & Warren, R. P.(1960), *Understanding Poetry*, Holt Rinehart and Winston.

Brown, H. D.(2004), *Language Assessment : Principles and Classroom Practices*, Pearson Education, Inc..

Csikszentmihalyi, Mihalyi(1990), *Flow : The Psychology of Optimal Experience*, Harper & Row.

Easthope, Antony(1994), 박인기 옮김, 『시와 담론』, 지식산업사.

Edwards, P.(2011), 최경은 옮김, 『How to Rap』, 한스미디어.

Erlich, V.(1985), 박거용 역, 『러시아 형식주의』, 문학과지성사.

Fromm, E.(1988), 류철균 역, 「상징언어의 본질」, 김용직 편역, 『상징』, 문학과지성사.

Heninger, O. E.(1981), "Poetry Therapy", Arieti, S., & Brodie, K. eds., *American Handbook of Psychiatry, Vol.7*, Basic Books.

Hughes, A.(2003), *Testing for Language Teachers*, Cambridge University Press.

Iser, W.(1993), 차봉희 편역, 『독자반응비평』, 고려원.

Jakobson, Roman(1989), 신문수 편역, 『문학 속의 언어학』, 문학과지성사.

Kyser, W.(1984), 김윤섭 역, 『언어예술작품론』, 예림기획.

Lakoff, G., & Johnson, M.(2006), 나익주 외 역, 「삶으로서의 은유』, 박이정.

Lamping, D.(1994), 장영태 역, 『서정시 : 이론과 역사』, 문학과지성사.

McMillan, J. H.(2011), *Classroom Assessment : Principles and Practice for Effective Standards-Based Instruction (Fifth Edition)*, Pearson : Allyn & Bacon.

Muecke, D. C.(1980), 문상득 역, 『아니러니』, 서울대학교출판부.

Preminger, Alex & Brogan T. V. F.(1993), *The New Princeton Encyclopedia of Poetry and Poetics*, Princeton U.P..

Reich-Ranicki, Marcel(2013), 김지선 옮김, 『작가의 얼굴 : 어느 늙은 비평가의 문학 이야기』, 문학동네.

Richards, I. A.(1973), *Practical Criticism*, Routledge & Kegan paul.

Richards, I. A.(1983), 이국자 옮김, 『시와 과학』, 이삭.

Riffaterre, Michael(1978), *Semiotics of Poetry*, Indiana University Press.

Rosenblatt, Louise M.(2008), 김혜리·엄해영 옮김, 『독자, 텍스트, 시』, 한국문화사.

Tindall, W. Y.(1974), The Literary Symbol, Bloomington : Indiana U.P..

Wheelwright, P.(1954), *The Burning Fountain*, Indiana University Press.

Wheelwright, P.(1983), 김태옥 역, 『은유와 실재』, 문학과지성사.

Wordsworth, William(1989), 유종호 옮김, 「서정가요집 서문」, 『세계평론선』, 삼성출판사.

찾아보기

| 저자소개 |

정재찬 I 한양대학교 국어교육과 교수
『시를 잊은 그대에게』, 『그대를 듣는다』, 『현대시의 이념과 논리』 외
iamjc@hanyang.ac.kr

김정우 I 이화여자대학교 국어교육과 교수
『시 해석 교육론』, 『문학교육개론』(공저) 외
kjw@ewha.ac.kr

남민우 I 한국교육과정평가원 연구위원
『문학교육의 역사와 성장의 시학』, 『시교육의 해체와 재구성』 외
minful@kice.re.kr

김남희 I 한남대학교 국어교육과 교수
『그대 시를 사랑하리』(공저), 『현대시 교육의 쟁점과 전망』(공저) 외
andyou@hnu.kr

정정순 I 영남대학교 국어교육과 교수
『그대 시를 사랑하리』(공저), 『현대시 교육의 쟁점과 전망』(공저) 외
jsjung@yu.ac.kr

김미혜 I 청주교육대학교 국어교육과 교수
『비평을 통한 시 읽기 교육』, 『현대시 교육의 쟁점과 전망』(공저) 외
antikka@cje.ac.kr

역락 국어교육학 총서 ▮ 7

현대시 교육론

초판 1쇄 발행 2017년 10월 27일
초판 2쇄 발행 2018년 2월 27일
초판 3쇄 발행 2019년 8월 6일
초판 4쇄 발행 2022년 2월 10일

지은이 정재찬 · 김정우 · 남민우 · 김남희 · 정정순 · 김미혜
펴낸이 이대현
편집 이태곤 · 권분옥 · 문선희 · 임애정 · 강윤경
디자인 안혜진 · 최선주 · 이경진 | **마케팅** 박태훈 · 안현진
펴낸곳 도서출판 역락 | **등록** 제303-2002-000014호(등록일 1999년 4월 19일)
주소 서울시 서초구 동광로 46길 6-6 문창빌딩 2F(반포4동 577-25)
전화 02-3409-2058 | **팩시밀리** 02-3409-2059 | **전자우편** youkrack@hanmail.net
ISBN 979-11-5686-973-3 94370
        978-89-5556-757-1(세트)